O DIREITO

Ano 141.º (2009), II

Director

INOCÊNCIO GALVÃO TELLES

O DIREITO

Ano 141.º (2009), II
Director: INOCÊNCIO GALVÃO TELLES

Fundadores
António Alves da Fonseca
José Luciano de Castro

Antigos Directores
José Luciano de Castro
António Baptista de Sousa (Visconde de Carnaxide)
Fernando Martins de Carvalho
Marcello Caetano

Director
Inocêncio Galvão Telles

Directores-Adjuntos
António Menezes Cordeiro
Jorge Miranda
Mário Bigotte Chorão

Propriedade de JURIDIREITO – Edições Jurídicas, Lda.
NIPC 506 256 553
Sede e Redacção: Faculdade de Direito de Lisboa – Alameda da Universidade – 1649-014 Lisboa
Editora: Edições Almedina, SA
       Avenida Fernão de Magalhães, n.º 584, 5.º Andar
       Telef.: 239 851 904 – Fax: 239 851 901
       3000-174 Coimbra – Portugal
       editora@almedina.net

Publicação: cinco números anuais
Tiragem: 500 exemplares
Assinatura anual € 70,00 (15% de desconto sobre o total dos números avulsos)
Número avulso € 16,50

Coordenação e revisão: Veloso da Cunha
Execução gráfica: G.C. – Gráfica de Coimbra, Lda.
       Rua do Progresso, 13 – Palheira
       3040-692 Assafarge
       Telef.: 239 802 450 – Fax: 239 802 459
       producao@graficadecoimbra.pt
Depósito legal: 229122/05
N.º de registo na ERC – 124475

ÍNDICE

ACTUALIDADE LEGISLATIVA

PEDRO ROMANO MARTINEZ
O Código do Trabalho revisto 245

ARTIGOS DOUTRINAIS

J. O. CARDONA FERREIRA
Arbitragem: Caminho da Justiça? Perspectiva de um magistrado judicial. Breves referências ao recurso, à anulação e execução da sentença arbitral 271

JOSÉ LEBRE DE FREITAS
A citação e a notificação do artigo 1407 do Código de Processo Civil: requisitos e nulidade 289

JOÃO AVEIRO PEREIRA
O ónus de concluir nas alegações de recurso em processo civil 309

SARA GERALDES
A culpa do lesado 339

BRUNO NEVES DE SOUSA
O problema da admissibilidade das cláusulas limitativas e exoneratórias da responsabilidade civil em face do artigo 809.° do Código Civil 377

OLINDO GERALDES
Conflito de deveres 411

PEDRO CORREIA HENRIQUES
O papel da desculpabilidade no sistema de responsabilidade civil 429

244   *Índice*

JURISPRUDÊNCIA ANOTADA

A competência judiciária para o conhecimento de litígio emergente de contrato de concessão internacional. A propósito de duas decisões do STJ 461
Acórdão do Supremo Tribunal de Justiça de 12 de Outubro de 2006 ....
Acórdão do Supremo Tribunal de Justiça de 9 de Outubro de 2008 ......
Anotação por Maria João Matias Fernandes 482

O Código do Trabalho revisto

PROF. DOUTOR PEDRO ROMANO MARTINEZ

SUMÁRIO: *1. Justificação das alterações. 2. Referência às principais alterações: a) Indicação; b) Fontes; c) Dependência económica; d) Noção de contrato de trabalho; e) Presunção de contrato de trabalho; f) Punição por dissimulação; g) Licença parental; h) Modalidades de contrato de trabalho; i) Tempo de trabalho (adaptabilidade); j) Cessação do contrato; l) Sujeitos colectivos; m) Instrumentos de regulamentação colectiva; n) Greve. 3. Acerto das alterações. 4. Desacerto das alterações: a) Sistematização; b) Aplicação no tempo faseada; c) Regulamentação dispersa; d) Eliminação do regime de prevenção de doenças e acidentes de trabalho; e) Eliminação do regime de acidentes de trabalho e doenças profissionais. 5. Soluções desadequadas: a) Noção de contrato de trabalho; b) Período experimental; c) Prazo de impugnação do despedimento; d) Caducidade de convenções colectivas. 6. Incompletude das alterações: a) Lei aplicável ao contrato; b) Pluralidade de empregadores; c) Insolvência; d) Cessação do acordo de revogação; e) Não atende às especificidades das pequenas empresas. 7. Alterações sub-reptícias: a) Indicação; b) Alterações de escrita; c) Transmissão de estabelecimento; d) Substituição de grevistas.*

1. Justificação das alterações

I. Foi recentemente publicada – Lei n.º 7/2009, de 12 de Fevereiro – a revisão do Código do Trabalho de 2003. Trata-se de uma revisão substancialmente pouco profunda, mas que formalmente (e, diria, inexplicavelmente) surge como um novo Código do Trabalho[1]. Neste ponto, a técnica legislativa

---

[1] Nos últimos anos foram introduzidas alterações substancialmente profundas, por exemplo, nos códigos de processo (civil e penal), sem alteração formal do diploma. *Vd.*, quanto à violação de regras de legística, a menção constante da nota 9 e a crítica enunciada no ponto 7.a).

246 Pedro Romano Martinez

foi a pior, contrariando as próprias directrizes legislativas do Estado português. Acresce que a revisão foi feita de modo precipitado, não acautelando situações jurídicas inquestionáveis, como a previsão de contra-ordenações em matérias não revogadas, nem ponderando consequências de alterações e algumas das quais nem sequer foram anunciadas.

A precipitada (e involuntária) revogação de contra-ordenações foi resolvida recorrendo à pior técnica legislativa: mediante a Declaração de Rectificação n.º 21/2009, de 18 de Março, invocando que a Lei n.º 7/2009 saiu com inexactidões, afirma-se que as revogações feitas no artigo 12.º desta lei afinal não incluem certos artigos, que agora surgem ressalvados da revogação. Esta rectificação, além de violar a lei é inconstitucional. De facto, como dispõe o artigo 5.º, n.º 1, da Lei n.º 74/98, de 11 de Novembro[2], «As rectificações são admissíveis exclusivamente para correcção de lapsos gramaticais, ortográficos, de cálculo ou de natureza análoga ou para correcção de erros materiais provenientes de divergências entre o texto original e o texto (...) publicado (...)»; ora, não se trata de um lapso gramatical ou ortográfico ou de uma divergência de textos, pois foi assumido publicamente por deputados que houve um esquecimento e as contra-ordenações, por lapso, foram revogadas[3]. Ou seja, esta rectificação viola abertamente a lei. Acresce que tal rectificação é inconstitucional, por violar o artigo 29.º da Constituição. As contra-ordenações, nomeadamente em matéria de saúde e segurança no trabalho, foram revogadas em Fevereiro de 2009 e a despenalização teve, a partir de então, o efeito de aplicar a solução mais favorável ao arguido (artigo 29.º, n.º 4, da Constituição); contudo, por via da rectificação pretende-se repristinar contra-ordenações revogadas sem respeitar a forma necessária (lei) e aplicar retroactivamente as referidas contra-
-ordenações desde a data em que foram revogadas (em violação do artigo 29.º, n.º 3, da Constituição).

II. A revisão do Código do Trabalho era não só previsível como desejável.

O artigo 20.º da Lei n.º 99/2003 (diploma que aprovou o Código do Trabalho, agora revogado) prescrevia que o Código do Trabalho devia ser revisto no prazo de quatro anos a contar da data da sua entrada em vigor.

---

[2] Várias vezes alterada, tendo sido republicada pela Lei n.º 42/2007, de 24 de Agosto.

[3] Trata-se indiscutivelmente de um lapso do legislador e não de uma inexactidão do texto, pois este «esquecimento» constava das versões anteriores aprovadas na Assembleia da República, tanto a que foi enviada para apreciação para o Tribunal Constitucional como a que veio a ser promulgada pelo Presidente da República; acresce que a mesma falha já se encontrava na proposta de lei, pelo que teve origem na revisão feita no Ministério do Trabalho.

De igual modo, o Programa do actual Governo indicava que a revisão do Código do Trabalho se iria realizar nesta legislatura.

Por fim, e esta seria a principal razão, o Código do Trabalho de 2003[4] contém alguns aspectos que careciam de revisão e da sua aplicação prática, mormente nos tribunais, resultava a necessidade de introduzir certos ajustamentos.

III. Apesar de a revisão das leis laborais (Código do Trabalho e respectiva regulamentação) ser necessária, contrariamente ao que se lê na Exposição de Motivos da Proposta de Lei apresentada ao Parlamento, as consequências no plano global serão diminutas. De facto, a revisão não determinará o crescimento económico, não aumentará a competitividade empresarial, não aumentará a produtividade das empresas, não aumentará a empregabilidade e, salvo aspectos pontuais, não vai simplificar e desburocratizar o regime laboral.

Em suma, as alterações agora introduzidas, com excepção de certos pormenores a que se aludirá em seguida, não irão acarretar mudança substancial na relação jurídica de trabalho nem nas situações jurídicas directa ou indirectamente relacionadas com o trabalho.

IV. As alterações não são profundas, trata-se de uma pequena modificação superficial do regime laboral; mas, não correspondendo a uma modificação substancial do regime vigente, apresenta-se (formalmente) como um novo Código do Trabalho. De facto, apesar de ser totalmente desnecessário e de constituir fonte de grande incerteza e de insegurança jurídica, tendo em conta as questões formais a que se aludirá depois, a revisão apresenta-se como um novo Código do Trabalho, com todas as consequências que daí resultam. Mas como a Lei n.º 7/2009 atende à revisão do Código do Trabalho – até para evitar maior insegurança jurídica – pode concluir-se que se trata, antes, do Código do Trabalho de 2003, revisto em 2009.

2. Referência às principais alterações

a) *Indicação*

Sem carácter exaustivo indicam-se as alterações que podem parecer mais marcantes, não obstante se poder concluir que, muitas delas, não representam

---

[4] Apesar de não serem dois códigos distintos, para facilitar a exposição, alude-se ao Código do Trabalho de 2003 (CT2003) e ao Código do Trabalho de 2009 (CT2009).

modificações substanciais do regime ou que constituem meros esclarecimentos de soluções. Não se faz alusão a alterações pontuais nem a grande parte das modificações, imperceptíveis e não anunciadas, que só se vão detectando na aplicação do novo regime.

b) *Fontes*

No que respeita à articulação das fontes, do artigo 3.° do CT2009 resulta (aparentemente) uma diferente pronunciação, determinando que em certas áreas subsiste o princípio do tratamento mais favorável. Contudo, a alteração acaba por ser pouco relevante, porque subsiste o princípio de a convenção colectiva poder estabelecer de modo diverso da lei, em sentido menos favorável para o trabalhador, indicando-se áreas em que tal faculdade é limitada. Ora, tendo em conta a interpretação que se fazia do artigo 4.° do CT2003, a conclusão é a mesma. Dir-se-á que se introduziu um esclarecimento. De modo diverso, já poderá ter maior significado a alteração introduzida no artigo 476.° do CT2009, ao eliminar a possibilidade de a convenção colectiva estabelecer regras que não possam ser afastadas por contrato de trabalho em sentido mais favorável ao trabalhador, reduzindo a autonomia colectiva constante do artigo 531.° do CT2003.

Por outro lado, altera-se a terminologia. Os Regulamentos de Extensão e os Regulamentos de Condições Mínimas passam a designar-se por Portarias de Extensão e Portarias de Condições de Trabalho.

c) *Dependência económica*

Não sendo novidade, pois já resultava do artigo 13.° do CT2003, dá-se maior ênfase à dependência económica (artigo 10.° do CT2009), abrindo a porta a um *tertium genus* entre o contrato de trabalho e o contrato de prestação de serviços, ao qual se aplicam certos regimes laborais. Em vez de remeter para princípios, a remissão é para certas regras, com as necessárias adaptações. Por outro lado, admite-se a existência de um regime geral de trabalho não subordinado, de que o trabalho no domicílio constitui regime especial.

d) *Noção de contrato de trabalho*

Comparando com a noção tradicional de contrato de trabalho (artigo 1152.° do Código Civil e artigo 10.° do CT2003) verifica-se que no artigo

11.º do CT2009 foram introduzidas duas alterações. Em primeiro lugar, esclarece-se (desnecessariamente) que o trabalhador é uma pessoa singular; por outro lado, a subordinação jurídica deixa de ser referenciada apenas pela autoridade e direcção (do empregador), passando a ser enquadrada pela organização (empresarial). Apesar de, como se explicará depois, se poder continuar a atender à subordinação jurídica associada à autoridade e direcção do empregador, alude-se a um elemento novo (organização), que pode alterar os parâmetros tradicionais. De facto, associado com a dependência económica, a organização pode constituir uma directriz de para-subordinação.

e) *Presunção de contrato de trabalho*

A presunção, constante do artigo 12.º do CT2009, melhora relativamente à solução anterior (artigo 12.º do CT2003), mas continua a não ser uma verdadeira presunção. Contudo, poderá ficar facilitada a tarefa de qualificação do contrato de trabalho em caso de dúvida, pois permite-se que a verificação de alguns indícios contratuais (teoricamente dois) possa ser suficiente para se entender que a relação jurídica em causa é um contrato de trabalho. É evidente que esta facilitação pode determinar a qualificação de um contrato como de trabalho apesar de faltarem os pressupostos básicos, nomeadamente por força da alínea *a*); acresce, ainda, que na alínea *e*) se confunde presunção com presumido.

f) *Punição por dissimulação*

Tendo em conta a política de combate ao trabalho dissimulado[5], há um agravamento da punição, artigo 12.º, n.º 2, do CT2009, se o trabalho subordinado for dissimulado, apresentando-se como autónomo. Este regime enquadra-se numa política que pugna pela limitação do trabalho precário, com algumas consequências em sede de contrato a termo. Todavia, a ideia de «causar prejuízo ao Estado» (parte final do n.º 2) pode ser entendida em sentido muito amplo, que extravasa a relação laboral, nomeadamente por fuga ao fisco.

---

[5] A política de combate ao trabalho dissimulado é indiscutivelmente louvável; a dúvida reside em saber se as soluções deveriam ser incluídas no Código do Trabalho.

g) *Licença parental*

Uma das alterações de especial relevo nesta revisão respeita às anteriormente apelidadas de licenças de maternidade e de paternidade. Além da alteração terminológica, passando a designar-se por licença parental, há um aumento da protecção dos progenitores, extensível nalguns casos a avós. O regime constante dos artigos 33.º e ss. do CT2009 só entra em vigor com a publicação da correspondente legislação complementar; razão pela qual se continua a aplicar o regime de protecção da maternidade e da paternidade, previsto nos artigos 33.º e ss. do CT2003.

h) *Modalidades de contrato de trabalho*

I. Neste âmbito foram introduzidas algumas novidades e alterou-se o paradigma sistemático.

II. Começando pelo segundo aspecto, com a revisão, passou a entender-se que as alterações ao paradigma do contrato de trabalho de regime comum, resultantes de cláusulas contratuais, implicariam que se estaria perante uma modalidade diversa de contrato de trabalho. Assim, sendo aposta ao contrato de trabalho uma cláusula que fixa um termo, considera-se que será uma modalidade diferente de contrato de trabalho; o mesmo ocorre no caso de se acordar um contrato com redução do tempo de trabalho ou em comissão de serviço. Deste modo, em vez de se entender, como na versão de 2003, que, ao abrigo da autonomia contratual e dentro de certos limites, as partes podem incluir cláusulas por via das quais o contrato de trabalho ajustado se afasta do paradigma comum, passou a entender-se que a mesma autonomia privada determina que se ajustou uma diferente modalidade de contrato de trabalho. Trata--se de uma mera questão de enquadramento, que não altera, por si, as soluções concretas, pelo que o regime é coincidente.

Tendo em conta este novo enquadramento, como modalidades de contrato de trabalho encontramos: o contrato a termo (artigos 139.º e ss.); o tempo parcial (artigos 150.º e ss.); o trabalho intermitente (artigo 157.º); a comissão de serviço (artigos 161.º e ss.); o teletrabalho (artigos 165.º e ss.) e o trabalho temporário (artigos 172.º e ss., todos do CT20009).

III. Como novidades, importa alertar para a regra introduzida no regime do contrato a termo, nos termos da qual, sendo certo o termo, a relação não pode perdurar por mais de três anos e, sendo incerto o termo, passa a ter um limite de seis anos (artigo 148.º do CT2009). Ainda quanto ao contrato a termo, cabe realçar a diferente perspectiva quanto à limitação na sucessão de contratos (artigo 143.º do CT2009) e a inclusão de uma situação simplificada de contrato a termo de muito curta duração, não superior a uma semana (artigo 142.º do CT2009).

No regime do tempo parcial (artigo 150.º do CT2009) põe-se termo à delimitação percentual, permitindo uma diferente forma de entendimento do que possa ser tempo parcial.

Surge como novidade a figura do trabalho intermitente (artigo 157.º do CT2009), permitindo-se que o tempo de trabalho seja modulado com dias de actividade e dias de inactividade. É evidente que a solução já decorreria do regime de trabalho a tempo parcial no seu normal entendimento; contudo, prescrevem-se nesta variante certas especificidades, nomeadamente no que respeita ao pagamento de períodos de inactividade.

Os regimes da comissão de serviço e do teletrabalho mantêm-se inalterados.

Por fim, surge, como novidade, o trabalho temporário (artigo 172.º do CT2009). Este regime não foi incluído na versão de 2003, constando de legislação especial (Lei n.º 19/2007, de 22 de Maio). Expurgado das regras de cariz institucional e administrativo, mantém-se substancialmente o regime anterior, que passa, agora, a integrar o Código do Trabalho; ressalve-se que a citada lei subsiste em vigor, particularmente no que respeita a aspectos institucionais das empresas de trabalho temporário, assim como de regras sobre segurança social, acidentes de trabalho e contra-ordenações. Cabe realçar que o trabalho temporário abrange dois contratos, um de trabalho e outro de prestação de serviços, passando os dois a estar regulados como modalidades de contrato de trabalho.

i) *Tempo de trabalho (adaptabilidade)*

Ao tempo de trabalho e à sua adaptabilidade, como resulta do Livro Branco e da proposta do Governo, foi dado um especial enfoque nesta revisão.

Considerando que o regime de adaptabilidade constante da versão anterior (artigos 164.º e ss. do CT2003) era insuficiente, sem o pôr em causa, «criaram-se» três novas realidades: a adaptabilidade grupal[6] (artigos 204.º e 205.º do CT2009); o banco de horas (artigo 208.º do CT2009) e o horário concen-

---

[6] Não sei se seria necessário recorrer a um termo novo – desconhecido em muitos dicionários – quando a ideia poderia ser melhor transmitida com recurso ao termo «colectivo», sendo, então, «adaptabilidade colectiva».

252 Pedro Romano Martinez

trado (artigo 209.° do CT2009). Em qualquer destas hipóteses tem-se em vista que o período de trabalho diário seja aumentado até quatro horas, compensando-se este acréscimo com redução de tempo de trabalho em outros dias ou com pagamento em dinheiro (sem consubstanciar trabalho suplementar).

Diria que, com excepção de se admitir que a adaptabilidade ajustada em convenção colectiva se aplica a trabalhadores não filiados tendo em conta certa percentagem de trabalhadores abrangidos, as várias hipóteses já poderiam resultar do regime anterior; trata-se, contudo, de um esclarecimento e uma indicação concreta de mecanismos jurídicos que pode facilitar o recurso a estes modos de adaptabilidade.

j) *Cessação do contrato*

I. Em matéria de cessação, não obstante as expectativas criadas aquando da revisão, pouco ou nada muda. Com excepção de aspectos procedimentais, que ainda não entraram em vigor[7], o regime da cessação do contrato de trabalho mantém-se inalterado. Como as novas regras de procedimento ainda não entraram em vigor, pode dizer-se que em matéria de cessação do contrato o regime é o mesmo. Poderia duvidar-se desta asserção atendendo às modalidades de cessação, previstas no artigo 340.° do CT2009, comparando com o disposto no artigo 384.° do CT2003. O novo elenco é muito mais extenso, mas corresponde a uma diferente técnica com as mesmas soluções; dito de outro modo, no preceito anterior identificavam-se as modalidades de cessação do vínculo (caducidade, revogação, resolução e denúncia) e agora indicam-se modalidades e modos de extinção do contrato de trabalho (caducidade, revogação, despedimento por facto imputável ao trabalhador, despedimento colectivo, despedimento por extinção do posto de trabalho, despedimento por inadaptação, resolução pelo trabalhador, denúncia pelo trabalhador). A técnica de indicação exaustiva, agora adoptada, tem o inconveniente da incompletude; e o legislador esqueceu-se da denúncia pelo empregador, que, embora excepcional, subsiste no Código do Trabalho.

II. As alterações (que, repita-se, ainda não entraram em vigor) respeitam a questões procedimentais e à impugnação do despedimento.

---

[7] Só entram em vigor depois das alterações ao Código do Processo do Trabalho, razão pela qual não se sabe ainda como será delineada a solução em matérias tão relevantes como a da impugnação do despedimento.

Tal como fora anunciado na exposição de motivos e decorria do texto do Livro Branco, houve uma preocupação em reduzir os procedimentos em matéria de despedimento, tendo em conta que as actuais exigências são demasiado penosas para as empresas e as diligências feitas não são tidas em conta nos tribunais.

Assim sendo, no despedimento com base em justa causa por facto imputável ao trabalhador, o procedimento disciplinar (artigos 352.° e ss. do CT2009) pode ficar circunscrito à nota de culpa e resposta, sendo facultativa a instrução (artigo 356.° do CT2009). Se o empregador não quiser fazer a instrução do processo, com base na nota de culpa e na respectiva resposta pode proferir a decisão fundamentada de despedimento.

Também no despedimento colectivo é amenizado o procedimento (artigo 359.° do CT2009), encurtando os prazos. A ideia é idêntica com respeito ao procedimento em caso de despedimento por extinção do posto de trabalho e por inadaptação.

III. Em caso de ilicitude do despedimento alteram-se os prazos e o mecanismo de impugnação.

O prazo para impugnação do despedimento individual passa a ser de 60 dias (artigo 387.° do CT2009), mantendo-se o prazo de seis meses para impugnação do despedimento colectivo (artigo 388.° do CT2009). Recorde-se que no artigo 435.° do CT2003 os prazos de impugnação do despedimento são, respectivamente, de um ano e de seis meses.

Nesta sequência, como o trabalhador tem um prazo reduzido para impugnar o despedimento, deduz-se que caberá ao empregador intentar a competente acção; isto é, pressupõe-se que o trabalhador fará a impugnação mediante uma simples reclamação apresentada no tribunal cabendo, depois, ao empregador – não se sabe em que prazo – intentar a acção[8]. Por isso, nos artigos 387.° e 388.° do CT2009 se distingue entre a licitude e a ilicitude do despedimento; no primeiro caso, incumbirá ao empregador provar (*probatio diabolica*) que despediu licitamente o trabalhador; na segunda hipótese (despedimento colectivo) cabe ao trabalhador demonstrar que foi ilicitamente despedido.

Resta referir que, sendo as irregularidades procedimentais menos relevantes, as falhas neste âmbito não determinam a ilicitude do despedimento, mas uma irregularidade sujeita ao pagamento de uma indemnização correspondente a 50% do valor devido em caso de ilicitude (artigo 389.°, n.° 2, do CT2009).

---

[8] Como se referiu, este regime está dependente do que for estabelecido na alteração ao Código do Processo do Trabalho.

l) *Sujeitos colectivos*

Mantendo o elenco já conhecido de sujeitos colectivos, procedeu-se à unificação do regime das associações sindicais e das associações de empregadores (artigos 440.° e ss. do CT2009). Assentando no pressuposto de que são ambas associações de direito privado e no seguimento do que já tinha sido iniciado no Código do Trabalho em 2003, não obstante a diversidade histórica e estrutural, num regime único, prescrevem-se soluções idênticas para os dois tipos de associações.

m) *Instrumentos de regulamentação colectiva*

Em sede de instrumentos de regulamentação colectiva, além da alteração terminológica – substituindo regulamento por portaria [*vd. supra* alínea b)] –, permite-se que possa haver escolha de convenção colectiva por parte de trabalhadores não filiados no sindicato outorgante (artigo 497.° do CT2009), mediante um pagamento à associação signatária (artigo 492.°, n.° 4, do CT2009). Acresce que se admite, em casos limitados, a celebração de convenções colectivas por comissões de trabalhadores (artigo 491.°, n.° 3, do CT2009), discutindo-se, porém, se as comissões de trabalhadores, em tal caso, apesar de celebrarem a convenção colectiva, são parte nesse instrumento.

Cabe ainda referir que, no âmbito da caducidade e sobrevigência, se prescreve um regime complexo, em articulação com a arbitragem (artigos 500.° e ss. do CT2009), que se tem de conjugar com o artigo 10.° da lei de aprovação. As soluções não se afastam substancialmente do modelo delineado em 2003, com as limitações resultantes das alterações de 2006.

A terminar, importa aludir à criação de uma terceira via de arbitragem. Além da arbitragem voluntária e obrigatória, passa a existir igualmente uma arbitragem necessária (artigo 510.° do CT2009).

n) *Greve*

Em caso de greve, sem atender a alguns pormenores que resultam da revisão, determina-se que a decisão que fixa serviços mínimos numa greve deve manter-se para a paralisação seguinte (artigo 538.°, n.° 3, do CT2009).

3. Acerto das alterações

São várias as alterações com as quais se concorda no que respeita à solução adoptada. Sem carácter exaustivo, pode aludir-se aos vários mecanismos de adaptabilidade quanto ao tempo de trabalho, p. ex., trabalho intermitente, banco de horas ou ao regime da reintegração. Quanto à reintegração do trabalhador ilicitamente despedido, em vez de se prescrever que é reintegrado no posto de trabalho (artigo 436.º do CT2003), determina-se que a reintegração será no estabelecimento (artigo 389.º do CT2009).

4. Desacerto das alterações

a) *Sistematização*

I. Parece criticável a alteração sistemática operada nesta reforma. A sistematização do Código do Trabalho de 2003 podia ser criticada, mormente por assentar numa estrutura lógica em torno do contrato que não facilitava a consulta, determinando que certas matérias, com alguma unidade, estivessem reguladas em capítulos distintos (p. ex., local de trabalho). Com um intuito de simplificação, alterou-se a sistematização. É, contudo, duvidoso que esta nova sistematização permita uma mais fácil consulta da legislação laboral; de facto, pode questionar-se se a nova regulamentação passa a ser mais inteligível e mais acessível para um leigo. Dir-se-á que não, as dificuldades de compreensão dos regimes subsistem, não sendo viável que um trabalhador ou um empregador (não jurista) entenda a maior parte das soluções. Por outro lado, subsistem matérias reguladas em capítulos distintos; assim ocorre quanto ao poder disciplinar (artigos 98.º e 328.º ss. do CT2009), e encontram-se capítulos parcialmente amputados do seu objecto; p. ex., no capítulo dedicado às vicissitudes (artigos 285.º do CT2009) não estão reguladas várias das alterações subsequentes à formação do contrato, como a alteração do local de trabalho.

II. Não havendo vantagem na alteração sistemática – preconizada no Livro Branco –, pode concluir-se que esta modificação acarreta, como única consequência, uma grande insegurança jurídica. Cabe reiterar que em profundas alterações legislativas noutros diplomas, como no Código de Processo Civil, no Código dos Valores Mobiliários ou no Código das Sociedades Comerciais, não se alterou a respectiva sistematização, por muitas críticas de que a mesma possa ser alvo.

Pedro Romano Martinez

Na nota explicativa da lei – Exposição de Motivos – alude-se a «ajustamentos de carácter sistemático», mas a alteração supera largamente os ajustamentos, porquanto:

– altera a numeração dos artigos[9];
– deixa de integrar na codificação matérias que constavam do Código do Trabalho de 2003, como a segurança e saúde no trabalho e os acidentes de trabalho;
– incorpora regras de outros diplomas, como algumas que constavam da regulamentação do Código do Trabalho (Lei n.º 35/2004) e o regime do trabalho temporário;
– procede à dispersão de matérias por vários diplomas avulsos (de modo similar ao que existia antes da codificação de 2003):
– trabalho no domicílio;
  – fundo de garantia salarial;
  – segurança, saúde e higiene no trabalho;
  – acidentes de trabalho e doenças profissionais;
  – conselhos de empresa europeus;
  – disciplina da arbitragem;
  – contratação colectiva;
  – conflitos colectivos.

Daqui se conclui que não se procedeu a um mero ajustamento sistemático – como indicado na exposição de motivos –, mas a uma alteração estrutural significativa, sem vantagens, com a consequente insegurança jurídica. A codificação de 2003 tinha vantagens, assinaladas inclusive no Livro Branco, mas com a revisão procedeu-se à descodificação do Direito do trabalho, com óbvios inconvenientes no plano da segurança jurídica.

---

[9] A renumeração dos artigos do Código do Trabalho viola abertamente a directriz do Conselho de Ministros n.º 64/2006, de 18 de Maio (alterada e republicada pela Resolução do Conselho de Ministros n.º 198/2008, de 30 de Dezembro), artigo 7.º, n.º 6, do Anexo II, onde se dispõe que, «para evitar renumerações de um diploma alterado», a identificação dos artigos deve ser feita mantendo a «utilização do mesmo número do artigo anterior, associado a uma letra maiúscula do alfabeto português», assim como o artigo 10.º, n.º 8, do mesmo diploma, que prescreve: «Não deve alterar-se a numeração dos artigos de um acto normativo em virtude de revogações não substitutivas ou de aditamentos».

b) *Aplicação no tempo faseada*

Ficam a aplicar-se, durante um período possivelmente longo, dois códigos do trabalho (mais o outro código, designado Contrato de Trabalho em Funções Públicas, Lei n.º 59/2008, de 11 de Setembro).

Na realidade, atendendo ao extensíssimo artigo 12.º do diploma de aprovação (Lei n.º 7/2009), é revogado o Código do Trabalho de 2003[10], mas há artigos deste diploma que ficam indefinidamente em vigor (artigo 6.º do CT2003), outros que não tinham chegado a entrar em vigor e que passam a produzir efeitos a partir de Fevereiro de 2009 (artigos 281.º a 312.º do CT2003)[11] e, por último, muitos preceitos em que a revogação só produz efeitos após o surgimento de nova legislação (artigos 34.º a 43.º, 50.º, 272.º a 280.º, 344.º, 414.º, 418.º, 430.º, 435.º, 436.º, 438, 471.º a 473.º, 569.º, 570.º e 630.º a 640.º). A dificuldade é ainda maior porque são em número muito elevado os artigos da legislação especial do Código do Trabalho de 2003 (Lei n.º 35/2004) que continuam em vigor, aguardando a publicação de nova legislação que os substitua (*vd*. o extenso n.º 6 do artigo 12.º do diploma de aprovação).

Em suma, aplicar simultaneamente três diplomas base – Código do Trabalho de 2003, Legislação complementar de 2004 e Código do Trabalho de 2009[12] – a que acrescem outros diplomas especiais tornar-se-á uma tarefa de enorme dificuldade para os destinatários das normas, mormente para os trabalhadores e as empresas. Daqui também resulta uma acrescida insegurança jurídica.

c) *Regulamentação dispersa*

Com esta revisão do Código do Trabalho pretendia-se reduzir o diploma. Não estava em causa uma desregulação laboral nem sequer um afrouxamento do carácter prolixo das normas de Direito do trabalho. Na ânsia de reduzir o número de artigos do Código sem eliminar regras optou-se por dois mecanis-

---

[10] A técnica legislativa é, no mínimo, estranha: a Lei n.º 7/2009 tem por título «Aprova a revisão do Código do Trabalho» e, depois, o artigo 12.º, n.º 1, alínea *a*), da mesma lei, revoga a lei que aprovou o Código do Trabalho, sem revogar o Código do Trabalho publicado em anexo.
[11] Este lapso, apesar de não corresponder a uma correcção em que é admitida a rectificação nos termos do artigo 5.º, n.º 1, da Lei n.º 74/98, surge rectificado na Declaração de Rectificação n.º 21/2009, de 18 de Março. Trata-se de mais uma ilegalidade a que esta revisão do Código do Trabalho fica associada.
[12] A que acresce o já citado regime do Contrato de Trabalho em Funções Públicas, que entrou em vigor a 1 de Janeiro de 2009.

258 Pedro Romano Martinez

mos, claramente incorrectos: em primeiro lugar, reuniram-se num mesmo artigo disposições que antes estavam dispersas por dois ou três (p. ex., artigo 24.° do CT2009 – igualdade –, artigo 44.° do CT2009 – parentalidade – ou artigo 260.° do CT2009 – retribuição), passando a existir vários artigos muito extensos, que facilmente ocupam uma ou duas páginas de texto; o segundo método foi o de eliminar matérias, remetendo-as para legislação avulsa (*v. g.*, segurança e saúde no trabalho, acidentes de trabalho ou conselhos de empresa europeus).

Como resultado desta metodologia, além de o Código do Trabalho de 2009 ter pouco menos artigos do que na versão precedente, não raras vezes os artigos são muito extensos, dificultando a leitura e compreensão, e serão necessários vários diplomas para regular diferentes matérias (*v. g.*, o artigo 57.° do CT2009 contém dez números, seis alíneas e três subalíneas)[13].

Regressa-se, assim, ao sistema anterior à codificação de 2003, em que a legislação de Direito do trabalho se encontrava dispersa por muitos diplomas, com soluções nem sempre conciliáveis e dificuldade de aplicação. Também esta solução, que descodifica o Direito do trabalho, aponta para a insegurança jurídica.

d) *Eliminação do regime de prevenção de doenças e acidentes de trabalho*

Os regimes de segurança, higiene e saúde no trabalho são imprescindíveis para a prevenção de doenças e de acidentes de trabalho. A esta matéria deve, por motivos óbvios, ser dada especial relevância e encontrava um tratamento desenvolvido nos artigos 272.° e ss. do CT2003. Mas na versão revista do Código do Trabalho, entendeu-se que a matéria não era digna de relevo, pelo que ficam só os artigos 281.° e 282.° do CT2009, identificando os princípios e remetendo para legislação dispersa.

Entendendo o Código do Trabalho como o repertório da legislação fundamental em matéria laboral, ao relegar o regime de prevenção de doenças e de acidentes de trabalho para legislação especial dá-se um sinal errado aos destinatários das normas no que respeita às prioridades.

---

[13] É patente que o Código do Trabalho, após a revisão de 2009, tem menos 123 artigos do que na versão de 2003, mas atendendo aos novos "mega" artigos – fruto da reunião de vários artigos – , pode concluir-se que, regulando menos matérias (p. ex., acidentes de trabalho), o número de regras é idêntico.

O Direito 141.° (2009), II, 245-267

O *Código do Trabalho revisto*   259

e) *Eliminação do regime de acidentes de trabalho e doenças profissionais*

A questão é similar quanto a acidentes de trabalho. Juntamente com as limitações ao tempo de trabalho, pode dizer-se que o Direito do trabalho se desenvolve atendendo à necessidade de tutela daqueles que sofriam acidentes no desempenho do seu trabalho. Ora, contrariamente à versão de 2003, que dava particular destaque ao regime dos acidentes de trabalho e doenças profissionais (artigos 281.° a 312.° do CT2003), na versão revista do Código do Trabalho a regulamentação desta matéria fica circunscrita ao artigo 283.° do CT2009. Desta descodificação do regime dos acidentes de trabalho e doenças profissionais e consequente remissão para legislação especial resulta um desinteresse pela pessoa humana. O acidente de trabalho e a doença profissional, podendo causar a morte a uma pessoa, implicam sempre gravosas consequências na pessoa do trabalhador e respectivos familiares, devendo ser dada uma especial relevância legislativa a esta matéria. Não é esse o sentido que transmite o Código do Trabalho revisto.

5. Soluções desadequadas

a) *Noção de contrato de trabalho*

As alterações introduzidas no artigo 11.° do CT2009, quanto à noção de contrato de trabalho, não vão resolver os problemas de qualificação que surgem e podem criar dúvidas e incerteza na aplicação do Direito, ao alterar uma noção com quatro décadas, já estabilizada na aplicação jurisprudencial.

Não cabe atender ao esclarecimento desnecessário, que agora consta da noção de contrato de trabalho, no sentido de o trabalhador não poder ser uma pessoa colectiva. Na ordem jurídica portuguesa, não seria problemática esta questão, pois entendia-se normalmente que o trabalhador seria uma pessoa singular.

Mais complexa é a substituição da direcção do empregador pela organização. No artigo 10.° do CT2003 – na sequência do que constava da Lei do Contrato de Trabalho de 1969 e do artigo 1152.° do Código Civil – a subordinação jurídica era identificada pela existência da autoridade e direcção do empregador. Na nova versão, alude-se ao «âmbito de organização» e à «autoridade» do empregador. Poder-se-ia pensar que a direcção deixa de relevar, mas não é verdade porque, na presunção de contrato de trabalho [artigo 12.°, n.° 1, alínea *e*), do CT2009], constitui característica do contrato de trabalho o

O Direito 141.° (2009), II, 245-267

260 Pedro Romano Martinez

desempenho de funções de direcção. Por outro lado, poder-se-ia entender que passa a haver dois tipos de contrato de trabalho: o contrato de trabalho no âmbito empresarial, em que há uma organização, e o contrato de trabalho em que falta a organização ao empregador. Nesta perspectiva, o regime laboral só se aplicaria ao primeiro tipo. Esta concepção, não obstante o apoio na letra do preceito, suscitaria uma dificuldade de desproteger os trabalhadores que prestam a sua actividade para empregadores sem estrutura organizativa. Numa terceira acepção, pode admitir-se que mudou a letra do preceito por mero capricho do legislador, mas sem que daí resulte uma alteração quanto ao sentido usual de subordinação, entendendo-se que organização significa direcção.

Como crítica, cabe referir que a alteração introduzida vai aquilatar a discussão em torno da qualificação do contrato de trabalho, trazendo novos conflitos para este tema sem resolver os problemas clássicos.

b) *Período experimental*

Da versão inicialmente aprovada no Parlamento constava um aumento do período experimental de 90 para 180 dias. Em apreciação preventiva da constitucionalidade, o Tribunal Constitucional entendeu que a regra era inconstitucional, por violar o princípio da segurança no emprego (artigo 53.º da Constituição)[14]. Na alteração operada, o artigo 112.º do CT2009 reiterou a regra constante da versão de 2003, mantendo, assim, o período experimental (regra) em 90 dias.

c) *Prazo de impugnação do despedimento*

O prazo para impugnação do despedimento considerado ilícito é de um ano (regra) ou de seis meses (despedimento colectivo), como dispõe o artigo 435.º, n.º 2, do CT2003. Não estando ainda em vigor, porque aguarda a alteração do Código do Processo do Trabalho, o trabalhador passa a ter um prazo curto, 60 dias, para impugnar o despedimento, mantendo-se o prazo de seis meses no caso de despedimento colectivo (artigos 387.º, n.º 2, e 388.º, n.º 2, do CT2009). Esta redução substancial do prazo está associada com uma previsível mudança de directriz neste âmbito; presume-se que em caso de despedimento por facto imputável ao trabalhador, este tenha um prazo de 60 dias para

---

[14] Acórdão do Tribunal Constitucional n.º 632/2008, de 23 de Dezembro de 2008.

O Direito 141.º (2009), II, 245-267

O *Código do Trabalho revisto*   261

se opor ao despedimento, cabendo, depois, ao empregador intentar a acção de licitude do despedimento.

Além da alteração do prazo, há uma diferença, pois no artigo 387.°, n.° 1, do CT2009 alude-se à licitude do despedimento, enquanto no artigo 435.° do CT2003 se atendia à ilicitude do despedimento. No artigo 388.° do CT2009 continua a fazer-se menção à ilicitude do despedimento. Desta diferença resulta que cabe ao empregador provar que despediu licitamente, podendo falar-se na *probatio diabolica*. Mas mais relevante do que esta alteração no plano probatório, deste novo regime podem resultar duas consequências nefastas.

Em primeiro lugar, este novo regime assenta na facilitação formal – que não substancial – do despedimento, sendo facultativa a instrução (artigo 356.° do CT2009). Se com esta modificação passar a mensagem de que, com o novo regime, é mais fácil despedir, pode haver um incremento de despedimentos em que os empregadores podem tomar a correspondente decisão de modo menos ponderado. Dir-se-á *sibi imputet*. Mas ainda que a responsabilidade seja do empregador e se possa entender (erradamente) que o legislador não tem de se preocupar com as precipitações dos empresários, a concepção pode levar ao aumento dos despedimentos em que, é sabido, muitas vezes, apesar da ilicitude, os trabalhadores não reagem.

Por outro lado, associado com esse eventual aumento dos despedimentos, deparamos com um regime de despedimento quase judicial. O despedimento por facto imputável ao trabalhador, continuando a ser uma resolução do contrato, produz efeitos com a declaração, mas como o trabalhador não precisa de intentar a acção de impugnação, será fácil apresentar em tribunal um requerimento onde informa que não se conforma com o despedimento. Nesse caso, o empregador tem de intentar a acção[15]. Este sistema leva, inexoravelmente, ao aumento de disputas judiciais. Este acréscimo de acções judiciais torna-se ainda mais complexo em razão da exigência de, na apreciação judicial, o tribunal pronunciar-se sempre sobre a verificação e procedência dos fundamentos invocados (artigo 387.°, n.° 4, do CT2009).

Em suma, o novo regime potencia mais despedimentos, mais acções judiciais de impugnação do despedimento e acções de apreciação do despedimento mais complexas. De tudo isto, pode concluir-se que está aberta a porta a mais litigância e menos justiça.

---

[15] Pode, contudo, dizer-se que esta alteração de regime corresponde à prática, em que o trabalhador limita-se a impugnar o despedimento afirmando tão-só que não praticou qualquer infracção e o empregador, na contestação, tem de invocar os factos que podem consubstanciar a aludida infracção disciplinar.

262   *Pedro Romano Martinez*

d) *Caducidade de convenções colectivas*

Quanto às convenções colectivas de trabalho, além das hipóteses, pouco consentâneas com os princípios gerais[16], de aplicação a não filiados, tanto em caso da adaptabilidade grupal (artigos 204.° e 206.° do CT2009), como de escolha por trabalhadores não filiados (artigo 497.° do CT2009), o regime de sobrevigência e de caducidade (artigo 501.° do CT2009) é complexo e pouco operativo, suscitando múltiplas dúvidas o disposto no n.° 6 do citado preceito.

6. Incompletude das alterações

a) *Lei aplicável ao contrato*

A revogação condicional do artigo 6.° do CT2003 é, no mínimo, estranha. Dispõe-se no artigo 10.°, n.° 2 do diploma de aprovação que o citado artigo 6.° «é revogado na medida em que seja aplicável o Regulamento CE/593/2008, do Parlamento Europeu e do Conselho, de 17 de Junho, sobre a lei aplicável às obrigações contratuais (Roma I)». Transcreve-se o preceito pelo seu carácter desconcertante: revoga um artigo na medida em que seja aplicável um Regulamento; custa a acreditar. Poder-se-ia pensar que o teor do Regulamento não era conhecido, e daí a revogação ser condicional[17]. Mesmo assim, seria inaceitável, mas, na verdade, o teor do Regulamento é conhecido há muito e entra em vigor no final de 2009. Por outro lado, o âmbito de aplicação do Regulamento é inferior ao do (condicionalmente) revogado artigo 6.° do CT2003[18].

Em suma, trata-se da revogação condicional de um preceito – que já seria surpreendente – associada com o facto de, operada a condição, a revogação só poder ser parcial.

---

[16] Podendo até duvidar-se da respectiva constitucionalidade, tendo em conta o disposto no artigo 56.° da Constituição.

[17] A figura da revogação condicional, estabelecida no artigo 12.°, n.° 2, da lei de aprovação, implicará uma revisão dos estudos – nomeadamente manuais de introdução ao direito – até agora feitos sobre revogação da lei.

[18] A este propósito cabe recordar que o artigo 5.° do Contrato de Trabalho em Funções Públicas (Lei n.° 59/2008), é igual ao artigo 6.° do CT2003, prescrevendo-se, nesta sede, um regime de lei aplicável ao contrato de trabalho, que deixa de existir no regime laboral comum.

b) *Pluralidade de empregadores*

Em sede de pluralidade de empregadores – figura introduzida pelo artigo 92.° do CT2003 –, apesar de serem conhecidas várias irresoluções, para que a doutrina e a jurisprudência alertaram, não foram resolvidas tais dúvidas no artigo 101.° do CT2009. Foi uma oportunidade perdida de encontrar solução para certas questões que a aplicação do preceito desencadeou.

c) *Insolvência*

Quanto à insolvência do empregador – que gera caducidade do contrato –, continuou por resolver a questão da compensação devida ao trabalhador. Foram introduzidas alterações gráficas totalmente desnecessárias, como a autonomização num número (n.° 4) de uma frase intercalada na versão anterior, mas no artigo 347.° do CT2009 mantém-se a dúvida quanto a saber se o trabalhador cujo contrato caduca tem direito a uma compensação. No artigo precedente (artigo 346.°, n.° 5, do CT2009) – tal como na versão anterior (artigo 390.°, n.° 5, do CT2003) – prescreve-se que o trabalhador cujo contrato caduca tem direito a uma compensação. Na falta de tal previsão no artigo respeitante à insolvência, pode entender-se que não deve ser paga tal compensação e seria o momento para resolver uma questão com grandes repercussões práticas. Particularmente numa conjuntura em que proliferam as insolvências, sabendo-se que já se colocara a dúvida quanto ao sentido do preceito, em vez de fazer alterações de grafia (desnecessárias) melhor fora que o legislador resolvesse problemas prementes dos trabalhadores que vêem o seu contrato caducar e querem saber se têm direito a receber uma compensação.

d) *Cessação do acordo de revogação*

No artigo 350.° do CT2009 mantém-se a regra de conferir ao trabalhador a faculdade de fazer cessar o acordo de revogação firmado com o empregador; e subsiste inclusive o prazo estabelecido no artigo 395.°, n.° 1, do CT2003, de sete dias a contar da celebração do acordo. Sabendo-se que este prazo, tendo em conta a data de início da contagem, torna praticamente inoperacional o regime, dever-se-ia ter ponderado a questão: ou elimina-se o regime ou, entendendo-se que deve subsistir, então tem de se tornar viável o seu recurso. Manter regimes que, na prática, são inoperacionais não tem sentido.

e) *Não atende às especificidades das pequenas empresas*

A terminar as incompletudes da revisão cabe destacar a parca regulamentação das especificidades das empresas de reduzida dimensão. Na versão de 2003 do Código do Trabalho esta falha fora apontada; a legislação tinha por paradigma a empresa de grande dimensão, não obstante se atender a certas particularidades para as microempresas. A previsão legislativa era insuficiente e mantém-se após a revisão de 2009.

Em geral, importa concluir que esta revisão constituiu uma oportunidade perdida de resolver questões concretas e, principalmente, de introduzir novos mecanismos jurídico-laborais na ordem jurídica portuguesa.

7. **Alterações sub-reptícias**

a) *Indicação*

Sabendo que se procedeu a uma revisão do Código do Trabalho de 2003 – assim se afirma na exposição de motivos e no título da Lei n.º 7/2009 – não se compreende que tenham sido introduzidas múltiplas alterações de modo sub-reptício. Alterações de matérias que não foram identificadas no Livro Branco nem na exposição de motivos e que só se detectam numa comparação aturada do texto dos artigos nas duas versões do Código do Trabalho.

Encontram-se alterações sub-reptícias tanto nas alterações de redacção, aparentemente motivadas por uma mudança de estilo, como na supressão de palavras ou de números de artigos.

Todas estas modificações, não anunciadas, além de se poder discutir da sua razoabilidade, implicam um acréscimo de insegurança jurídica, por dois motivos. Primeiro, porque os destinatários e os aplicadores das normas não se apercebem facilmente das modificações introduzidas; e, em segundo lugar, porque qualquer modificação linguística, por mais simples que seja, permite relançar uma nova discussão em torno da interpretação do preceito, aumentando a litigiosidade.

À insegurança jurídica acresce que tais alterações violam abertamente o artigo 10.º, n.º 1, do Anexo II da Resolução do Conselho de Ministros n.º 64/2006, de 18 de Maio[19], onde se prescreve que «As alterações, revogações,

---

[19] Dir-se-ia que tem em vista só os actos normativos do Governo (ponto 2 do Preâmbulo), mas

O *Código do Trabalho revisto*   265

aditamentos e suspensões devem ser expressos, discriminando as disposições alteradas, revogadas, aditadas ou suspensas e respeitando a hierarquia das normas». Apesar de não ser explícito, é também esse o sentido do artigo 6.º, n.º 1, da Lei n.º 74/98, de 11 de Novembro[20], do qual se depreende que as alterações têm de ser identificadas. Em suma, o legislador procedeu à alteração de preceitos do Código do Trabalho em violação de normas que o próprio legislador estabeleceu no que respeita à sua conduta; mas parece que as leis da República não têm como destinatário o legislador.

b) *Alterações de escrita*

Quase todos os preceitos do Código do Trabalho de 2003 surgem na revisão de 2009 modificados, com redacção diferente; há alterações de escrita em praticamente todos os artigos. Como se salientou na alínea anterior, estas alterações não identificadas violam regras que o legislador definiu para a sua conduta legislativa, pois são factor de grande insegurança jurídica.

Além das alterações de redacção, muitas das quais assentes em questões de estilo literário, nomeadamente a mudança de ordem de frases intercaladas, passa a haver epígrafes muito longas[21]. As epígrafes longas, algumas com duas linhas de texto, foram justificadas para evitar repetições[22]; contudo, as repetições existentes na versão de 2003, por exemplo «Noção», não violavam o preceito citado, pois encontravam-se em divisões sistemáticas distintas. Por outro lado, é preferível que num capítulo sobre «Contrato de trabalho», o primeiro artigo tenha por epígrafe tão-só «Noção» – como ocorria no artigo 10.º do CT2003 – do que «Noção de contrato de trabalho» (artigo 11.º do CT2009), repetindo

---

não será assim, porquanto no artigo 3.º do mencionado Anexo II se indica que as directrizes valem para os «actos normativos do Governo» e para «as propostas de lei a apresentar à Assembleia da República». A referida Resolução foi alterada e republicada pela Resolução do Conselho de Ministros n.º 198/2008, de 30 de Dezembro, mantendo-se a solução tal como indicada no texto.

[20] Republicada pela Lei n.º 42/2007, de 24 de Agosto.

[21] Em violação da directriz do Conselho de Ministros n.º 64/2006, de 18 de Maio (alterada e republicada pela Resolução do Conselho de Ministros n.º 198/2008, de 30 de Dezembro), artigo 9.º, n.º 1, do Anexo II, onde se dispõe que a epígrafe deve ser sintética.

[22] Pretendia-se cumprir o disposto no n.º 2 do artigo 9.º do Anexo II da Resolução do Conselho de Ministros n.º 64/2006, de 18 de Maio (alterada e republicada pela Resolução do Conselho de Ministros n.º 198/2008, de 30 de Dezembro), onde se lê: «É vedada a utilização de epígrafes idênticas em diferentes artigos ou divisões sistemáticas do mesmo acto».

na epígrafe do artigo o título da divisão. Também esta alteração se encontra, portanto, em violação de regras de legística.

Nestas alterações de redacção importa ainda atender à frequente substituição do plural pelo singular. A obrigação de as regras serem concisas[23] leva a que o singular seja preferível ao plural, mas no Direito do trabalho não se pode esquecer a vertente colectiva e, por vezes, a passagem para singular determina uma alteração de sentido da norma; veja-se, por exemplo o caso do artigo 347.º, n.º 1, do CT2009: a insolvência pode ser causa da cessação dos vários contratos de trabalho, sendo relevante o plural.

Quanto a aspectos formais, cabe reiterar a crítica já enunciada ao abuso de artigos muito extensos, com vários números e alíneas, que em nada facilitam a compreensão das regras.

c) *Transmissão de estabelecimento*

Sem carácter exaustivo, pode aludir-se à alteração sub-reptícia introduzida em sede de transmissão de estabelecimento. No artigo 319.º, n.º 3, do CT2003 – na sequência do que dispunha o artigo 37.º da Lei do Contrato de Trabalho – previa-se que, cumprido o dever de informação, o adquirente mandasse afixar um aviso para que os trabalhadores reclamassem os seus créditos. Esta norma tinha uma função importante de permitir ao adquirente da empresa conhecer o montante de créditos salariais em dívida e melhor ponderar o negócio de transmissão. Poder-se-ia admitir que não estaria de acordo com a directriz comunitária[24], o que é duvidoso, pois não é posto em causa o dever de informação aos trabalhadores e o adquirente só não assume dívidas de trabalhadores que tenham agido com incúria.

Mas, independentemente das dúvidas de conciliação com o Direito da União Europeia, tratava-se de uma solução que facilitava a aquisição de empresas – muito útil principalmente em momento de crise – e que desaparece sem ter havido nenhuma indicação nesse sentido. O citado n.º 3 do artigo 319.º do CT2003 «caiu» imperceptivelmente, porquanto os n.os 1 e 2 do mesmo preceito foram incorporados num extenso n.º 4 do artigo 285.º do CT2009 e o

---

[23] Cf. artigo 14.º, n.º 1, do Anexo II da Resolução do Conselho de Ministros n.º 64/2006, de 18 de Maio (alterada e republicada pela Resolução do Conselho de Ministros n.º 198/2008, de 30 de Dezembro).

[24] Directiva n.º 2001/23/CE.

n.º 3 desapareceu[25]. Esta supressão de uma regra de grande utilidade prática nunca foi discutida nem sequer referenciada.

d) *Substituição de grevistas*

Um outro exemplo de alteração sub-reptícia é a que resulta da nova redacção do artigo 535.º, n.º 2, do CT2009. No que respeita à proibição de substituição de grevistas, dispunha o artigo 596.º, n.º 2, do CT2003, que «A concreta tarefa desempenhada pelo trabalhador em greve não pode, durante esse período, ser realizada por empresa especialmente contratada para o efeito (…)». Na versão actual estipula-se que «A tarefa a cargo do trabalhador em greve não pode, durante esta, ser realizada por empresa contratada para esse fim (…)» (artigo 535.º, n.º 2, do CT2009). Tendo em conta a nova redacção e pelo facto de ter sido suprimido o adjectivo (concreta), que qualificava a tarefa, alterou-se o sentido: passa a ser vedada a substituição do resultado da tarefa (p. ex., a empresa de *catering*, cujos trabalhadores estão em greve, deixa de poder contratar outra empresa do ramo (concorrente) para distribuir refeições nos refeitórios que aquela assegurava).

Trata-se de mais uma alteração sub-reptícia que, independentemente da valia da solução, é criticável por surgir sem ter sido anunciada e discutida.

Nota Final: como a capacidade de produção legislativa supera largamente o tempo necessário para a reflexão e até para o conhecimento das normas e ultrapassa facilmente a possibilidade de publicação de comentários, importa datar a análise preliminar que se faz do Código do Trabalho revisto.

18 de Março de 2009

---

[25] O desaparecimento de um número de um artigo corresponde a uma violação directa do disposto no artigo 10.º, n.º 7, do Anexo II da Resolução do Conselho de Ministros n.º 64/2006, de 18 de Maio (alterada e republicada pela Resolução do Conselho de Ministros n.º 198/2008, de 30 de Dezembro), onde se determina que a revogação de um dos números de um artigo deve ser evidenciada.

ARTIGOS DOUTRINAIS

Arbitragem: Caminho da Justiça? Perspectiva de um magistrado judicial. Breves referências ao recurso, à anulação e execução da sentença arbitral*

CONSELHEIRO J. O. CARDONA FERREIRA

A Justiça é a verdade em acção

Benjamin Disrael
Estadista inglês do século XIX

1. Gostaria de, essencialmente, dizer o que penso sobre se a Arbitragem é, ou não, caminho da Justiça.

Para isto, tenho de falar do conceito de Justiça que venho defendendo.

Foi escasso o tempo de que dispus. Daí, porventura, alguma "indisciplina" na minha exposição sobre uma temática tão importante[1].

Não sou capaz de ponderar situações de uma instituição jurídica sem uma visão da essência dessa mesma instituição. Penso que cada situação personalista é um todo – a modos como, *mutatis mutandis*, Mia Couto chamou "humani-

---

* Este texto foi o meu guião na intervenção que tive, em 7 de Outubro de 2008, no seminário organizado pelo Capítulo Português do Club Español del Arbitrage. Daí um certo tom coloquial.

[1] Se falo no escasso tempo de que dispus não é por razão formal ou para desculpa esfarrapada. É apenas porque, coligidas embora as bases de que gostaria de falar foi, de todo, impossível, no tempo proporcionado, ordenar adequadamente os elementos determinantes do rumo desta minha conversa.

Aliás, costuma dizer-se que os magistrados judiciais não têm tempo suficiente para finalizar processos. O problema é mais penoso e está a montante: é preciso tempo para pensar. Quando fui para a Ilha Graciosa (Açores), como Juiz, disse-me o querido Amigo Dr. José Carusca: Até vais ter tempo para pensar! Foi verdade e importante.

272 Conselheiro J. O. Cardona Ferreira

dade individual" a cada pessoa[2]; e, se nos situarmos na valoração, então creio que é a essência da instituição que releva para dar o tónus e fazer considerar qualquer aspecto sectorial.

É por isso que, sobre recurso, anulação, execução ou o que quer que seja sobre Arbitragem, eu comece por me perguntar: O que é a Arbitragem? Vale a pena? Bem lhe quero? Muito, assim-assim ou nada?

Deixem-me dizer que, a meu ver, se pensarmos em valores, mais importante não é a Arbitragem, é a Justiça. Como mais importantes não são os Julgados de Paz ou os Tribunais Judiciais ou quaisquer outros. Mais importante é a Justiça. *Claro que falo de relatividades*. Por isso, há que começar por uma breve palavra sobre Justiça.

Mas o que é a Justiça?

Adoro filosofia do Direito, mas não vou entrar em aprofundamentos.

Todavia temos de ter, de Justiça, alguma ideia básica.

Desde logo, não podemos confundir Justiça com Jurisdição, como me parece que faz Michèle Guillaume-Hofnung[3].

Gosto muito da dinâmica da frase de Disraeli, com que comecei.

Mas, em essência, a ideia que, passados tantos séculos, porventura mais aceitabilidade suscita ainda é traduzida pela expressão aristotélica *suum quique tribuere*; que tenho "traduzido", *no conteúdo*, por: atitude ética de dar ou de fazer, a uma pessoa, o que lhe é devido[4].

O que, todavia, logo levanta problemas, conforme identificou Chaïm Perelman, mormente quanto ao *critério* de definição do que seja devido[5].

E ainda que, a meu ver, Lei e Direito não sejam o mesmo; como o não são Direito e Justiça; creio que, para além de um tempo em que se procurou confundir aplicação da lei com Justiça — o que foi próprio de um novecentismo positivista; creio que uma tendência ainda generalizada é a que interliga Justiça com observância de Direito — do latim *Directus* (*em linha recta; recto*) e, daí, *direito, derecho, droit, diritto*. E Juiz de Direito. E Estado de Direito, aliás de Direito Democrático[6].

Mas parece-me, ainda, redutor.

---

[2] Cada Homem é uma Raça.

[3] *La Médiation — Que sais-je?*, 111.

[4] Do autor, *Justiça de Paz*, Coimbra Ed., 2005, pág. 20. Aliás, tenho abordado este conceito de Justiça em vários escritos, porque se trata da raiz de muitas consequências no que concerne aos diversificados caminhos da Justiça a que me dedico. Aqui, esta temática surge como a base da análise sobre Arbitragem.

[5] *Ética e Direito*, 18 e segs.

[6] Quando se dirá, preferentemente, Estado de Justiça?

Não creio que isto seja suficiente para se chegar à ideia de Justiça.

Com aquela base já há uma perspectiva, mas ainda abstracta, estática, formal.

A Justiça, para sê-lo, é uma aspiração, concreta, dinâmica, substancial ("a verdade em acção"). E, isto, só é alcançável temperando ou inserindo, no Direito, a ética, a valoração do bem e do mal no caso concreto, a equidade – quer substantiva, quer processual[7].

Justiça é, assim, um ideal que não acontece nas abstracções, mas pode acontecer e deve tender a acontecer na *vivificação do Direito* para solução dos casos concretos. E, para tanto, penso que não basta ir pelo tal caminho *directus*. Urge que esse tal caminho através do Direito tenha em conta que o horizonte do acto de julgar é – deve ser – a paz social, como disse Paul Ricoeur[8]. E, a meu ver, a paz social tem, necessariamente, interacção com paz individual.

Daí, tenho defendido que a *Justiça* consiste na *realização da paz* individual e social através da atribuição daquilo que *a cada um* pertence *rectamente*, conforme a perspectiva ética dos *casos concretos*. Ou, mais no *ser* do que no *estar*: a *Justiça é um objectivo ético de bem fazer nos casos concretos.*

E, para tanto, qualquer Juiz deve ponderar o que Paul Ricoeur sintetizou na frase: "soi-même comme un autre"[9]. Aliás, Paul Ricoeur tem uma outra expressão mais perturbadora do que parece: "le Juste entre le légal et le bon"[10]. Eu diria que o *justo* devia ser o *bom*, na medida da concreta interpretação e aplicação da lei à luz dos princípios que a ética jurídica assume, em cada tempo e em cada espaço, como fundamentais à paz *justa*.

Face a este núcleo que pode ser o de Justiça, e considerando a multiplicidade das práticas que a ofendem – quantitativa e qualitativamente falando – venho defendendo que mal dos Estados se não se apercebessem e não praticassem que tem de haver uma multiplicidade de sistemas ou caminhos para se procurar a Justiça, ou seja, para responder ao que se lhe contrapõe.

Como assim, devemos entender que, como na Antiguidade Clássica todos os caminhos iam dar a Roma, todos os sistemas que sejam propiciadores de obtenção de Justiça são aceitáveis e desejáveis.

Mas todos esses caminhos têm de ser harmónicos, capazes de conviver e de se respeitar, e devem ter:

– a mesma causa-final: possibilidade de levarem à Justiça;

---

[7] Já é o princípio da equidade processual que se assume no artigo 20.º, n.º 4, da Constituição da República Portuguesa (CRP).

[8] *O Justo ou a Essência da Justiça*, 167.

[9] *O Justo ou a Essência da Justiça*, 17.

[10] *Idem.*

274 Conselheiro J. O. Cardona Ferreira

– consonância imediata ou mediata no âmbito do sujeito passivo do direito fundamental dos cidadãos à Justiça, ou seja, o Estado[11];
– uma metodologia que respeite os direitos fundamentais dos cidadãos, porque são os destinatários e os senhores últimos da Justiça;
– não concorrência, mas harmonização e complementação entre os vários sistemas de Justiça, porque aquele em cujo nome *qualquer* Juiz decide é o mesmo relativamente a todos os sistemas jurisdicionais, o Povo[12].

Posto isto, tenho para mim como seguro que a Arbitragem respeita todos estes condicionalismos. Creio firmemente que, na Arbitragem, se verificam potencialidades – como os séculos que leva de existência atestam – para cumprir estes pressupostos. Como assim e, nuclearmente, porque pode realizar *paz justa*, na observância de regras éticas e legais *nos casos concretos*, reconheço que, para além do crisma legal, é um caminho de Justiça. Ou seja, reponderando a frase de Benjamin Disraeli com que comecei estes apontamentos, é um conjunto de acções, uma actividade, que pode conduzir à verdade e, com ela, à paz.

Em verdade, a Arbitragem tem valores que a justificam e é útil aos cidadãos que, dela, possam beneficiar.

Porquê?

2. *Creio que é, extremamente, redutora uma visão da Arbitragem como apenas útil e apenas porque o sistema judicial ainda não dispõe de condições que lhe permitam ser, suficientemente, eficaz.* Aliás, endemicamente. Lembremo-nos da carta do Infante D. Pedro, a seu irmão D. Duarte, há quase 6 séculos: "… aquelles que tarde vencem ficam vencidos"[13].

A Arbitragem deve ser assumida e deve ser praticada porque tem valores que a justificam e que *sempre a justificariam ainda que o sistema judicial pudesse ter outra operacionalidade*.

Esta é, a meu ver, a fórmula que mais pode dignificar a Arbitragem e que melhor pode contribuir para a sua harmonização com os outros sistemas de Justiça.

3. Onde radicar o valor da Arbitragem, como caminho da Justiça?

Podia radicá-la na História. Podia situar-me no nascimento da Portugalidade ou antes dela e relembrar os Juízes Alvidros ou, porventura mais segura-

---

[11] Artigo 20.º da CRP.
[12] Artigo 202.º da CRP.
[13] J. P. OLIVEIRA MARTINS, *Os Filhos de D. João I*, 396.

O Direito 141.º (2009), II, 271-287

mente, uma nebulosa de situações locais confluentes, que deram origem à Arbitragem, aos Julgados de Paz, mesmo à mediação, como fórmulas de que os Povos se serviram para responderem às suas necessidades de Justiça. Mas o tempo não dá para viagens no tempo, pese embora o meu gosto por elas.

Saibamos que a Arbitragem não aparece, hoje, por acaso.

Nestes tempos, ela enraíza, pelo menos, em dois factores, um geral e outro, mais específico, que a evidenciam como caminho direccionado para a Justiça.

Em termos gerais culturais, para além do aspecto histórico, diria que a Arbitragem se sintoniza com o que se pode dizer o pós-modernismo[14], reagindo contra o global, o genérico, o abstracto, privilegiando o sectorial, o especial, o concreto e, assim, face à hetero-composição[15], assumindo auto-composição[16], que muito diz à procura da paz pelas pessoas que fazem o universo de um Povo e, não tanto, por imagens abstractas.

Digamos, para desenhar os contornos formais da Arbitragem[17], na sua identidade global, que é *auto-composição* na origem voluntarista; e que é *hetero--composição* a final, na medida em que o Tribunal Arbitral, nascido, normalmente, da vontade das partes, dela se emancipa e, sobre ela, acaba por exercer autoridade jurisdicional.

Nesta linha e mais especificamente, pensemos que a Arbitragem, na sua vertente mais autêntica, juridicamente, decorre directamente da autonomia privada[18], aproximando os interessados das soluções, levando-os a assumirem a própria constituição ou escolha de quem decidirá o seu diferendo e, com isto, ganhando uma grande pré-aceitação de paz. Trata-se do aprofundamento da cidadania democrática. Se, no princípio dos tempos, a Arbitragem, como os Juízes de Paz, foram uma necessidade por ausência do Estado, volvidos séculos, o Estado, apesar de tão omnipresente, e não obstante estar em causa um dos seus Poderes de Soberania – o exercido através do Órgão de Soberania Tribunais [19] – partilha-o com a sociedade civil, ou seja, como que restitui ao Povo o que, dele, no princípio, é[20]. Pegaria nas palavras do Prof. Doutor Diogo Leite

---

[14] ANTÓNIO M. HESPANHA, "Cultura Jurídica Europeia", 345.

[15] Que, na Arbitragem, também existe, como veremos adiante.

[16] Na sua raiz, como também se dirá adiante.

[17] Designadamente da *voluntária*, que é a mais significativa. Naturalmente, muito do que digo nestes apontamentos assenta, mais directamente, na arbitragem voluntária; mas os princípios essenciais têm reflexos no instituto da arbitragem genericamente falando. Aliás, o que aqui se pretende é uma abordagem aos princípios.

[18] FRANCISCO CORTEZ, O Direito, 124 (IV), 551.

[19] Artigo 110.º da CRP.

[20] Artigo 3.º, n.º 1, da CRP.

de Campos, e diria que há um fenómeno de deslocação "da jurisdição dos Estados para a jurisdição dos cidadãos"[21].

Tal se reflecte, por exemplo, na Resolução do Conselho de Ministros n.º 175/2001, com o seu voto de confiança, na Arbitragem[22], antecedendo, designadamente, uma outra Resolução de matriz semelhante, a n.º 172/2007[23].

Claro que, tratando-se de Poderes de Soberania – mais concretamente, Poder-dever de prestação de Justiça – o Estado confia, mas não pode desobrigar-se da sua função de garante e de responsável. Isso está presente quer prescrevendo as situações de Arbitragem necessária[24], quer formulando uma lei-quadro para a Arbitragem voluntária[25-26], quer assumindo uma certa observância ética e técnica sobre a Arbitragem *institucionalizada*[27].

Como já disse, mais do que Poder, é dever do Estado assumir a prestação de Justiça.

Por outro lado, uma coisa é a independência jurisdicional que é essencial em qualquer Tribunal e, portanto, também nos Arbitrais; outra coisa é a suficiência técnica e, mais do que isso, ética que alguma Entidade tem de assumir relativamente a quaisquer Tribunais: como o CSM assume relativamente aos Tribunais Judiciais; como o CSTAF assume relativamente aos Tribunais Administrativos e Fiscais; como o n.º 3 do artigo 217.º da CRP prescreve que, nos casos dos outros Tribunais, a orientação *administrativa* é definida por lei própria,

---

[21] Newsletter da DGAE, n.º 8, 19.

[22] D.R., 1.ª série B, de 28.12.2001.
Ainda que eu pense que Resolução não é legiferação mas, sim, mera assunção de princípios e de intenções.

[23] D.R., 1.ª série, de 06.11.2007.

[24] Por exemplo, em matéria de expropriações, artigo 38.º do Código aprovado pela Lei n.º 168/99, de 18 de Setembro: v.g. Ac. da RCb n.º 156/2005, de 17.06.2008.

[25] Lei n.º 31/86, de 29 de Agosto, que sucedeu ao Decreto-Lei n.º 243/84, de 17 de Julho, que fora considerado inconstitucional.

[26] A propósito dos conceitos de Arbitragem, é tradicional a básica distinção entre *necessária* (de escassa aplicação) e *voluntária* (em crescendo). Todavia, p.e., o Código do Trabalho de 2003 já distinguia entre Arbitragem voluntária (artigo 564.º) e obrigatória (artigo 567.º). Prosseguindo este tipo de orientação, o Código do Trabalho que veio a ser aprovado pela Lei n.º 7/2009, de 12 de Fevereiro, veio a fazer uma distinção não bipartida mas, sim, tripartida, entre Arbitragem voluntária (artigo 506.º), obrigatória (artigo 508.º) e necessária (artigo 510.º). Pesem embora similitudes (artigo 512.º), isto só demonstra o erro dos fundamentalismos conceptualistas que não concebam a provisoriedade conceptual. Os conceitos não são, nem podem ser, definitivos. São evolutivos. Esta nota foi complementada já depois de escrito este texto.

[27] Decreto-Lei n.º 425/86, de 27 de Dezembro, especialmente artigos 2.º e 5.º, n.º 1.

"com salvaguarda das garantias previstas na Constituição" – como a independência jurisdicional. O Decreto-Lei n.º 425/86 fala, repetidamente, em idoneidade. É, a meu ver, uma forma de apelar à ética. Ética, sem a qual não há Justiça[28]. Nisto, que é essencial como caminho da Justiça, mais importante do que qualquer intervenção externa, tem de haver uma auto-assunção pelo próprio sistema de Justiça.

E, nesta perspectiva da prevalência da Ética face à Justiça, permitam-me um parêntesis para dizer quanto me honra que a Associação a que, como Juiz, pertenço, tenha eleito a Ética como tema fulcral do Congresso de Novembro de 2008. A meu ver, o que, nisto, está em causa é uma verdadeira Carta dos Direitos dos Cidadãos relativamente a quaisquer Tribunais – que expressei num pequeno texto que escrevi sobre o tema, pegando aliás numa feliz explicitação reflectida no texto espanhol "Derechos de los Ciudadanos, ante la justicia" (2002 – Congresso dos Deputados).

É nesta linha de pensamento que perspectivo, relativamente aos Tribunais Arbitrais, a existência de algo como um *Conselho de Acompanhamento*, com independência funcional e adequada composição, designadamente reflectora das instituições da sociedade civil interessadas na Arbitragem, que deveria ter em atenção tudo o que respeitasse aos Tribunais Arbitrais: o que, longe de beliscar a independência jurisdicional dos Juízes-Árbitros, poderia e deveria ter essa independência como elemento ético-jurídico *sine qua non*.

4. Tudo isto vem a propósito da Arbitragem – caminho da Justiça, temática destes meus apontamentos.

Se, por Justiça, podemos significar algo que reflecti através da realização de Paz – que é muito mais que ausência de guerra, a obtenção de tranquilidade e segurança que podem consubstanciar felicidade: que os constituintes norte-americanos identificaram como um dos três pilares sublinhados na Declaração de Independência dos E.U.A. de 1776, ao lado da vida e da liberdade – dizia se, por Justiça, podemos significar realização de Paz através do reconhecimento de direitos, à luz do circunstancialismo concreto; mormente tratando-se de direitos na disponibilidade dos cidadãos de um País adulto; ninguém melhor do que eles próprios para começarem por escolher quem irá mostrar o caminho **directum**, em conjunto ou, se necessário, com a colaboração, na escolha dos

---

[28] Já L. CABRAL DE MONCADA dizia que o Direito "tem de se *naturalizar* primeiramente cidadão da república da Ética, se quiser conseguir aquele mínimo de validade e eficácia que lhe são necessárias para poder socialmente cumprir a sua missão" (*Filosofia do Direito e do Estado*, II, 293).

278 Conselheiro J. O. Cardona Ferreira

Juízes, de quem deve prestar, ou viabilizar que se preste, Justiça: o Estado[29]. Se isto é natural na Arbitragem, então esta, seguramente, é um caminho *recto*.

Isto é tão simples que basta pensar que, perante a idiossincrasia, designadamente, do Povo que somos, é humano que, à partida, haja especial confiança em Juízes que podem ser escolhidos pelos próprios justiciáveis[30]; e quando, a montante, a própria utilização do sistema depende, as mais das vezes, de opção dos interessados.

Depois, há seguras vantagens quanto a prazos fixados e, dizendo embora o que todos sabem, vantagem importante é a escolha, para Juízes, de pessoas habilitadas com conhecimentos especializados.

Não quero deixar de dizer que, como se sabe, uma coisa são as boas razões e as boas intenções; outra, as eventualidades. Portanto, tem de haver intencionalidade idónea e firme.

Volto à ética, muito mais que à técnica.

A instituição tem razões sólidas – insisto, pelos seus próprios valores e não, redutoramente, por circunstancialismos de outros sistemas de Justiça – mas tudo depende do concreto das actuações, da ética dos comportamentos, da segurança da dedicação, da verticalidade das atitudes, que se presumem tanto mais quanto é certo que os intervenientes na Arbitragem são as pessoas mais interessadas em que a instituição se justifique a si própria, como é desejável, possível e necessário.

5. O valor, a importância, a necessidade da Arbitragem são reconhecidos nacional e internacionalmente.

No plano português, e ultrapassando algumas "guerrinhas de alecrim e manjerona" a que, às vezes, somos dados – para além de todo o notável Passado no qual, *brevitatis causa*, não vou entrar, ainda que eu pense que, se a vida é o momento que passa (como disse Erico Veríssimo), influenciado que sou pelo celebre pensamento de Ortega y Gasset – "yo soy yo y mis circunstancias" – ainda que eu pense, dizia, que *a vida é o momento que passa, este integra o que o precedeu e o que se perspectiva*; no plano português, com a primeira revisão da

---

[29] E, daí, as funções dos Presidentes de Relações quanto à designação de Juízes Árbitros para Arbitragem voluntária não institucionalizada: artigos 12.° e 14.° da Lei n.° 31/86.

[30] Permitam-me recordar o que seria, ao que me garantiram, a conduta de um célebre causídico que proporia várias acções e que, depois, desistiria de todas, menos daquela que fora distribuída ao Juiz de Direito que ele preferia...*aliás e apenas porque era na competência desse Juiz que tal advogado mais confiava!*

O Direito 141.° (2009), II, 271-287

CRP de 1976, operada pela Lei Constitucional n.º 1/82, de 30 de Setembro, a CRP passou a inserir, no elenco dos Tribunais do País (então, artigo 212.º; hoje, artigo 209.º), os Tribunais Arbitrais – tal como, por força da Lei Constitucional n.º 1/97, de 20 de Setembro, os Julgados de Paz tiveram o mesmo reconhecimento na Lei Fundamental do Estado.

O que significa que os Tribunais Arbitrais, como os Julgados de Paz, *não são sistemas ou modos de resolução de conflitos alternativos aos Tribunais*. Seguramente, não são "instrumentos e (ou) formas de composição *não jurisdicional* de conflitos", permitidos pela Lei Constitucional n.º 1/89, de 8 de Julho (então artigo 205.º, n.º 4 da CRP; hoje artigo 202.º, n.º 4); aliás, as actas das reuniões, na Assembleia da República, aquando da revisão constitucional de 1989, são seguras a tal respeito. Os Tribunais Judiciais são a espinha dorsal dos Tribunais portugueses – nas palavras de Vital Moreira e Gomes Canotilho, são "a primeira categoria dos tribunais comuns[31]": mas não são todos, sequer os comuns, quanto mais os Tribunais[32]. Portanto, atenção, quando se referencia a Arbitragem como um meritório e desejável meio dito "extrajudicial" de resolução de conflitos – por exemplo, entre outros exemplos europeus possíveis, a partir do Conselho da Europa ou da União Europeia, cito a Recomendação da Comissão da UE, de 30.03.1998, sobre Resolução "extrajudicial" dos conflitos de consumo[33]; *não se confunda, em Portugal, "extrajudicial" com "extrajurisdicional"*. Tribunal Arbitral, de qualquer sub-espécie, é Tribunal, e portanto, é sistema de justiça *jurisdicional*[34], ainda que, *stricto sensu*, extrajudicial. Veja-se, ainda, o cuidado que é preciso com a interpretação, no âmbito nacional, de uma frase tal como "le recours à *l'arbitrage* doit exclure en principe le recours aux tribunaux"[35]. E, curiosamente, é este mesmo texto que, na sua lógica, põe no mesmo plano Arbitragem e "Tribunais" ao dizer que aquela deve, em princípio, excluir estes, embora seja nos "Judiciais" que vai o pensamento legislativo.

Como disse o Tribunal Constitucional, em Portugal, para concretização do direito de acesso aos Tribunais, "não há apenas Tribunais estatais"[36]. Ou, por outras palavras, a CRP confia a função jurisdicional aos Juízes mas, neste

---

[31] *Constituição da República Portuguesa Anotada*, 3.ª ed., II, pág. 807.

[32] V.g. Acs. n.os 250/96 e 506/96, do Tribunal Constitucional, respectivamente, de 29.02.96 e 21.03.96.

[33] 98/257/CE.

[34] Cf. v.g. Prof. Doutor LIMA PINHEIRO, ROA 64 (2004), pág. 125.

[35] Recomendação Rec (2001) 9, do Conselho da Europa de 05.09.2001.

[36] Ac. do Tribunal Constitucional n.º 506/96, proc. 137/93, de 21.03.

elenco, inclui o Juiz-Árbitro, como o Juiz de Paz [37]: o que vale por dizer que, como já aflorei, o Estado, no caso da Arbitragem, restitui à sociedade civil, uma parte do Poder que, afinal, dela, vale dizer do Povo, recebeu.

Ou, por outras palavras, procedimentos *alternativos, no sentido de diferentes*, não são necessariamente o mesmo que alternativos a Tribunais.

É, a meu ver, um sistema muito próprio de regulação de conflitos que assenta – conforme aflorado e *na essência e na generalidade do sistema* – na auto-regulação na medida em que se começa por exigir um acto de adesão dos interessados, designadamente, através de uma convenção de arbitragem[38] e da possibilidade de intervenção na escolha dos Juízes-Árbitros; mas, a partir daí, os interessados terão de respeitar, *ética e legalmente*, quaisquer decisões que os Juízes-Árbitros profiram salvo, naturalmente, as vias legais de impugnação.

E aproveito mais uma referência à Ética[39] para reflectir aquilo que, obviamente, se deve praticar: tendo, como tem, tanta justificação e tanta potencialidade, a valoração concreta e a aceitabilidade dos Tribunais Arbitrais, acaba por depender, apenas, da sensatez e do saber com que actuem e, mais, da ética que os norteie e seja propugnada, aceite, apoiada e aplaudida, desde logo, pelos interessados, no que, abertamente, confio. Designado que seja o Juiz-Árbitro, cortado fica o "cordão umbilical" que o ligara a quem o escolheu.

É que os Tribunais Arbitrais e, portanto, os Juízes-Árbitros, a partir da instalação, assumem a generalidade do instituto legal de outros quaisquer Tribunais[40], especialmente, a independência e a imparcialidade, como a chamada irresponsabilidade, tal como o poder-dever de não aplicarem normas consideradas inconstitucionais, o dever de fundamentação, de transparência, de publicidade, etc.; ressalvado que seja o princípio da auto-composição das partes designadamente no concernente a "regras de processo", o que, aliás, conduz à questão de definição de limites a essa auto-composição, em função de princípios de interesse e ordem pública[41].

6. Uma breve palavra sobre *Arbitragem no plano internacional*, exclusivamente para reflectir a aceitabilidade da Arbitragem como valor inestimável na solução de problemas no relacionamento internacional:

---

[37] GOMES CANOTILHO, *Direito Constitucional*, 667.

[38] Artigo 1.º da Lei n.º 31/86, de 29 de Agosto; v.g. RAÚL VENTURA, ROA 46 (Set. 1986), 289.

[39] Aliás, a ética tem de ser a luz orientadora de *quaisquer* Tribunais e de quaisquer caminhos de Justiça. E, perante a ética, não se pode ser neutral.

[40] JORGE MIRANDA e RUI MEDEIROS, *Constituição Portuguesa Anotada*, III, 117.

[41] Artigos 15.º e 16.º da Lei n.º 31/86.

Não me refiro, aliás, ao circunstancialismo interno de outros Países, embora isto pudesse ser muito interessante, mormente no concernente ao Direito comparado, desde a nossa vizinha Espanha – já com nova lei de 2003, poucos anos após a anterior que era de 1988, curiosamente também de Dezembro – passando por tantos Países da Europa, até às Américas, do sul, como o Brasil, ou do norte, como os E.U.A. e o Canadá, ou dando um salto a Macau e, designadamente, às suas leis de 1996 e de 1998. Também não é à chamada lei-modelo sobre arbitragem comercial internacional, de 21 de Junho de 1985 (Comissão das Nações Unidas para o Direito Comercial e Internacional: CNUDCI), que quero referir-me. Nesta última, aliás, a meu ver, confunde-se recurso com anulação, confusão a que a lei espanhola de 2003 fugiu *expressis verbis*: «Respecto de la anulación, se evita la expression "recurso", por resultar técnicamente incorrecta. Lo que se inicia con la acción de anulación es un proceso de impugnación de la validez del laudo»[42].

Ao nível nacional de cada Estado, é natural que a Arbitragem tenha especial relevância não só no âmbito interno como no relacionamento inter-estadual, posto que a actividade arbitrável pode respeitar a mais de uma ordem jurídica nacional: *verbi gratia*, no caso português, artigo 32.º da Lei n.º 31/86 e, globalmente, em especial, n.º 3 do artigo 1.º da referida lei-modelo de 1985.

A verdade é que a validade da Arbitragem tem potencialidades muito vastas, inclusive em Direito Internacional Público, ultrapassando, claramente, a redutora perspectiva privatística que, às vezes, parece atribuir-se-lhe.

7. Ligeiros apontamentos, quer em termos de situações concretas, quer de orientações gerais tendencialmente globais ou globalizantes:

Como sabemos, a capital de Moçambique, então Lourenço Marques, hoje Maputo, e territórios vizinhos foram objecto de um diferendo entre Portugal e Inglaterra, só resolvido perante um acordo que atribuiu a decisão à Arbitragem do Marechal Mac-Mahon, Presidente da República Francesa, que resolveu a questão por sentença arbitral de 24 de Julho de 1875.

Em termos gerais, limito-me a referir que já o Pacto da Sociedade das Nações preconizava, no seu artigo 12.º, designadamente, o recurso à Arbitragem como processo de solução de litígios entre os Estados-membros. Essa mesma ideia foi retomada pelo n.º 1 do artigo 33.º da Carta das Nações Unidas.

É, como aflorei, *a Arbitragem como assumido factor de Paz.*

---

[42] Exposição de motivos, VIII.

Já num âmbito mais imediato, mais concreto, mais do dia-a-dia, pensemos, por mero exemplo, na Convenção para a resolução de diferendos relativos a investimentos entre Estados e nacionais de outros Estados, celebrada em Washington, e a que se reporta o Decreto n.º 15/84, de 3 de Abril.

No plano nacional, são tantos os exemplos que escolho apenas um, recente, em matéria muito sensível, que conflui questões de dignidade com questões de subsistência. Reporto-me à Lei n.º 59/2008, de 11 de Setembro, sobre regime do contrato de trabalho na função pública, que cometeu, designadamente, à Arbitragem, a resolução de questões difíceis, extremamente importantes social e individualmente, relativas a matéria laboral (v.g. artigos 371.º e segs. e artigo 391.º).

8. Na recta final das minhas palavras, gostaria de tirar algumas ilações relativamente ao que tenho por nuclear em matéria de recursos, anulações e oposição à execução, à luz, designadamente, da Lei n.º 31/86. Friso, porém, que o que vou dizer sobre estas temáticas *são simples hipóteses de ponderação, não conclusões que tenha por seguras, mas questões que considero merecerem ponderação **de jure constituendo**.*

Atrevo-me a dizer que, no meu Guia de Recursos Cíveis, me limito a pouco acerca dos Tribunais Arbitrais. Penso que irei dizer mais se escrever uma 5.ª edição. Aqui e agora, anoto escassos e breves apontamentos sobre o que pensa um magistrado judicial português.

9. Dir-se-ia que quem opta por um Tribunal Arbitral não está, normalmente, a pensar em recorrer. E por isso digo, no referido Guia, e mantenho, que é mais compreensível a regra do artigo 34.º (arbitragem internacional) do que a do artigo 29.º da Lei n.º 31/86, ou seja, a prática natural ao instituto é a inexistência fáctica de recursos, e a ordem de estatuição naqueles normativos não é idêntica. Mas, tenho para mim, que a opção constitucional pelo princípio da equidade processual[43] não permite deixar de prever a possibilidade de recurso[44].

Problema que se pode pôr é: qual o Tribunal *ad quem*?

Se se quiser, como se tem querido, que o recurso vá para o sistema judicial, o que se passa na Arbitragem é correcto – fazendo o recurso ser julgado

---

[43] Artigo 20.º, n.º 4, da CRP.
[44] O que, aliás, é compatível com renúncia e desistência.

Arbitragem: Caminho da Justiça? 283

pelas Relações[45] – ao contrário do que, a meu ver, inadequadamente, acontece com os Julgados de Paz[46].

Mas vou mais longe.

Por uma razão de valores: ou confio – e eu confio – nos Tribunais Arbitrais ou não. E o Estado e os interessados confiam, caso contrário não haveria Arbitragem, especialmente a mais abrangente, que é a voluntária.

Essas mesmas razões e uma coerência de atitudes implicariam, como defendo, que os recursos de decisões arbitrais fossem julgados por um *Tribunal Arbitral de 2.º grau*. Difícil obtê-lo[47]? Nem vejo que o seja tanto assim. Problema é querer e ser coerente. Onde parece que não há lógica, nem coerência, é em confiar "assim-assim". De resto, esta minha (e não só minha) ideia viabilizaria mais claramente a observância do espírito, designadamente, do que é aflorado, *v.g.*, no artigo 66.º do CPC, vale dizer, a não confusão, não concorrência e não sobreposição de sistemas *jurisdicionais diferentes*.

10. Uma palavra breve sobre *anulação* de decisões arbitrais:

Não vou, também aqui, entrar em pormenorizações.

Limitar-me-ei, conforme a minha tábua de valores e a linearidade processual, a tirar conclusões coerentes daquilo que penso sobre a essência e os valores da instituição, como perspectivas ponderáveis.

Aliás, deixem-me dizer que, nos meus estudos, uma das frases mais impressivas que encontrei é a afirmação de Perrot, segundo o qual as vias de impugnação são "um dos problemas mais *irritantes* da arbitragem voluntária[48]": o *itálico* é meu.

E é verdade.

---

[45] Artigo 29.º, n.º 1, da Lei n.º 31/86.

[46] Por outro lado, o n.º 1 do artigo 29.º da Lei n.º 31/86, traz para os Tribunais Arbitrais a generalidade da normatividade recursória judicial civilística, inclusive os dois sistemas conviventes em consequência do Decreto-Lei n.º 303/2007, de 24 de Agosto, e, em termos de pormenor, por exemplo, o n.º 1 do artigo 678.º do CPC (valor processual + valor de sucumbência) cuja desigualação sobre possibilidade recursória tenho por constitucionalmente controversa e, judicialmente, indesejável, num assumido remar contra a maré cheia de posturas em contrário.

[47] Os brasileiros resolveram a questão orgânica de um Juízado Especial de 2.ª grau, para decidir recursos do Juízados Especiais, viabilizando o que chamam Turma Recursal. Este pormenor tem, aliás, mais a ver com os Julgados de Paz.

[48] Confesso que não li o original (*Les Voies*, 268) mas, obviamente, faço fé na citação da Prof.ª Doutora PAULA COSTA E SILVA, num dos seus doutos estudos sobre Arbitragem: *Anulação e recursos da decisão arbitral*, ROA n.º 52 (Dez. de 1999), pág. 893.

284   Conselheiro J. O. Cardona Ferreira

Não faz sentido que, na Arbitragem, haja a possibilidade de acções de anulação ... para o sistema judicial; de recursos ... para o judicial; de oposição à execução ... no judicial ...[49].

E tudo isto com possibilidade de litispendência, se esta for a leitura de certos casos, porventura a menos má das leituras.

Esquecendo, por agora, a terceira via impugnatória – num sistema (Arbitragem) que se assume como desejado pelos interessados; e situando-nos, "apenas", nos recursos e nas acções de anulação; não tenho qualquer dúvida em emitir o meu ponto de vista assumidamente contrário a um regime legal que reconhece a jurisdição arbitral, mas parece reconhecê-la... *assim, assim.*

Isto, só para dizer que concordo com todos quantos acham *exagerada a dupla via impugnatória declarativa,* como disse, esquecendo, de momento, a oposição à execução.

Só que *não iria por onde tenho visto ir a generalidade das opções,* porventura na decorrência da chamada lei-modelo da Comissão das N.U. para o Direito Comercial e Internacional (CNUDCI), de 21 de Junho de 1985, que optou por aquilo que se traduz por "pedido de anulação" como único "recurso de uma sentença arbitral" (artigo 34.°). É mais coerente a já citada legislação espanhola de 2003 que assume apenas a via da anulação mas, explicitamente, como *não* recurso, corrigindo a literalidade da lei de 1988.

Ouso "subverter" ideias que tenho lido e proponho, simplesmente, a ponderação da eliminação da acção de anulação e a subsistência, normal em quaisquer Tribunais, de recursos – isto, por coerência com os valores próprios da Arbitragem e por a regra constitucional da equidade processual[50] exigir, a meu ver, a possibilidade de um duplo grau de jurisdição: desejavelmente, no respectivo sistema[51]. Não esqueçamos que perspectivo a criação de Tribunal Arbitral de 2.° grau.

Mas que fazer aos factores, hoje, de acção (judicial) de anulação (com tanta importância que os recursos são renunciáveis, mas a anulação não o é: artigos 28.° e 29.° da Lei n.° 31/86)[52]?

---

[49] Artigos 27.°, 29.° e 31.° da Lei de 29 de Agosto.

[50] Artigo 20.°, n.° 4, da CRP.

[51] O que não impediria a recorribilidade para o Tribunal Constitucional, a meu ver situado fora de qualquer outro sistema jurisdicional.

[52] Uma pequena incursão por aquilo que chamaria a psicologia legislativa. É tão patente a supervisão do sistema arbitral atribuída ao judicial que, ao serem redigidos os artigos 27.° e 28.° da Lei n.° 31/86, não obstante as decisões porventura impugnáveis, numa tal lei, serem, à partida, necessariamente, arbitrais, foi literalmente expressado o contraponto arbitral/judicial.

Muito simplesmente, entrando pela porta entre-aberta pelo n.º 3 do artigo 27.º da Lei n.º 31/86, transformando quaisquer factores que devam subsistir a título de nulidades da sentença[53] como, assumidamente, isso mesmo e só isso; e, por coerência da ordem jurídica global, embora no sistema arbitral, fazendo inserir, em recurso possível, questões previsíveis de nulidade da sentença, à semelhança, no Arbitral, do princípio ínsito no n.º 4 do artigo 668.º do CPC. E, naturalmente, viabilizando a arguição de nulidades perante o próprio Tribunal Arbitral que sentenciara, na hipótese de não caber recurso, na linha do n.º 3 do artigo 27.º da Lei n.º 31/86. Aliás, diria que, mesmo no sistema judicial, justificar-se-ia a possibilidade de o impugnante optar por simples reclamação, sem necessidade de interpor recurso mesmo quando pudesse recorrer. O que vale por dizer que a expressão "e ele" – o recurso – " for interposto" deveria ser generalizada na ordem jurídica, derrogando-se o n.º 4 do artigo 668.º do CPC.

11. Finalmente, uma palavra a propósito de execução, anotando, neste ponto, dificuldades decorrentes da oposição à execução; e reconhecendo que esta é a zona em que se pode encontrar maior dificuldade relativamente às minhas sugestões de ponderação[54].

Também aqui parto dos valores que atribuo aos Tribunais Arbitrais e de uma questão de coerência[55].

---

[53] Hipótese pela qual perpassam certas observações da Prof.ª Doutora PAULA COSTA E SILVA (ROA 56, ano 1996, págs. 179 e segs.).

[54] Insisto que procuro fazer sugestões coerentes e úteis, a partir dos valores da arbitragem. São, para mim próprio, não conclusões definitivas (aliás não há definitividades em Direito), mas *questões ponderáveis*. Recuso, porém, a ideia de que haja orientações e conceitos fechados e inultrapassáveis. Insisto que *não podemos ser fundamentalistas em matéria de conceitos, ou imobilistas. Os valores e interesses válidos são mais importantes do que os conceitos.* Por outro lado, admito alguma dificuldade em matéria de Direito internacional. Mas a matéria de *competência* é temática de Direito *processual* e, este, enquanto Direito público, tem limitação natural ao espaço *nacional*. Não parece que Direito internacional (entre tantos outros textos, Convenção de Nova Iorque, 1958 – Resolução da Assembleia da República n.º 37/94, de 8 de Julho) impeça relevância *interna* de Direito nacional, que se insira na soberania. Se inovações nacionais teriam, ou não, relevância internacional seria *outra questão*, naturalmente a ponderar à luz do Direito internacional existente *ou a existir*. Fundamental, portanto, é saber se desejamos, ou não, e em que medida, *inovar*. Porquê não tomar iniciativas?

[55] Estou nestas abordagens com a convicção de que não posso discutir o particular, coerentemente, sem valorar a essência do que discuto.

Se os Tribunais Arbitrais valem o que creio que valem, se podem declarar o Justo, que é o princípio, porque não executar, pelo menos, *as suas próprias decisões*, o que, em termos de valores, é menor?

Portanto, também aqui, a minha proposta de ponderação é a que defendo para os Julgados de Paz: competência executiva dos Tribunais Arbitrais, como no Brasil no que concerne, designadamente, aos Juizados Especiais Cíveis.

Não há meios?

Tenho para mim que, designadamente em matéria de Justiça, o princípio adequado à questão não pode pôr-se em "soluções desejáveis" conforme os "meios"; mas, sim, "meios" conforme, ao menos tendencialmente, as soluções desejáveis e coerentes.

De resto, como Tribunais que são, os Tribunais Arbitrais têm direito à coadjuvação de outras autoridades (n.° 3 do artigo 202.° da CRP).

E a oportunidade para ponderação parece boa porque, no dia 25 de Setembro de 2008, foi aprovado um decreto-lei modificativo da acção executiva judicial, no seguimento da Lei n.° 19/2008, de 21 de Abril. *No momento em que falo*, ainda não foi publicado e não conheço o texto final[56]. Mas o projecto de que disponho previa a possibilidade de intervenção de Centros de Arbitragem na acção executiva judicial (eram os artigos 10.° e segs. desse projecto)[57], na base do artigo 9.° da referida Lei n.° 19/2008. Mas lá vinham recursos e acções de anulação das decisões arbitrais no âmbito executivo (era o artigo 14.°)[58]. E previa-se uma "comissão" que "fiscalizaria" a actividade dos Centros de Arbitragem, que não corresponde, exactamente, ao que reflecti, relativamente à disponibilidade de um Conselho do tipo de Acompanhamento.

12. Estou no fim da recta final das minhas palavras.

Tudo o que defendo – ao menos, como ponderável – relativamente a recursos, a acções de anulação, a execuções, assenta na coerência do que penso sobre Arbitragem à luz do que são os seus valores.

Sublinho – mais uma vez o faço para não parecer que renego as minhas origens o que seria, para mim, inimaginável – que, como me parece óbvio, *o sistema judicial é a estrutura básica dos sistemas de Justiça portuguesa* e que, de melhor

---

[56] Veio a ser temática do Decreto-Lei n.° 226/2008, de 20 de Novembro, artigos 11.° e segs.

[57] Na sequência, diria, designadamente, da Resolução do Conselho de Ministros n.° 172/2007, in D.R., 1.ª série, 06.11.2007).

[58] Veio a ser o artigo 15.° do Decreto-Lei n.° 226/2008, de 20 de Novembro.

e mais condições de trabalho necessita; mas estamos num *tempo novo*, também em matéria jurisdicional, em que nascem ou renascem, actualizadamente, outros sistemas ou caminhos de Justiça. *Não* é, creio, um novo paradigma de Justiça, como já vi escrito. Pode ser, sim, um novo paradigma *mas de* caminhos ou de sistemas de Justiça.

Este paradigma tem de comum uma procura de proximidade entre os sistemas e os justiciáveis, de combate à burocracia, ao desperdício formal, às demoras escusadas, privilegiando a confiança, a paz e, para tanto, a oportunidade, numa palavra, a eficiência, que não só a eficácia. O bem decidir tem de ser, sempre, fundamental. *A oportunidade não pode ser um fim, mas é uma vertente da boa decisão.*

A estes valores, no seu âmbito próprio, responde a Arbitragem.

Se assim é, há que tirar, daí, consequências correctas e não apenas consequências "assim-assim".

Aliás, a Arbitragem tem um Futuro que prevejo pujante.

Internamente, há quem deseje, por exemplo, um Tribunal Arbitral Desportivo. E parece-me uma boa ideia.

E há quem, como muitos e bons cidadãos e eu também, perspective a Arbitragem (porventura conjugada com mediação) como *vertente jurisdicional do necessário desenvolvimento da Comunidade de Países de Língua Portuguesa (C.P.L.P.)*[59]

Valoremos a Arbitragem pelo que ela vale e não, redutoramente, porque o sistema judicial não pode dar, neste momento, a resposta mais global que o próprio sistema judicial deseja.

Valoremo-la pela positiva.

Expressei-me como cidadão que continua a pensar como Juiz.

Disse um escritor e político espanhol do século XIX, Antonio Cánovas del Castillo, que "Justicia es el alma del Juez". Justiça continua sendo a minha alma.

E se a Justiça for um mito?

Se a Justiça for um mito, e tal como já disse algures, urge pedir a Fernando Pessoa que lembre a todo o mundo que:

"*o mito é o nada que é TUDO*"[60]

Lisboa, 7 de Outubro 2008

---

[59] Meu artigo in *África Lusófona* de Julho de 2001, pág. 6.
[60] *Mensagem* (Ulisses).

A citação e a notificação do artigo 1407
do Código de Processo Civil: requisitos e nulidade

PROF. DOUTOR JOSÉ LEBRE DE FREITAS

SUMÁRIO: *I – Um caso concreto. II – Das formalidades a respeitar: 1. Na citação; 2. Na notificação do artigo 1407 CPC. III – Irregularidades praticadas: 1. No acto de citação; 2. No acto da notificação. IV – Do adiamento da inquirição. IV – Conclusões.*

I – **Um caso concreto**

Em acção de divórcio litigioso, foi fixado o dia 6.2.06, às 9h40, para a realização da tentativa de conciliação imposta pelo artigo 1407-1 CPC.

A carta registada com aviso de recepção enviada pela secretaria para citação do réu (e sua convocação para comparência pessoal na tentativa de conciliação) foi devolvida ao tribunal, sem que tivesse sido recebida ou o aviso de recepção assinado.

Em 2.12.05 foi pelo tribunal designado solicitador de execução para a realização da citação por contacto pessoal.

Às 18h30m do dia 3.2.06, o solicitador designado deixou a uma pessoa encontrada na casa de residência do réu (onde este não estava) nota com indicação de hora para citação entre as 10h e as 11h do dia seguinte (sábado).

Às 11h30 do dia 4.2.06, o solicitador afixou nota de citação na porta da entrada principal da moradia do réu, após ter colhido da "empregada doméstica do réu" a informação de que este estaria a dormir e ter aguardado, entre as 10h e as 11h30m, que ou o réu ou a sua empregada o atendesse.

Devolvidos estes elementos ao tribunal, o juiz, no dia 6.2.06 (2.ª feira), deu por prejudicada a realização da tentativa de conciliação, por ausência do réu, e ordenou a notificação deste para contestar a acção.

290 José Lebre de Freitas

Em 7.2.06 foi expedida pela secretaria carta registada a notificar o réu para contestar, juntando "duplicado da petição inicial e as cópias dos documentos que se encontram nos autos". Esta carta foi devolvida com indicação de aviso deixado em 8.2.06 ("não atendeu") e de não reclamação até 23.2.06.

Solicitou então a secretaria à GNR do concelho a notificação do réu. Em 4.4.06 a GNR informou o tribunal não ter conseguido localizar o réu, não obstante convocatórias deixadas na sua residência para se deslocar ao posto, tendo sido realizada a última tentativa, mediante deslocação ao local, em 24.3.06.

O juiz da causa considerou o réu bem citado, em face do artigo 240 CPC, e bem notificado para contestar a acção, em face dos artigos 255 CPC e 254 CPC.

Foi designado o dia 23.6.06 para a inquirição das testemunhas em incidente de atribuição da casa de morada de família e enviada ao réu, com data de 5.6.06, carta simples a dar-lhe conhecimento da diligência agendada.

Em 19.6.06, foi junta aos autos procuração forense, outorgada pelo réu a advogado em 16.6.06. Em 21.6.06, o réu arguiu, através do seu advogado, a nulidade da sua citação e em 22.6.06 o advogado constituído requereu o adiamento da inquirição agendada para 23.6.06, por impossibilidade de comparência, dado ter outra diligência judicial marcada para os mesmos dia e hora.

Na data designada para a inquirição, o juiz da causa indeferiu a arguição de nulidade e o pedido de adiamento. Na fundamentação da 1.ª decisão, considerou que a falta de envio de carta registada, nos termos do artigo 241 CPC, não constituía irregularidade da notificação, porquanto o artigo 241 CPC apenas se aplicaria no caso previsto no artigo 240-2 CPC (citação em pessoa diversa do citando) e não também no do artigo 240-3 CPC (afixação de nota de citação), e que a notificação para contestar tinha respeitado o disposto no artigo 1407-5 CPC. Na fundamentação da 2.ª decisão, considerou que à data da junção ao processo da procuração passada em 19.6.06 já não havia que cumprir o disposto no artigo 155 CPC, cujo cumprimento tivera lugar perante o mandatário (da autora) à data constituído.

Duas questões se suscitam:

– *Ocorreu ou não nulidade da citação?*
– *Havia ou não motivo para adiamento da inquirição de 23.6.06?*

II – Das formalidades a respeitar

1. *Na citação*

A citação constitui um acto fundamental de comunicação entre o tribunal e o réu, misto de declaração de ciência e de acto jurídico constitutivo, com a tripla função de *transmissão de conhecimento*, de *convite à defesa* e de *constituição do réu como parte*. Sem ela não é assegurado o direito de defesa, consagrado como fundamental, ao lado do direito de acção, no artigo 20 da Constituição da República, e por isso a lei ordinária cuida, com minúcia, de a regular de modo que possibilite ao réu o *conhecimento efectivo* do processo instaurado[1].

São assim enunciados, em geral (artigo 235 CPC) e para cada modalidade de citação (artigos 236 e ss), as *formalidades* a cumprir e os *elementos de conteúdo* a comunicar, de cuja omissão resulta a irregularidade do acto.

Em sistemas jurídicos como o francês e o belga, entende-se que a citação só em último caso pode dispensar o *contacto pessoal* do funcionário judicial ou de pessoa que exerça funções equivalentes (*hussier* ou outro) com o citando, a fim de serem elucidados, *de viva voz*, todos os aspectos relevantes para a boa compreensão das consequências do acto. Outros sistemas europeus, confrontados com a complexidade cada vez maior das relações sociais hodiernas, recorrem, cada vez mais insistentemente, a modalidades de citação que não podem garantir com o mesmo grau de segurança que o réu tome conhecimento da acção contra ele proposta; mas mesmo os mais generosos perante o meio da citação por *via postal* (Áustria, Suécia, Alemanha, Portugal) não deixam de procurar assegurar o acto de conhecimento, nomeadamente possibilitando, quando não há certeza de que o réu tenha tido esse conhecimento, meios de contraditório ulteriores[2].

É o que acontece em direito português, no qual, fora a deficiente protecção do réu citado editalmente[3], o artigo 195-1-*e* CPC, introduzido na revisão

---

[1] Remeto para as minhas obras *Introdução ao processo civil*, Coimbra, Coimbra Editora, 2006, n.º II.2.3.1, e *A acção declarativa comum*, Coimbra, 2000, n.º 6.1.

[2] Remeto, não só para a breve referência que faço no n.º 6 (5) da *Acção declarativa* cit., mas sobretudo para os n.ºs 10 a 14, 24 e 28 a 30 do meu artigo *Le respect des droits de la défense lors de l'introduction de l'instance,* in *L'efficacité de la justice civile en Europe*, Bruxelas, Larcier, republicado nos meus *Estudos de direito civil e processo civil*, Coimbra, Coimbra Editora, 2002, ps. 87 e ss. O recurso de oposição (Alemanha, Reino Unido, Áustria, Suécia, França, Bélgica), a *restitutio in integrum* do réu (Itália, Espanha) e o mecanismo da falta ou nulidade da citação (Portugal) visam conduzir a uma nova apreciação do litígio em contraditório.

[3] Remeto para a minha *Introdução* cit., n.º II.2 (23).

292 *José Lebre de Freitas*

de 1995-1996, e o artigo 198 CPC, alterado na mesma revisão, oferecem hoje *razoável garantia de defesa* ao réu que pretenda não ter tido conhecimento oportuno da acção contra ele movida.

Respeita-se assim a orientação consagrada nos artigos 8-10 e 8-11 do projecto de Directiva para a Aproximação do Direito Processual da União Europeia[4] e retirável do disposto no artigo 34-2 do Regulamento Bruxelas I: a decisão proferida em outro Estado da União "não será reconhecida (...) se o acto que iniciou a instância, ou acto equivalente, não tiver sido *comunicado* ou notificado ao requerido revel, *em tempo útil e de modo a permitir-lhe a defesa*". Embora a nossa lei, nomeadamente no artigo 3 CPC, não formule um *princípio geral* semelhante, a estipulação de prazos razoáveis para as várias defesas processuais constitui igual preocupação com o "tempo útil" de que o réu deve dispor, o mesmo se podendo dizer da exigência, quando o réu não é pessoalmente citado, do envio, em dois dias úteis, da carta registada a que se refere o artigo 241 CPC e das dilações que lhe são consentidas, também quando a citação não é pessoal, pelo artigo 252-A CPC, nos seus n.os 1-*a* e 3.

2. *Na notificação do artigo 1407 CPC*

2.1. A citação do réu não tem lugar apenas quando este é chamado ao processo para, em determinado prazo, se defender. Constituindo o primeiro acto de chamamento do réu (ou de outro interessado na causa), casos há em que o *prazo para a defesa* não se inicia imediatamente, dependendo ainda o seu início, na ordem constituída por uma sequência processual específica, da prática de *outro acto* que o deve preceder.

É o que acontece na acção de divórcio e separação litigiosos, em que a lei opta por prescrever a prévia realização duma tentativa de conciliação, para a qual determina que o réu seja *citado* para comparecer pessoalmente ou, se estiver ausente do continente ou da ilha onde corre o processo, se fazer representar por mandatário com poderes especiais (artigo 1407-1 CPC). A citação serve então para dar conhecimento ao réu da acção instaurada, para o constituir como parte e para o *convocar* para a tentativa de conciliação, mas não para o chamar a defender-se. Este *chamamento para a defesa*, que, como deixei dito, constitui normalmente a terceira função da citação, só é feito neste caso *poste-*

---

[4] MARCEL STORME, *Rapprochement du droit judiciaire de l'Union européenne*, Dordrecht, Kluwer, 1994, ps. 201-202.

O Direito 141.º (2009), II, 289-307

riormente, por acto que, tida em conta a anterior citação, constitui uma *notificação* (artigo 1407-5 CPC). Esta realizar-se-á no próprio acto da tentativa de conciliação, uma vez verificada a sua frustração ("imediatamente", diz a lei), e terá lugar após a verificação da impossibilidade de a realizar, quando o réu não tenha comparecido.

Neste caso, se a parte, embora não comparecendo, tiver constituído mandatário, a notificação há-de ser feita *na pessoa deste* (artigo 253-1 CPC), e apenas nela, visto não estarmos perante um caso em que a parte seja chamada para a prática de acto que pessoalmente deva praticar (artigo 253-2 CPC); mas, não havendo, como normalmente acontecerá, advogado constituído, a notificação, a endereçar à parte (artigo 255 CPC), deve ser feita *nos termos da citação pessoal* (artigo 256 CPC).

Este artigo 256 CPC apenas especificamente refere, para exigir a aplicação das disposições relativas à realização da citação pessoal, as notificações a que aludem os artigos 12-4 CPC, 23-3 CPC e 24-2 CPC; mas ressalva também outros *"casos especialmente previstos"* e a consideração da garantia do direito de defesa impõe que a forma da citação pessoal seja usada, não só quando isso é dito expressamente, mas também quando uma lei específica mande notificar a parte e, considerado o fim da notificação, haja que observar os cuidados com que a lei rodeia o acto de citação, quer quanto ao seu conteúdo, quer quanto às suas formalidades e à pessoa perante quem pode ser praticado[5]. É assim que, por exemplo, não pode deixar de ser tida como notificação a efectuar nos termos do artigo 256 CPC a que aos interessados é feita do laudo arbitral no processo de expropriação (actualmente artigo 51-5 CExp.), com a qual se inicia o prazo para recorrer aos tribunais judiciais, em momento em que ainda não é obrigatória a constituição de advogado[6], tal como não podiam deixar de ser também assim consideradas, já antes da reforma da acção executiva, a notificação da reclamação de créditos ao executado (hoje, artigo 866-1 CPC) e a noti-

---

[5] Remeto para as considerações expendidas no n.° 1 da anotação ao artigo 256 do meu (com João Redinha, Rui Pinto, Montalvão Machado e Ribeiro Mendes) *CPC anotado*, Coimbra, Coimbra Editora, 2008, I. A lei especial pode não o dizer expressamente; mas a sua interpretação, ao abrigo dos princípios gerais, nomeadamente da garantia constitucional do acesso à Justiça, levará a que o artigo 256 CPC se aplique.

[6] Remeto para o meu artigo *A citação dos interessados como garantia da defesa no processo de expropriação*, publicado nos *Estudos em memória do Prof. Doutor Castro Mendes*, Lisboa, Lex, 1994, e republicado nos meus *Estudos de direito civil e processo civil* cit., n.° 2.2. Ver também, em caso de notificação do arrendatário de prédio expropriado, os acs. do TRE de 2.12.76 (Bernardo Coelho), *CJ*, 1976, III, p. 740, e de 24.4.81 (Ferro Ribeiro), *BMJ*, 308, p. 297.

294   José Lebre de Freitas

ficação da penhora ao terceiro devedor (hoje, artigo 856-1 CPC)[7], dadas as cominações gravosas a que fica, nestes casos, sujeito o notificado[8].

2.2. Num caso, como o enunciado, em que a notificação ao réu desempenha uma das funções normais do acto de citação, ela tem de respeitar as formalidades e de revestir o conteúdo deste acto, quando a parte entretanto não tiver constituído mandatário[9]: *a repartição das funções normais do acto de citação por esta e por essa subsequente notificação não podem conduzir a menos garantias do que as que a lei confere quando o acto é único*. Isto mesmo explica a exigência, própria do acto de citação pessoal (artigo 235-1 CPC), da *entrega ao réu* do duplicado da petição inicial, o que não pode deixar de ser entendido como visando a sujeição da notificação, *quando não haja mandatário constituído*, ao regime do artigo 256: trata-se, afinal, de caso "especialmente previsto".

No que respeita às formalidades, o acto de citação e o de notificação encontram-se hoje muito mais próximos do que quando a lei processual não admitia, senão excepcionalmente, a citação por via postal. No entanto, a carta registada para citação continua, em regra[10], a dever ser acompanhada por aviso de recepção (artigo 236-1 CPC) e, quando este não é assinado, ou a carta não é entregue, segue-se a citação por contacto pessoal (artigo 239-1 CPC)[11].

---

[7] Remeto para a 2.ª e a 3.ª edições da minha obra *A acção executiva*, Coimbra, respectivamente 1997 e 2001, n.° 14 (14-A), bem como para o meu artigo *O silêncio do terceiro devedor*, ROA, 2002, n.° II.5.4, republicado nestes estudos. Ver também o ac. do TRL de 21.6.83 (FARINHA RIBEIRAS), *BMJ*, 335, p. 333.

[8] Não pode, designadamente, qualquer notificação que marque o início dum prazo peremptório, *maxime* de defesa, em momento anterior ao da *normal* constituição de mandatário, deixar de conter as indicações constantes do artigo 235 CPC. É que a notificação, pressuposto do contraditório, surge então como "condição à qual a lei subordina o poder judicial de pronúncia sobre o pedido" (MANDRIOLI, *Corso di diritto processuale civile*, Torino, Giappichelli, 1995, II, p. 13 (2)), e o princípio do contraditório, para atingir a sua finalidade, deve garantir, não apenas a possibilidade, mas também a *efectividade do contraditório* (CARNELUTTI, citado pelo mesmo MANDRIOLI, I, p. 107 (5)).

[9] Questão diversa é a da sua sujeição, não só às "disposições relativas a *realização* da citação pessoal" (artigo 256 CPC), mas também às respeitantes ao prazo para a arguição da nulidade (artigos 196 CPC e 198-2 CPC) e à ilisão da presunção de conhecimento (artigos 195-*e* CPC e 233-4 CPC), que regem no caso da citação, precisamente para garantia do direito de defesa (ver o n.° 2 da anotação ao artigo 256 do meu citado *CPC anotado*, I).

[10] Exceptua-se o caso de domicílio convencionado (artigo 237-A CPC e artigo 12-A-1 do regime anexo ao Decreto-Lei n.° 269/98, aplicável também no âmbito do Decreto-Lei n.° 32/2003, por via do artigo 7 deste último).

[11] Frustrada esta e não sendo possível fazer a citação por hora certa, por o réu estar ausente em parte incerta, deixam de se aplicar à notificação pessoal as regras da citação: a notificação edital, essa, não tem nunca lugar ("realização da citação *pessoal*", diz o artigo 256 CPC).

Quando, por conseguinte, o réu da acção de divórcio, citado para a tentativa de conciliação, não comparece nem constitui mandatário judicial, a sua notificação para contestar há-de ser feita nos termos da citação e não nos do artigo 255-1 CPC, isto é, por carta registada com aviso de recepção ou, se esta não for recebida, por contacto pessoal ou prévia fixação de hora certa.

Nem se diga que, por não ter comparecido nem intervindo no processo, o réu se encontra em situação de *revelia absoluta*, aplicando-se por isso o artigo 255-2 CPC: a revelia absoluta *pressupõe a falta de contestação* (artigo 483 CPC), pelo que só pode verificar-se após o decurso do subsequente prazo para a apresentação desta, e só porque o réu (ainda) não é revel se explica que a lei determine a sua notificação para contestar.

Estas diferenças são importantes e a garantia do réu na citação, ou em acto cujo modo de realização lhe é equiparado, é apreciavelmente maior.

III – **Irregularidades praticadas**

1. *No acto de citação*

1.1. O acto de citação, tal como foi praticado no caso concreto, enferma de várias irregularidades.

Em primeiro lugar, não pode ser considerada efectuada *em tempo útil* uma citação feita às 11h30m de um sábado, por afixação de nota de citação, convocando o citando para comparecer em tribunal às 9h40m da 2.ª feira seguinte.

Essa modalidade de citação importa a concessão duma *dilação de 5 dias* (artigo 252-A-1-*a* CPC[12]), a qual, embora literalmente prescrita para acrescer ao prazo de defesa, tem o alcance mais geral de determinar o prazo decorrido o qual se presume que o réu tem conhecimento do acto. O artigo 233-4 CPC, tal como aliás também o artigo 238-1 CPC no campo da citação por via postal, estatui a *presunção ilidível* de que o réu toma conhecimento da citação dentro desse prazo, de tal modo que, se assim não for, o réu poderá, mediante a ilisão da presunção, demonstrar que teve conhecimento do acto em momento posterior, inclusivamente em momento em que seria já inútil a prática do acto

---

[12] A citação realizada em pessoa diversa do réu é, no caso da citação com hora certa, não só a que é feita em pessoa encarregada de a transmitir ao réu (artigo 240-2 CPC), mas também a que é feita mediante a afixação de nota de citação (artigo 240-3 CPC), como se vê na remissão expressa do artigo 252-A-1-*a* CPC.

296   *José Lebre de Freitas*

que fora convidado ou intimado a praticar. Isto explica a disposição do artigo 195-2-*e* CPC: o destinatário *não chegou a ter* conhecimento do acto "quando provar que o conhecimento ocorreu quando já era *inútil*: estava já terminado o prazo para a contestação, contado do momento da aparente citação[13], ou tinha já ocorrido a diligência para a qual o réu fora convocado.

Daqui resulta que, *até que decorram os referidos 5 dias, o réu não precisa de provar que não teve conhecimento do acto de citação*: até aí, o conhecimento do acto, por entrega dos respectivos elementos pelo terceiro ou por leitura da nota de citação, é, como diz o artigo 233-4 CPC, *oportuno*; só a partir daí joga a presunção de conhecimento. *Tendo decorrido menos de 48 horas* (nem sequer de dias úteis) *entre a afixação da nota de citação e a diligência para que o réu foi por ela convocado, a citação não se pode ter por verificada.*

Em segundo lugar, *mesmo que a citação tivesse sido feita mediante contacto pessoal com o réu* (não havendo que contar a dilação de 5 dias para este se considerar citado), a distância de um fim de semana (incompleto) entre o momento da sua ocorrência e a diligência para a qual ele se destinara a convocá-lo não poderia considerar-se suficiente para o efeito de considerar o acto regularmente praticado.

Isso mesmo resultaria do que dispõe o artigo 34-2 do Regulamento Bruxelas I, se, por se tratar dum litígio plurilocalizado no âmbito da União Europeia, este fosse aplicável ao caso: a comunicação ao réu não teria sido feita em *tempo útil*.

O regulamento comunitário não se aplica; mas a exigência mantém-se no âmbito do espaço jurídico do Estado português. O artigo 20 da Constituição da República, em sintonia com o artigo 10 da Declaração Universal dos Direitos do Homem (directamente aplicável por via do artigo 16-2 da Constituição) e com o artigo 6 da Convenção Europeia dos Direitos do Homem, garante o *direito de acesso aos tribunais*, em condições de igualdade entre as partes. Para o réu, tal postula a concessão dum *prazo razoável*, não só para a oposição, mas também para a prática de outro acto que, em certa forma processual, a deva preceder.

Fora do campo das providências cautelares e de outras providências urgentes, a citação do réu para comparência em audiência há-de se fazer com antecedência suficiente para lhe permitir, não só a *programação da deslocação ao tribunal*, mas também a *preparação do sentido da intervenção em juízo*. Nem se diga, quanto a esta preparação, que o fim de mera conciliação a dispensa: a tentativa

---

[13] Ver o n.º 3 da anotação ao artigo 233 do meu citado *CPC anotado*, I.

de conciliação (que poderá permitir a conversão do divórcio litigioso em divórcio por mútuo consentimento e, além disso, o acordo quanto aos alimentos e ao exercício do poder paternal: artigo 1407-2 CPC) não é uma mera formalidade sem conteúdo, implicando, ao invés, a necessidade de *tempo de reflexão* para que as soluções que a lei nitidamente prefere ao litígio possam amadurecer.

No mínimo, a preocupação do legislador processual em não estatuir, em regra, prazos inferiores a 5 dias (o que levou o Decreto-Lei n.º 457/70, de 10 de Outubro, a aumentar a duração dos que fossem inferiores) levará a entender que a citação feita nos termos do artigo 1407-1 CPC não deve *nunca ser feita com antecedência inferior a 5 dias*.

Note-se, aliás, que o réu pode, no dia agendado para a audiência, estar ausente do continente ou da ilha em que corre o processo (ainda que nela esteja ainda presente na data da citação): é seu direito – e dever – constituir mandatário (artigo 1407-1 CPC) e para isso precisa também de tempo[14].

Interpretar o artigo 1407-1 CPC como admitindo que a citação do réu seja feita até à hora fixada para a tentativa de conciliação, sem mediar um prazo razoável que possa proporcionar a realização dos fins da audiência, é fazer uma interpretação contrária à Constituição da República, mediante *violação do direito de acesso à Justiça* garantido no artigo 20 do diploma constitucional[15].

Assim, quando seja usado um meio de citação quase-pessoal para a convocação do réu para a tentativa de conciliação do artigo 1407 CPC e consequentemente se presuma o conhecimento do acto ao fim de 5 dias, tem de decorrer o mínimo de mais 5 dias antes de a diligência se realizar, sob pena de frustração do fim da citação.

Em terceiro lugar, a citação com *hora certa* não se coaduna com a fixação duma *hora aproximada* para a segunda vinda do funcionário (ou solicitador de execução) ao encontro do réu.

---

[14] *Maxime*, a citação feita na manhã dum sábado não possibilitará normalmente obter o patrocínio dum advogado para o início da manhã da 2.ª feira seguinte, muito menos se, por hipótese, a deslocação para fora do continente ou da ilha se der no fim de semana...

[15] No limite, tal interpretação possibilita situações como esta: cinco minutos antes da data fixada para a audiência, o cônjuge é citado, só então ficando a saber que o outro cônjuge contra ele moveu uma acção de divórcio litigioso. Não são obviamente estas as condições pretendidas pelo legislador, ao determinar, em derrogação da sequência dos actos do processo comum, que, antes de ser dado ao réu conhecimento da petição inicial para a contestar, tenha lugar no processo de divórcio litigioso a audiência dos cônjuges em tentativa de conciliação, que abrangerá a relação matrimonial e o poder paternal. *A função da citação pode assim, pura e simplesmente, ser impossibilitada*.

298 *José Lebre de Freitas*

A exigência da fixação duma hora certa visa garantir, com o menor incómodo para o réu, a eficácia do acto, mediante a certeza de que a comunicação atinja o seu destinatário. Anunciar que a citação se realizará "entre as 10 e as 11 horas" não é preencher o requisito da determinação *precisa* da hora em que será exigível ao réu que esteja presente.

Muito menos o será num caso, como o presente, em que, segundo o solicitador de execução, o réu não foi encontrado às 18h30m da véspera, não podendo o encarregado da citação saber se ele iria a casa antes da manhã seguinte ou se, indo, o faria já de madrugada, em hora que, mesmo que lhe proporcionasse ainda o encontro com a detentora do aviso para citação, lhe poderia tornar necessária a manhã seguinte para dormir[16].

Em quarto lugar, a citação feita mediante afixação da nota de citação (artigo 240-3 CPC[17]) só se *aperfeiçoa* com a advertência ao citando determinada pelo artigo 241 CPC: a secretaria deverá enviar ao citando, *no prazo de 2 dias úteis*, carta registada comunicando, além do mais, a data e o modo por que o acto se considera realizado, bem como, no caso de divórcio litigioso, a data e o fim da audiência a realizar (em vez do prazo para o oferecimento da defesa e do destino dado ao duplicado da petição inicial).

O envio desta carta constitui uma *"diligência complementar e cautelar"*[18], que visa *reforçar a garantia* do pleno conhecimento do acto da citação[19], embora a sua recepção não careça de ser provada (como no caso da citação por via postal).

No caso em exame, a carta não foi enviada, o que, diminuindo a probabilidade do conhecimento do acto por parte do réu, constitui *omissão de formalidade essencial* da citação.

---

[16] Quando se tenha ainda em conta que o solicitador tinha há *dois meses* em seu poder o expediente para a citação e que esta devia ter sido feita – ou tentada – no prazo de *dez dias*, cabendo ao solicitador a "rápida remoção das dificuldades" que obstassem à sua realização (artigo 234-1 CPC), torna-se ainda mais inadmissível o juízo de verificação de que a citação foi regularmente realizada (artigo 483 CPC). O prazo geral de 10 dias para a prática dos actos do solicitador de execução (que não sejam de mero expediente, para os quais o prazo é de 5 dias: artigo 166-1 CPC) retira-se, por analogia, dos artigos 153 CPC (actos das partes) e 160 CPC (actos dos magistrados), na falta duma disposição geral específica para o solicitador de execução (meu *CPC anotado* cit., III, n.º 7 da anotação ao artigo 808).

[17] É incompreensível, só se podendo dever a *lapso*, a afirmação, feita pelo juiz, de que o artigo 241 CPC só tem aplicação no caso do artigo 240-2 CPC: a referência ao artigo 240-3 CPC é bem expressa.

[18] José Alberto dos Reis, *Comentário ao CPC*, Coimbra, Coimbra Editora, 1945-1946, II, p. 648.

[19] Ver a anotação ao artigo 241 no meu *CPC anotado*, cit., I.

Nem se diga que o posterior envio da carta registada (não recebida) a notificar o réu para contestar supre essa omissão: uma coisa é a carta a *confirmar* a citação e outra, diversa, a carta a notificar para um acto de defesa posterior que, no processo de divórcio e separação litigiosas, a citação não tem a função de desencadear; trata-se de *conteúdos bem diversos*.

Por outro lado, a secretaria tinha dois dias úteis para fazer o envio da carta, prazo que tem por função assegurar que a sua recepção seja feita antes de decorridos os 5 dias da dilação do artigo 252-A-1-*a* e *a tempo* de o réu verificar ainda a verdade da realização do acto (em pessoa diversa ou mediante afixação da nota de citação); não mediando qualquer dia útil entre a realização da citação e a diligência, *impossibilitou-se a prática deste acto complementar, essencial para que a citação se aperfeiçoasse*.

1.2. Devia, pois, o juiz da causa, no acto gorado da tentativa de conciliação ou no da posterior verificação de que o réu não contestara, ter mandado *repetir o acto de citação*, em obediência ao artigo 483 CPC.

No caso do primeiro fundamento de nulidade (*lato sensu*) apontado, encontramo-nos perante uma *falta de citação*, dado o disposto no artigo 195-1-*e* CPC: o destinatário da citação *quase-pessoal* realizada (por lei equiparada à citação pessoal: artigo 240-5 CPC) *não chegou a ter conhecimento do acto*, por facto que não lhe é imputável, mas sim ao solicitador de execução.

Para esta conclusão, há que ter em conta o que deixei já exposto quanto à função da dilação de cinco dias no caso da citação quase-pessoal: só decorrido esse prazo se constitui a presunção de conhecimento pelo citando[20], pelo que, *tendo sido impossibilitado o seu decurso*, pela realização da audiência no dia em que ele se iniciava, *o citando não tem o ónus de provar o desconhecimento da citação*, que está *in re ipsa*. A procedência do primeiro tipo de irregularidade da citação que foi apontado leva, pois, à figura da falta de citação.

Quanto ao segundo fundamento, pondo ele em crise uma interpretação do artigo 1407-1 CPC que leve à impossibilidade da realização da *função* do acto de citação, igualmente se dirá que configura a falta de citação, por esta se ver desprovida de um elemento tão essencial ao acto jurídico como é a sua função[21].

---

[20] Só então se inicia, por isso, o prazo para a defesa, quando é caso disso. Só então se pode considerar o réu citado para comparecer no tribunal, num caso como o que está em exame.

[21] Causa no negócio jurídico, a função é no acto jurídico não negocial a *realização do interesse* que a lei visa satisfazer mediante a produção dos efeitos que rigidamente lhe imputa (LEBRE DE FREITAS, *A confissão no direito probatório*, Coimbra, Coimbra Editora, 1991, p. 559). No caso da

300 *José Lebre de Freitas*

Para chegar a esta conclusão, há que considerar que o próprio artigo 195-1 CPC está ferido de inconstitucionalidade, quando interpretado como contendo um elenco taxativo do qual se excluam outros modos de *não realização da função constitucional do acto de citação*. Mas, se se entender como fechado, sem inconstitucionalidade, o elenco do artigo 195-1 CPC, encontrar-nos-emos perante regime semelhante ao dos outros fundamentos apontados, que levariam, só por si e *se o réu não provasse que não teve conhecimento atempado do acto*, à figura da *nulidade de citação*, tido em conta o disposto no artigo 195-1 CPC.

Trata-se, com efeito, de *irregularidades susceptíveis de prejudicar a defesa do citando* (artigo 198-4 CPC), todas elas conduzindo a uma *menor probabilidade de conhecimento do acto por este*. Não se diga em contrário que a citação em causa não desencadearia o início do prazo para a defesa, só resultante da ulterior notificação: por um lado, como adiante demonstro, a nulidade da citação, uma vez invocada, basta para que não se possa ter por efectuada a notificação para contestar, pretensamente feita através de carta registada que vem devolvida; por outro lado, o artigo 198-4 CPC está redigido no *pressuposto* de que a citação se destina a realizar o seu fim normal de convite do réu à defesa, pelo que o *prejuízo da defesa* há-de ser entendido, quando não tenha essa função, como *prejuízo do exercício de outros direitos processuais concedidos ao réu em consequência da sua constituição como parte* – no caso do artigo 1407 CPC, dos direitos que pode exercer no acto da tentativa de conciliação (imediatamente) e também daqueles que lhe ficam a caber para exercício subsequente, mas podem ter sido prejudicados pelo desconhecimento do processo. Aliás, quando a citação é usada para chamar um terceiro interessado ao processo (artigo 228-1 CPC), a nulidade do acto só pode afectar a sua defesa se o chamamento se fizer para ele ocupar a posição de réu, mas já não pode afectar a defesa, mas só o exercício de outros direitos (a constituir-se como autor, opoente, interessado no inventário ou na expropriação, etc., e a actuar processualmente em conformidade), quando não é chamado para aquele, mas sim para outro fim. O preceito do artigo 198-4 CPC tem, pois, de ser *extensivamente* interpretado.

Ocorrendo, porém, a falta da citação, por se verificarem os requisitos do artigo 195-2-*e* CPC, a susceptibilidade de prejuízo da defesa do citando nem sequer carece de ser alegada e provada.

As irregularidades que ficaram apontadas ao acto de citação, tornando mais plausível e justificada a falta de conhecimento do acto pelo réu, inserem-se,

---

citação do artigo 1407 CPC, importa sobretudo, para os efeitos da presente análise, considerar o interesse na realização consciente e profícua da audiência dos cônjuges.

pois, em primeira linha, num esquema de *falta de citação* e só por falta de prova desse desconhecimento relevariam no plano da *nulidade*[22]. Poderá, à primeira vista, impressionar o relato feito ao solicitador de execução pela pessoa que se diz empregada doméstica do réu: este dorme no sábado de manhã e, por isso, não poderá deixar de ver, dentro em pouco, a nota de citação. A lei concede ao solicitador de execução o poder de atestar factos ocorridos no acto da citação (artigos 239 CPC, n.os 3 e 4, e 240-2 CPC), pelo que está provado que foram feitas à solicitadora as afirmações que reproduz, bem como a espera que diz ter feito. Não fica, porém, provada a verdade do conteúdo dessas afirmações nem do juízo emitido pelo solicitador sobre a qualidade de empregada do réu da pessoa que as fez (artigo 371-1 CC), pelo que dos factos provados não é dedutível a *alta probabilidade* de que o réu tenha tido conhecimento, nessa mesma manhã ou em momento do dia 4.2.06, da nota de citação deixada na porta da sua residência (o que tornaria duvidosa a prova *prima facie* de que o acto foi por ele desconhecido). Mesmo que, contrariamente ao que deixo dito, o conhecimento da nota de citação pelo réu pudesse relevar, não há elementos probatórios que permitam deduzi-lo e o réu manteria a legitimidade para invocar, como fez, o desconhecimento da citação, que não lhe foi feita pessoalmente e encerra os vícios que ficaram referidos.

Essa invocação foi atempada, pois constituiu a primeira intervenção do réu na causa (artigos 196 CPC e 198-2 CPC). Não tendo o juiz verificado oficiosamente, como devia, os vícios da citação, a sua invocação pelo réu devia ter levado o tribunal a declarar a nulidade (se não a falta) da citação, anulando os actos subsequentes do processo. Não o tendo feito, e não tendo sido indicado ao réu no acto da citação – não tinha de sê-lo – o prazo para a contestação, podia o réu arguir a nulidade até à primeira intervenção no processo, o que fez: apresentada, dois dias antes, procuração a advogado, o primeiro acto por ele praticado foi essa arguição.

1.3. Estes vícios do acto de citação não foram *sanados* pelos actos de notificação que seguidamente o tribunal pretendeu praticar perante o réu.

Com efeito, nem a falta nem a nulidade da citação são sanáveis com a posterior notificação ao réu de actos ou para a prática de actos do processo: a falta da citação só é sanável com a *efectiva intervenção* da parte (artigo 196 CPC; cf.

---

[22] A falta e a nulidade (em sentido restrito) da citação subsumem-se na figura geral da nulidade (em sentido amplo) da citação. A qualificação que o arguente utiliza nada limita a qualificação judicial, a fazer após o apuramento do requisito que concretamente esteja em falta.

302   *José Lebre de Freitas*

também artigo 771-*e* CPC e 814-*d* CPC); o mesmo acontece com a nulidade da citação, quando nela não haja sido indicado prazo para a defesa, caso este em que o direito de a arguir *preclude* com o termo deste prazo (artigo 198-2 CPC). O regime de preclusão da arguição das nulidades processuais em geral, de acordo com o qual a notificação para qualquer termo do processo faz iniciar o prazo de 10 dias para a fazer (artigo 205-1 CPC), não tem aplicação aos casos de falta e nulidade da citação ("quanto às outras nulidades").

Nem se diga que a *indicação do prazo para contestar* na posterior carta registada enviada ao réu sujeitava a arguição da nulidade de citação (não a da sua falta) à preclusão da primeira parte do artigo 198-2 CPC: este preceito cuida da indicação feita na própria citação e, num caso, como o apreciado, em que ela só tem que ter lugar em notificação posterior, só se esta notificação tivesse obedecido às *formalidades da citação*[23] é que, não tendo ela chegado ao *conhecimento efectivo* do réu[24], se poderia entender − e então bem − que o prazo para a arguição da falta anterior terminava com o da contestação.

2. *No acto da notificação*

Como bem entendeu o tribunal ao recorrer à GNR para a notificação do réu, o envio da carta registada de 7.2.06 não constituiu notificação válida, visto ter sido devolvida sem o réu tomar conhecimento do seu conteúdo.

Em primeiro lugar, como deixei já dito (*supra*, II.2), a notificação devia ser feita nos termos da *citação pessoal*, o que implicava que a carta tivesse sido enviada com aviso de recepção e que, não tendo sido recebida[25], se seguissem as formalidades da citação por solicitador de execução ou funcionário judicial (artigo 239 CPC). O recurso, em 27.2.06, à GNR não estava proibido, mas só poderia ter significado jurídico-processual se se concluísse com a *efectiva entrega ao réu*[26] dos elementos da notificação a efectuar.

---

[23] Mesmo que, para ela própria, tais formalidades não fossem exigíveis, sê-lo-iam para o efeito de sujeitar a arguição da nulidade da anterior citação ao prazo da defesa.

[24] Chegando, a indicação teria de se considerar feita, de acordo aliás com o regime geral da declaração receptícia (artigo 224-1 CC), independentemente da forma utilizada. Ver LEBRE DE FREITAS, *A confissão* cit., p. 163(69), quanto à utilização de meio impróprio, mas que concretamente resulta, na transmissão da declaração.

[25] Note-se que o réu não a recusou: a indicação é de que, não tendo havido atendimento, foi deixado aviso para ser levantada, o que não teve lugar (cf. artigo 236-5 CPC).

[26] E nem sequer a outra pessoa, visto que a GNR não está legitimada a fazer citações (ou noti-

Em segundo lugar, se o artigo 1407-5 CPC devesse ser interpretado como contentando-se com a feitura da notificação para contestar nos termos do artigo 255-1 CPC, tal assentaria no *pressuposto duma anterior citação regular*, que, como tal, tivesse constituído o réu como parte no processo. Ora, como se viu, tal não aconteceu.

Em terceiro lugar, não tendo a GNR poderes para efectuar notificações judiciais (sem prejuízo de poder servir como meio de transmissão duma notificação postal) nem, consequentemente, o *poder de atestação* que é conferido ao solicitador de execução e ao funcionário judicial pelo artigo 839 CPC, n.os 3, 4 e 8, e pelo artigo 240-2 CPC[27], nenhum valor probatório pode ser concedido ao conteúdo das declarações da GNR, que, não ficando plenamente provado, *tão-pouco tem valor probatório sujeito à livre apreciação do julgador*, dado a lei exigir para o efeito documento autêntico (artigo 364-1 CC, aplicável analogicamente). Mesmo que do conteúdo dessas declarações se pudesse, no plano dos factos, retirar o conhecimento da notificação pelo réu, a notificação não podia, em face deles, ser dada por realizada.

Em quarto lugar, aplica-se à carta registada enviada ao réu, mas por este também não recebida (por não ter atendido), no âmbito do incidente para atribuição da casa de morada de família, o que fica dito sobre a não sanação, por ela, dos vícios da citação e sobre o papel de pressuposto por esta desempenhado para legitimar uma notificação feita nos termos do artigo 255 CPC. Esta notificação, embora não tivesse de ser feita nos termos do artigo 256 CPC, estava sujeita, como todos os outros actos processuais praticados no processo principal e no incidente, às consequências *derivadas* da anulação do acto de citação (artigo 194-*a* CPC).

IV – Do adiamento da inquirição

Junta ao processo, em 19.6.06, a procuração passada pelo réu ao seu mandatário judicial, este requereu o adiamento da inquirição de testemunhas no

---

ficações) com hora certa. Mesmo no caso de entrega pessoal ao réu, a prova desta só se poderia fazer com a *assinatura* dele a acusar a recepção, dado a GNR não ter poderes de atestação no âmbito das notificações judiciais.

[27] O poder de atestação do oficial público dotado de fé pública, ou da autoridade pública nos limites da sua competência, está na base do valor do documento autêntico (artigo 363-2 CC), isto é, da prova plena dele resultante (artigo 371 CC). Remeto para as considerações que fiz em *A falsidade no direito probatório*, Coimbra, 1984, n.º I.C.5 (ps. 30-32).

304 José Lebre de Freitas

incidente para atribuição da casa de morada de família, agendada para o dia seguinte, invocando ter outra diligência judicial em sobreposição com essa.

O pedido de adiamento devia ter sido deferido, em face do disposto nos artigos 651-1-*d* CPC e 155-5 CPC, tidos ainda em conta os artigos 1407-7 CPC e 304 CPC.

Entendeu o juiz da causa que o adiamento não era possível porque o momento de aplicação do artigo 155 CPC estava ultrapassado na altura em que o advogado do réu se constituíra como seu mandatário. Erradamente, porém.

O artigo 155 CPC visa prevenir o risco de sobreposição de datas de diligências a que devam comparecer os mandatários judiciais e cria *para estes* o ónus de, quando notificados para o acordo prévio a que alude o n.º 1 ou da data provisoriamente designada nos termos do n.º 2, darem conhecimento ao tribunal de outro serviço judicial *já marcado*. O disposto nos n.ºs 1 a 4 desse artigo foi oportunamente observado pelo tribunal, em face do único advogado constituído *à data da marcação* (o da autora), não se pondo logicamente a questão de o dever ter observado também perante o advogado (inexistente) do réu.

Mas o artigo 155-5 CPC tem alcance mais geral. Trata-se agora de impor o dever a *qualquer mandatário*, constituído *à data da diligência*, de comunicar prontamente ao tribunal *qualquer* impedimento da sua presença que determine o adiamento, nos termos do artigo 651-1-*d* CPC. Confrontando este último preceito com o da alínea anterior (artigo 651-1-*c* CPC), vê-se que:

– Não tendo o tribunal observado o artigo 155 CPC à data da marcação, o advogado não precisa de comunicar que não vai estar presente e a audiência é, sem mais, adiada (à primeira vez: artigo 651-3 CPC);

– Tendo o tribunal observado o artigo 155 CPC à data da marcação, o advogado tem o dever de comunicar o impedimento ao tribunal *prontamente*, isto é, a tempo de o adiamento se fazer com o mínimo de custo para as pessoas convocadas.

É óbvio que, se o serviço impeditivo estiver marcado à data em que é designada a data da diligência, o *advogado notificado desta designação* está sujeito ao *dever* do artigo 155-2 CPC e não pode, por isso, mais tarde invocar aquele serviço como causa de adiamento, por tal direito ter *precludido*[28]. Mas este é um dever (constitutivo de *ónus para a parte*) do advogado constituído à data da mar-

---

[28] Nem poderá invocar a sobreposição o mandatário posteriormente *substabelecido*, se o motivo da falta do advogado constituído, que nele substabeleceu, for diverso duma sobreposição temporal de diligências: a preclusão mantém-se, não obstante a transmissão de poderes subsequente.

cação e dela notificado, não do *advogado só posteriormente constituído por uma parte que, à data, não era judicialmente patrocinada*. Este advogado é alheio à anterior observância do disposto nos n.ᵒˢ 1 a 4 do artigo 155 CPC. Perante ele não se constituiu o dever do artigo 155-2 CPC. O adiamento dar-se-á, por isso, se ele comunicar, antes da diligência, o seu impedimento (qualquer impedimento, mesmo o resultante da sobreposição de diligências), nos termos do artigo 651--1-*d* CPC[29].

Note-se que o argumento segundo o qual a parte teria o ónus de constituir um advogado não impedido, ou o advogado impedido constituído teria o dever de substabelecer em um que não tivesse impedimento, pode conduzir à violação do *direito de defesa*, não só porque a parte tem a *liberdade* de escolher o advogado que a represente, mas também pela *dificuldade* que pode haver em encontrar advogado disponível quando a questão se põe poucos dias antes da diligência. O réu, ainda que revel – o que, como se viu, não era o caso –, que tenha a sua primeira intervenção em momento processual posterior ao normal não tem, para os actos subsequentes do processo, menos direitos do que aqueles que teria se se tivesse anteriormente constituído como parte. Um desses direitos é o de escolher o seu mandatário judicial; outro é o de, através dele, poder intervir plenamente no processo, assegurando um patrocínio imediato para os termos subsequentes à intervenção.

O incidente do artigo 1407-7 CPC não está sujeito a norma especial sobre adiamentos. Por seu lado, do artigo 304 CPC não se retira qualquer derrogação das *normas gerais*, aplicando-se, portanto, a norma do artigo 155-5 CPC e, em virtude do disposto no artigo 463-1 CPC, analogicamente aplicado[30], a do artigo 653-1 CPC.

Mesmo na dúvida sobre a interpretação dos preceitos processuais, a atribuição da casa de morada de família é matéria suficientemente importante para que o tribunal não deva perder de vista que lhe cabe sempre assegurar o *princípio do contraditório* (artigo 3-3 CPC).

---

[29] Em outra interpretação, mais generosa, o adiamento dar-se-á mesmo que esta comunicação não seja feita, aplicando-se o artigo 651-1-*c* CPC: o advogado só posteriormente constituído não terá sequer o dever do artigo 155-5 CPC, sendo totalmente alheio ao cumprimento, pelo juiz, do artigo 155-1 CPC. É uma interpretação também possível; mas é preferível fazer a interpretação *literal* do artigo 651-1-*c* CPC, conjugando-a com uma interpretação, *também literal*, do artigo 155-5 CPC, que abrangerá então qualquer mandatário (mesmo o não constituído à data da marcação), sem prejuízo de a preclusão do direito ao adiamento por sobreposição de diligências se dar apenas relativamente aos advogados constituídos à data da marcação.

[30] Ver o n.º 3 da anotação ao artigo 463 no meu citado *CPC anotado*, II.

IV – Conclusões

1. É essencial à realização da função do acto da citação que esta seja efectuada em tempo útil, o que, no caso de citação quase-pessoal, não acontece quando ela tem lugar às 11h30m de um sábado e se destina a convocar o réu para comparecer no tribunal às 9h40m da 2.ª feira seguinte.

2. O réu que argua a falta da citação assim pretensamente efectuada (artigo 195-2-e CPC) não precisa de provar o desconhecimento do acto, visto que o conhecimento da citação só é presumido no termo do prazo de dilação de 5 dias do artigo 252-A-1-a CPC, *ex vi* artigos 233-4 CPC e 238-1 CPC.

3. Por outro lado, feita, ainda que em modalidade de quase-pessoal, a citação determinada pelo artigo 1407 CPC, terá de medear um mínimo de 5 dias entre o momento do conhecimento, ou da presunção de conhecimento, do acto pelo réu para que ela se considere feita em tempo útil, proporcionando ao réu o exercício atempado e consciente dos seus direitos e ocorrendo, caso contrário, falta ou, pelo menos, nulidade da citação.

4. A citação com hora certa não se coaduna com a fixação duma hora aproximada para a segunda deslocação do agente dela encarregado, pois é direito do réu a determinação precisa do momento em que será procurado para o efeito.

5. A citação feita mediante afixação de nota de citação só se aperfeiçoa com o envio da carta registada exigida pelo artigo 241 CPC, que é essencial ao reforço da garantia do conhecimento do acto pelo réu e não é substituível por ulterior notificação para a prática de outro acto processual, seja este a contestação a que se refere o artigo 1407-5 CPC.

6. A invocação, pelo réu, das irregularidades referidas em 4 e 5 constitui nulidade da citação, quando não integre uma situação de falta de citação, por ser alegado também o consequente desconhecimento do acto pelo réu.

7. Só a intervenção efectiva do réu no processo sana a falta ou nulidade da citação (esta por não ter sido efectivamente levada ao conhecimento do réu o prazo para a defesa), não o fazendo a notificação para acto processual posterior, seja ela a notificação para contestar determinada pelo artigo 1407-5 CPC.

8. Esta notificação reveste a forma da citação pessoal (artigo 256 CPC) quando o réu não tenha comparecido na tentativa de conciliação nem constituído mandatário judicial, mas, se assim não fosse, sempre a suficiência dos requisitos do artigo 255-1 CPC pressuporia, pelo menos, a inteira regularidade da anterior citação.

9. Nenhum valor probatório pode ser concedido às declarações da GNR quanto ao condicionalismo da não efectivação da notificação do réu para con-

testar, dado ela não ter poderes de atestação e a lei exigir para o efeito um documento autêntico.

10. Anulado o acto de citação, a notificação ao réu para responder ao pedido de atribuição da casa de morada de família não subsiste quando, efectuada nos termos do artigo 255 CPC, a carta enviada seja devolvida e o réu não responda.

11. É procedente o pedido de adiamento duma inquirição de testemunhas por advogado constituído depois da marcação da data da diligência, nos termos do artigo 155 CPC, com fundamento em sobreposição de diligências, quando, na data desta marcação, a parte não estava ainda judicialmente patrocinada.

12. A interpretação contrária das alíneas c) e d) do artigo 651-1 CPC violaria o direito de defesa e o princípio do contraditório, não só pela liberdade que a parte tem de escolher o seu mandatário, mas também pela dificuldade em encontrar advogado com que se pode defrontar a parte que só intervém no processo poucos dias antes da diligência.

O ónus de concluir nas alegações de recurso em processo civil

DESEMBARGADOR DOUTOR JOÃO AVEIRO PEREIRA

> «When law can do no right, let it be lawful that
> law bar no wrong»
> Shakespeare, *King John*, acto III, cena 1

SUMÁRIO: *1. Introdução. 2. A essência funcional das conclusões: 2.1. A quidade conclusiva; 2.2. A finalidade das conclusões; 2.3. Os destinatários da conformação legal e cooperante; 2.4. Isenção subjectiva do ónus de concluir. 3. O* modus faciendi*: 3.1. A indicação das normas violadas e da sua interpretação; 3.2. A indicação dos concretos pontos de facto e meios probatórios; 3.3. Onde especificar os concretos pontos de facto e meios probatórios. 4. O que se observa na prática forense: 4.1. A lei do menor esforço ou o abuso da informática; 4.2. A prolixidade ou a incapacidade de resumir; 4.3. Fórmulas anómalas de concluir; 4.4. Irregularidades na impugnação da matéria de facto; 4.5. O "simplex" remissivo. 5. O despacho de aperfeiçoamento: 5.1. Deficiências na impugnação da matéria de direito; 5.2. Deficiências na impugnação da matéria de facto. 6. A* praxis *jurisprudencial: 6.1. Atitude pró-activa de não relevar certas irregularidades; 6.2. Aperfeiçoamento pelo próprio relator; 6.3. Emissão de um inconsequente juízo reprovador. 7. Epílogo.*

1. Introdução

Interposto um recurso em processo civil, o recorrente fica automaticamente sujeito a dois ónus, se quiser prosseguir com a impugnação de forma regular e ter êxito a final. O primeiro é o ónus de alegar, no cumprimento do qual se espera que o interessado analise e critique a decisão recorrida, refute as incorrecções ou omissões de que, na sua óptica, ela enferma, argumentando e postulando circunstanciadamente as razões de direito e de facto da sua discordância com o julgado. O segundo ónus é o de finalizar essa peça, denominada alegações, com a formulação sintética de conclusões, em que o recorrente

310   *João Aveiro Pereira*

resuma os fundamentos que desenvolveu no corpo alegatório e pelos quais pretende que o tribunal de recurso altere ou anule a decisão posta em causa[1]. Além destes, existe ainda um ónus de especificação de cada um dos pomos da discórdia do recorrente com a decisão recorrida, seja quanto às normas jurídicas e à sua interpretação, seja a respeito dos factos que considera incorrectamente julgados e dos meios de prova que impunham uma decisão diferente.

O propósito deste trabalho é analisar a exigência normativa de formular conclusões na peça em que o recorrente disserta sobre o bem fundado da sua pretensão de revogação ou de modificação da decisão judicial contrária aos seus interesses. Deste modo, a ambição contida deste estudo impõe que se deixe de lado as alegações propriamente ditas e se centre a atenção apenas nas conclusões, sobretudo na sua razão de ser e no modo de satisfazer tal ónus.

Nesta linha de rumo, abordar-se-ão, sucessivamente, a natureza e a função das conclusões, bem como a forma de respeitar a sua disciplina legal, em confronto com o que se observa, na prática. Neste percurso, haverá que perscrutar a doutrina e a jurisprudência, principalmente a do Supremo Tribunal de Justiça por, atenta a sua autoridade, constituir a máxima referência para os outros tribunais e para os aplicadores da lei em geral.

Com esta metodologia procurar-se-á caracterizar o conceito e a função das conclusões, bem como expor certas desconformidades na sua formulação concreta e retirar ensinamentos da tensão dialéctica que existe entre o direito positivado nas normas adjectivas e as dificuldades surgidas na sua aplicação.

2. A essência funcional das conclusões

Além da sua natureza lógica de finalização resumida de um discurso, as conclusões de uma alegação de recurso em processo civil têm um papel decisivo, não só no levantamento das questões controversas apresentadas ao tribunal superior, mas também na viabilização do exercício de contraditório. Por isso, é de suma importância que, pelo menos as conclusões, sejam elaboradas criteriosamente, como mandam as regras processuais nesta matéria. Interessa assim examinar a essência do enunciado conclusivo e as razões finalísticas que justificam a sua disciplina legal.

---

[1] Artigo 685.°-A, correspondente ao artigo 690.° do CPC, anterior à reforma introduzida pelo Decreto-Lei n.° 303/2007, de 24 de Agosto.
Pertencem ao Código de Processo Civil todas as disposições doravante citadas sem indicação de diploma.

2.1. *A quididade conclusiva*

A conclusão em geral tem a sua génese num raciocínio analítico e dedutivo, apoiado numa ou em várias premissas que postulam determinada consequência unitária, traduzida a final numa proposição. Esta não é mais do que o enunciado do juízo que o proponente faz sobre o objecto do discurso, de uma forma global ou fragmentária, depois de sobre ele haver tecido desenvolvidamente as suas considerações. Na formulação deste juízo, o proponente serve-se do raciocínio, da ciência e da experiência para interpretar e relacionar os dados ônticos e deônticos ao seu dispor, no intuito de estabelecer uma relação lógica de antecedente a consequente ou, induzindo, descobrir a relação efeito-causa e rematar de forma assertórica ou mesmo apodítica.

Nesta ordem de ideias, a conclusão assume-se como a ilação ou dedução lógica terminal de um ou vários argumentos ou proposições parcelares, o resultado de um raciocínio. Em termos retóricos, é na conclusão ou peroração que o orador aproveita para encerrar a ideia com uma frase bem esculpida e dar assim um final harmonioso ao discurso.

No domínio processual dos recursos em matéria civil, a lei, partindo do conceito lógico de conclusão, vai, no entanto, mais longe na garantia do respeito pela *natureza das coisas*[2] e estabelece uma noção de conclusões – *a indicação de forma sintética dos fundamentos por que pede a alteração ou anulação da decisão –*, a partir da qual a doutrina tem laborado[3], procurando clarificar, para fins operativos, os contornos e o conteúdo daquele conceito legal[4]. O legislador teve

---

[2] Segundo LOPES DO REGO, o n.º 1 do artigo 690.º (actual 685.º-A) explicita que as conclusões devem ser apresentadas necessariamente de forma sintética, «o que sempre decorreria da "natureza das coisas"» – *Comentários ao Código de Processo Civil*, Almedina, Coimbra, 1999, p. 463. Contudo, no calor da refrega forense, a *natura rerum* mostra-se insuficiente para conter os ímpetos dos pleiteantes na defesa dos seus interesses e tem de ser o direito positivo a impor certos comportamentos moderados e racionais.

[3] V., entre outros, ARMINDO RIBEIRO MENDES, *Os Recursos no Código de Processo Civil Revisto*, Lex, Lisboa, 1998, pp. 68-69; ÁLVARO LOPES-CARDOSO, *Manual dos Recursos em Processo Civil e Laboral*, Petrony, Lisboa, 1998, pp. 90-92; JOSÉ LEBRE DE FREITAS, *Código de Processo Civil Anotado*, Coimbra Editora, Coimbra, 2008, vol. 3.º, tomo 1, 2.ª ed., pp. 54-65; FERNANDO AMÂNCIO FERREIRA, *Manual dos Recursos em Processo Civil*, 8.ª ed., Almedina, Coimbra, 2008, p. 165 e ss..

[4] «As conclusões são «proposições sintéticas que emanam naturalmente do que se expôs e considerou ao longo da alegação» – ALBERTO DOS REIS, *C.P.C. Anot.*, vol. 5, reimpressão, Coimbra Editora, Coimbra, 1981, p. 359. «As conclusões consistem «na enunciação, em forma abreviada, dos fundamentos ou razões jurídicas com que se pretende obter o provimento do recurso» – JACINTO RODRIGUES BASTOS, *Notas ao CPC*, vol. 3, Lisboa, 1972, p. 299. «Expostas pelo recor-

312 João Aveiro Pereira

assim em mente dois objectivos fundamentais: impor aos mandatários das partes rigor e espírito de síntese na elaboração das conclusões para, desta forma, garantir uma correcta e completa apreensão do seu conteúdo.

O regime das alegações impõe assim vários ónus ao recorrente. Numa primeira linha, estão os referidos ónus de alegar e de concluir. Se o recorrente não alegar ou se alegar e não concluir, o recurso é indeferido pelo tribunal *a quo*, logo no despacho que recair sobre o requerimento de interposição (artigo 685.°-C)[5]. Se alegar e concluir, o recorrente terá ainda o sub-ónus de proceder a duas estirpes de especificações: uma relativa às normas que entende violadas, mal interpretadas ou erroneamente aplicadas (artigo 685.°-A, n.° 2) e outra que lhe impõe a menção concreta dos pontos de facto e dos meios probatórios a considerar em sede de recurso (artigo 685.°-B, n.° 1).

2.2. *A finalidade das conclusões*

A instituição de um duplo grau de jurisdição para apreciar os erros de prova ou de fundamentação dos factos levados ao processo, obrigou o legislador a rodear-se de algumas cautelas normativas para prevenir uma possível impugnação genérica ou incôndita, sem identificar os factos tidos por incorrectamente julgados e sem a menção dos meios probatórios que deviam ter sido ponderados ou melhor valorados.

---

rente, no corpo da alegação, as razões de *facto e de direito* da sua discordância com a decisão impugnada, deve ele, face à sua vinculação ao ónus de formular conclusões, terminar a sua minuta pela indicação resumida, através de proposições sintéticas, dos fundamentos, de facto e/ou de direito, por que pede a alteração ou a anulação da decisão» – FERNANDO AMÂNCIO FERREIRA, *op. cit.*, p. 167.

[5] Antes da Reforma introduzida pelo Decreto-Lei n.° 303/2007, o Tribunal Constitucional, partindo da análise do artigo 690.° (actual 685.°-A) do CPC, entendeu não ver razão para que, faltando as conclusões, o recorrente não seja convidado a suprir essa falta. E, consequentemente, o mesmo Tribunal declarou, «com força obrigatória geral, a inconstitucionalidade, por violação do n.° 10 do artigo 32.°, em conjugação com o n.° 2 do artigo 18.°, ambos da Constituição, da norma que resulta das disposições conjugadas constantes do n.° 3 do artigo 59.° e do n.° 1 do artigo 63.°, ambos do Decreto-Lei n.° 433/82, de 27 de Outubro, na dimensão interpretativa segundo a qual a falta de formulação de conclusões na motivação de recurso, por via do qual se intenta impugnar a decisão da autoridade administrativa que aplicou uma coima, implica a rejeição do recurso, sem que o recorrente seja previamente convidado a efectuar tal formulação» – ac. n.° 265/01, proc. n.° 213/2001, 2.ª sec., (Plenário), www.tribunalconstitucional.pt/tc/acordaos/20010265.html.

A lei procura assim evitar a impugnação geral, vaga e indefinida, para obstar a que a parte contrária se veja numa situação insustentável na preparação do contraditório, sem entender convenientemente a posição do recorrente, os seus motivos de divergência, ficando assim privada de elementos importantes para organizar a sua defesa em contra-alegações. Além disso, as conclusões permitem ao Tribunal *ad quem* identificar e extrair correctamente as questões controvertidas suscitadas pelo recorrente. Ora, como a alegação pode ser prolixa ou confusa, torna-se necessário que no fim, em conclusões, se indiquem resumidamente os fundamentos da impugnação[6].

Por outro lado, as especificações que a lei manda fazer nas conclusões têm a importante função de definir e delimitar o objecto do recurso e, desta maneira, circunscreverem o campo de intervenção do tribunal superior encarregado do julgamento[7]. Efectivamente, se tivermos em conta que, como resulta dos artigos 684.º, n.º 3, e 685.º-A, n.º 1, são as conclusões (as genuínas) que fixam o objecto do recurso, logo se compreende quão importantes elas são para o tribunal *ad quem* apreciar e decidir, concretamente no tocante aos seus poderes de cognição. Por isso, a lei impõe um método imperativo de concluir, com o intuito de travar o arbítrio ou o estro de cada alegante, que, nesta matéria, facilmente degeneram em anomia processual.

2.3. *Os destinatários da conformação legal e cooperante*

A disciplina jurídica relativa ao modo de apresentar as conclusões tem como destinatário fundamental o recorrente. O que é fácil de compreender por, normalmente, serem apenas as suas conclusões que traçam os limites de apreciação e de decisão do tribunal de recurso.

A lei não condiciona as alegações do recorrido nos termos apertados em que regula as do recorrente. Há, no entanto, duas excepções a esta liberdade do

---

[6] Cf. ALBERTO DOS REIS, *op. e loc. cits.*.

[7] No sistema português de recursos, «Objecto do recurso é a decisão recorrida, que se vai ver se foi aquela que "ex lege" devia ter sido proferida» – JOÃO DE CASTRO MENDES, *Direito Processual Civil. Recursos*, AAFDL, Lisboa, 1980, pp. 24-25. Na falta de especificação, o recurso abrange tudo o que na parte dispositiva da sentença for desfavorável ao recorrente. Mas, nas conclusões da alegação, pode o recorrente restringir, expressa ou tacitamente, o objecto inicial do recurso – artigo 684.º, n.º 2, § 2, e n.º 3. O que o recorrente não pode é definir nas conclusões um objecto de recurso que extravase o âmbito das alegações – cf. ac. do STJ de 5-7-2001, proc. n.º 01A1864, 1.ª sec., www.dgsi.pt/jstj.

314 *João Aveiro Pereira*

recorrido de alegar e concluir: a primeira é a obrigatoriedade de indicar os depoimentos gravados que infirmem as conclusões do recorrente, por referência ao assinalado na acta; e a segunda é o dever de observar as regras dos n.ºs 1 e 2 do artigo 685.º-A, quanto à forma e ao conteúdo das conclusões, sempre que pretender alargar o âmbito do recurso ao abrigo do artigo 684.º-A.

Estas normas disciplinadoras do *in-put* litigioso constituem uma verdadeira aplicação especial, em sede de recursos, dos princípios da cooperação das partes, da economia e da celeridade processuais. Estes princípios são autênticas traves mestras de um processo civil que se quer instrumento garantístico de uma justa e equitativa tutela dos direitos subjectivos dos cidadãos. É por isso que eles têm vindo a ganhar cada vez mais relevância, sobretudo na sua actuação combinada, num tempo em que se aponta e lamenta alguma incapacidade de resposta atempada e eficaz à procura de justiça nos tribunais.

Por outro lado, na medida em que ao juiz compete a direcção do processo e a tarefa de fazer cumprir os referidos princípios, é também ele um destinatário das regras conformadoras das alegações e respectivas conclusões.

Deste modo, a exigência de conclusões elaboradas segundo os preceitos acima referidos é uma solução que viabiliza ou facilita a defesa ao recorrido e simplifica a função do tribunal, tudo em proveito das partes e, num plano macro, em prol de uma realização célere e útil da Justiça.

2.4. *Isenção subjectiva do ónus de concluir*

A obrigatoriedade de no final das alegações deduzir as respectivas conclusões não onera todos os recorrentes. Com efeito, o n.º 5 do artigo 685.º-A abre, para o Ministério Público, uma excepção ao cumprimento desse ónus de alegar e concluir, quando recorra por imposição da lei. Tem-se entendido que, neste caso, o procurador até pode estar inteiramente de acordo com a decisão de que recorre, mas deve provocar a sua reapreciação pelo tribunal *ad quem*[8].

---

[8] LOPES DO REGO chama mais uma vez à colação a «natureza das coisas» para justificar esta especificidade do estatuto processual do Ministério Público, acrescentando mesmo que constituiria verdadeira violação da "consciência jurídica" do magistrado «impor-lhe, como condição do conhecimento do recurso, o ónus de fundamentar, de forma concludente, um "ataque" a uma decisão que, na sua óptica, é legal e adequada, mas deve, apesar disso, impugnar» – *Comentários...*, cit., p. 464. Depreende-se que, para este autor, impor ao magistrado que recorra de uma decisão legal e justa, com a qual esteja inteiramente de acordo, já não será violentador da sua consciência jurídica.

Esta imposição *ex lege* de recorrer dispensa a apresentação de alegações e de conclusões e, portanto, também da adução de um fundamento concreto, que pode nem existir.

Trata-se de um anacronismo relativizador dos direitos de defesa do recorrido e também da função dos tribunais, mas que, apesar de desajustado a um processo moderno, as sucessivas reformas não têm conseguido erradicar. O Tribunal Constitucional[9] já se pronunciou sobre este tratamento diferenciado, concluindo que o mesmo «não é inconstitucional por violação do artigo 13.º da Constituição, na dimensão em que esta norma proíbe o arbítrio»[10]. Contudo, embora não arbitrária, uma tal prerrogativa perdeu a sua razão de ser com a evolução do processo civil como instrumento ao serviço da realização transparente do direito material, com maior valorização dos princípios do contraditório, da igualdade substancial de armas, do equilíbrio entre as partes ao longo de todo o processo, da cooperação e da lealdade entre todos os intervenientes processuais.

Com efeito, embora rareiem os casos em que o Ministério Público deve recorrer por imposição legal, não deixa de pairar o sentimento de que ao Estado, através do seu representante junto dos tribunais, actuando ou não como parte, se impunha dar um superior exemplo de objectividade e de cooperação com o julgador e com a contraparte, a bem de uma rápida e profícua realização da justiça. E, portanto, em vez de obrigar o magistrado a recorrer automaticamente, mesmo contra a sua "consciência jurídica", a lei deveria antes impor ao Ministério Público que, em cada situação concreta, fizesse uma prévia e criteriosa avaliação da existência ou não de fundamento para recorrer, em função dos interesses que por lei lhe cabe defender, evitando assim ocupar os tribunais com recursos desnecessários e não fundamentados em razões plausíveis e objectivas.

3. O *modus faciendi*

A regulação estabelecida na lei processual contempla alguns itens que devem integrar sempre as conclusões das alegações, sancionando até, por vezes, com o não conhecimento do recurso a inobservância de certas directrizes nela

---

[9] Louvando-se em MIGUEL TEIXEIRA DE SOUSA, *Estudos Sobre o Novo Código de Processo Civil*, LEX, 1997, p. 524.

[10] Ac. n.º 40/00, proc. n.º 13/97, 2.ª sec., www.tribunalconstitucional.pt/tc/acordaos/20000040.html

316   *João Aveiro Pereira*

contidas[11]. Trata-se de um modo ordenado de proceder imposto pelo legislador, destinado a facilitar a progressão dos recursos de uma forma mais organizada, com a apresentação clara e completa das razões das partes, para que as questões emergentes possam ser apreendidas mais rapidamente e também mais depressa possam ser decididas.

3.1. *A indicação das normas violadas e da sua interpretação*

Em matéria de direito, as conclusões devem indicar, não só as normas jurídicas violadas, mas também o sentido com que, no entender do recorrente, aquelas que fundamentam a decisão deviam ter sido interpretadas e aplicadas. Se a questão for de erro na determinação da disposição aplicável, o recorrente terá de indicar a que, na sua opinião, deveria ter sido aplicada – artigo 685.°-A, n.os 1 e 2. Este é um requisito já antigo, embora tenha sido reafirmado no preâmbulo do Decreto-Lei n.° 329-A/95, de 12 de Dezembro, «em termos semelhantes aos prescritos no processo penal».

Porém, estes preceitos têm um valor pouco mais do que indicativo, pois a falta de menção das normas violadas, ou do sentido com que as utilizadas deveriam ter sido aplicadas, não produz nenhuma consequência efectiva relevante. Com efeito, entende-se normalmente que o tribunal não precisa de ordenar às partes que venham aos autos suprir a falta de indicação das normas pertinentes nem o seu teor ou entendimento com que deviam ter sido aplicadas. Isto porque o juiz não está sujeito às alegações das partes quanto à indagação, interpretação e aplicação das regras de direito (*jura novit curia*)[12], e por isso tem o dever de conhecer a lei.

No entanto, convém ter presente que a exigência de indicação das normas violadas não tem aqui um significado de revelação do direito ao juiz; trata-se antes de uma metodologia cooperante destinada a melhor e mais rapidamente identificar e circunscrever o objecto concreto do recurso. Contudo, na prática, é aquela presuntiva omnisciência jurídica do juiz que tem feito carreira, entendendo-se que a falta de indicação do direito violado não prejudica a delimitação do objecto do recurso[13]. Já se o recorrente mencionar normas que nada

---

[11]   Artigo 685.°-A (690.°).
[12]   Artigo 664.°.
[13]   Neste sentido, v., entre outros, o ac. do STJ de 19-Set.-2002, segundo o qual «nos recursos para a Relação, a indicação das normas jurídicas violadas não delimita objectivamente o recurso,

têm a ver com esse objecto, deverá ser convidado a esclarecer e a indicar as pertinentes disposições; mas se não corresponder satisfatoriamente ao convite, então a consequência será o não conhecimento do recurso[14].

3.2. *A especificação dos concretos pontos de facto e dos meios probatórios*

A consagração legal do registo das provas produzidas na audiência de discussão e julgamento[15] visa instituir um efectivo segundo grau de jurisdição na apreciação da matéria de facto, permitindo às partes impugnarem erros de julgamento também neste âmbito[16]. Todavia, o legislador teve o cuidado de não permitir uma impugnação genérica e global da matéria de facto julgada em primeira instância[17], para não onerar o tribunal de recurso com um reexame sem fundamento bastante, pressupondo que as divergências, em regra, serão pontuais[18].

---

valendo inteiramente a regra do artigo 664.º do Cód. de Proc. Civil, segundo a qual – o juiz não está sujeito às alegações das partes no tocante à indagação, interpretação e aplicação das regras de direito» – proc. n.º 02B2234, 7.ª sec., www.dgsi.pt/jstj. Noutro ac. do STJ, de 9-Out.-2008, considerou-se que a omissão pelo recorrente de especificação dos pontos de facto concretos e dos meios probatórios a ter em conta deixa por determinar o objecto do recurso, mas que «a falta das especificações relativas à questão de direito não tem essa implicação» – proc. n.º 07B3011, www.dgsi.pt/jstj.

[14] Cf. ac. do STJ de 20-Jan.-2000, proc. n.º 99S236, 4.ª sec., www.dgsi.pt/jstj.

[15] Decreto-Lei n.º 39/95, de 15 de Fevereiro, artigo 690.º-A, com a redacção introduzida pelo Decreto-Lei n.º 183/2000, de 10 de Agosto, e actualmente o artigo 685.º-B. Cf. também LEBRE DE FREITAS, *CPC Anot.*, vol. 3.º, Tomo 1, 2.ª edição, Coimbra Editora, 2008, pp. 52 a 55.

[16] Cf. o citado ac. do STJ de 9-Out.-2008, proc. n.º 07B3011, 7.ª sec., www.dgsi.pt/jstj.

[17] Cf. acs. do STJ de 1-Jul.-2008, proc. n.º 08A191, 1.ª sec., e de 18-Nov.-2008, proc. n.º 08A3406, 1.ª sec., www.dgsi.pt/jstj. No caso tratado neste último acórdão, os recorrentes haviam impugnado as respostas a 17 dos 41 pontos da base instrutória e invocado, como fundamento, os depoimentos de 10 das 14 testemunhas inquiridas. A Relação entendeu que uma impugnação com tão vasto âmbito não era admissível, por exceder os limites com que o Decreto-Lei n.º 39/95, de 15 de Fevereiro, veio admitir a reapreciação da matéria de facto. Mas o Tribunal de revista não lhe deu razão, contrapondo que a ideia central da lei é vedar completamente a impugnação genérica e global da decisão de facto, pedindo-se pura e simplesmente a reapreciação de todas as provas produzidas e manifestando genérica discordância com a decisão da 1.ª instância. No mais, conclui o STJ, satisfeitos os ónus previstos no artigo 690.º-A (actual 685.º-B), não são estabelecidos limites.

[18] Neste sentido se pronunciou o ac. do STJ de 6-Fev.-2008, proc. n.º 07S3903, 4.ª sec., www.dgsi.pt/jstj.

318 João Aveiro Pereira

Por isso, quando a impugnação recursória verse sobre matéria de facto, deve o recorrente especificar, sob pena de rejeição: 1) quais os concretos pontos de facto que considera incorrectamente julgados; 2) quais os concretos meios probatórios, constantes do processo ou de registo ou gravação nele realizada, que impunham decisão diversa da recorrida sobre a matéria de facto impugnada. Neste último caso, havendo gravação de prova, incumbe à parte, igualmente sob pena de rejeição do recurso, indicar os depoimentos e as exactas passagens da gravação da prova em que se funda[19].

Todavia, a cominação de rejeição que aqui é mencionada para a falta das referidas especificações não funciona automaticamente, como o texto do artigo 685.°-B, n.os 1 e 2, parece inculcar, pois, como se verá mais adiante (5.2.), o Tribunal deve primeiro convidar o recorrente a suprir a falta de especificação daqueles elementos ou a sua deficiente indicação.

3.3. *Onde especificar os concretos pontos de facto e meios probatórios*

Tem-se discutido onde devem ser feitas as especificações que o artigo 685.°-B (anterior 690.°-A) impõe, se no corpo das alegações ou nas conclusões. A solução deste problema postula a prévia consideração do regime das conclusões como um todo estrutural e harmónico. Com efeito, o normativo atinente às conclusões é constituído basicamente pelo artigo 685.°-A, aí se prevendo como devem ser apresentadas as conclusões – sintéticas e indicando os fundamentos – (n.° 1), o que vale para a impugnação tanto da matéria de direito como da matéria de facto.

A seguir, no n.° 2 deste artigo, referem-se as especificações que as conclusões devem conter em matéria de direito. Quanto à impugnação dos factos, o legislador preferiu não mencionar neste mesmo preceito as especificações requeridas e optou por as fixar num artigo próprio (685.°-B), o que se compreende por uma questão de técnica legislativa e em virtude da maior pormenorização das exigências nesta matéria.

Ainda no artigo 685.°-A, segue-se a previsão do convite ao aperfeiçoamento, sem distinção entre matéria de direito e de facto, aplicando-se por isso às duas (n.° 3). O direito de resposta do recorrido ao aditamento ou ao esclarecimento do recorrente é válido também indistintamente para a impugnação de direito e de facto. Até a excepção de não aplicação dos números anteriores

---

[19] Artigo 685.°-B, n.os 1, al. *b*), e 2.

O ónus de concluir nas alegações de recurso em processo civil   319

aos recursos interpostos pelo Ministério Público é válida tanto para a matéria de direito como para a matéria de facto.

Existe, no entanto, uma corrente jurisprudencial que admite não ser obrigatório que a indicação dos meios de prova seja feita nas conclusões, podendo sê-lo nas alegações propriamente ditas[20]. Todavia, atendendo à sistemática da lei e ao elemento racional da interpretação conjugada dos artigos 685.°-A, 685.°-B, 684.°, n.° 2 e 3, estas disposições tanto impõem nas conclusões a especificação dos pontos de facto, como a dos respectivos meios probatórios, que com aqueles devem ser individualmente conexionados.

Na verdade, estes dois elementos são igualmente necessários à delimitação do objecto do recurso e, por consequência, também dos poderes de apreciação do tribunal. Aliás, a economia desta importante figura jurídica constituída pelas alegações, e sobretudo das respectivas conclusões, aponta inequivocamente para uma referência clara, objectiva e sucinta nestas últimas de todas as questões que o recorrente pretende que o tribunal de recurso tome como objecto do seu conhecimento. Embora a dissertação epidíctica sobre essas questões, de facto ou de direito, deva ser feita no corpo alegatório[21].

O problema que se coloca é que, na prática, repugna deixar de conhecer de um recurso, ou de parte dele, por os elementos essenciais da impugnação integrantes do objecto não estarem mencionados nas conclusões e sim dispersos pelas alegações, em todo o caso no processo. No fundo, é este escrúpulo que leva, principalmente o Supremo, a adoptar interpretações mais amplas e salvíficas, desvalorizando-se deste modo a função pedagógica da jurisprudên-

---

[20] V. ac. da Relação de Coimbra, de 13-Mai.-2008, proc. n.° 372/04.8TAAND.C1, www.dgsi.pt/jtrc.

[21] Num acórdão do STJ de 8-Nov.-2006, considerou-se que o especial ónus relativo à impugnação da matéria de facto terá de ser satisfeito no próprio texto das alegações, «sendo que o citado artigo 690.°-A não faz sequer menção à obrigatoriedade da apresentação de conclusões» – proc. n.° 06S2074, 4.ª sec., www.dgsi.pt/jstj. Afigura-se, no entanto, que o ónus de concluir também terá de ser cumprido sempre nas conclusões das alegações, para delimitação do objecto do recurso.

Aliás, o mesmo acórdão dá conta da dificuldade em cumprir o ónus quanto à matéria de facto só nas alegações, pelo que acrescenta o seguinte: «E ainda que se entenda, por aplicação do princípio geral ínsito no artigo 690.°, que o recorrente, quando impugne a matéria de facto, não está dispensado de formular conclusões, estas apenas poderão ter o efeito de delimitar, de forma precisa e sintética, o objecto do recurso, identificando as questões que nele se pretendem ver discutidas». Concorda-se com esta conclusão, embora não se acompanhe a afirmação inicial de que por aplicação do princípio geral do artigo 690.° não haveria que formular conclusões na impugnação da matéria de facto.

cia para quem deve alegar e concluir de harmonia com as prescrições legais impositivas da cooperação, da lealdade e da boa fé processuais. Ao mesmo tempo, esta jurisprudência complacente emite um aviso aos tribunais da Relação, contribuindo assim para os inibir de usarem o convite ao aperfeiçoamento ou de não conhecerem de um recurso mesmo que efectivamente as conclusões não respeitem os requisitos legais e o convite não seja acatado, pois não são raros os casos em que o Supremo desautoriza a Relação e manda baixar o processo para voltar tudo ao princípio.

Posto isto, impõe-se realçar que as especificações previstas pelo artigo 685.°-B devem ser feitas sintética, resumida ou concisamente nas conclusões (*ubi lex non distinguere nec nos distinguere debemos*), embora o seu desenvolvimento expositivo e argumentativo deva constar das alegações propriamente ditas. Aliás, faz todo o sentido, uma vez assente que são as conclusões que definem e delimitam o objecto concreto do recurso. Se as especificações em matéria de facto não constarem das conclusões, e estiverem apenas disseminadas pelas alegações, então, ou o recurso não tem objecto fáctico ou tem de se admitir que não são só as conclusões que identificam e circunscrevem esse objecto, sobre o qual o tribunal *ad quem* tem poderes para conhecer. Mas este segundo termo da alternativa afronta directamente a norma definidora e delimitadora do objecto do recurso que, pacificamente, se retira da conjugação do n.° 3 do artigo 684.° com o n.° 1 do artigo 685.°-A.

4. O que se observa na prática forense

Se a teoria desenvolvida à volta dos preceitos disciplinadores das alegações de recurso, principalmente das conclusões, parece não levantar grandes dúvidas quanto à sua justificação e quanto à forma de preencher esses requisitos, já a sua efectivação no terreno processual revela dificuldades que, não raro, dão azo a incidentes que complicam o processado e induzem morosidade na decisão dos litígios. Atentemos, pois, em algumas das práticas correntes mais significativas.

4.1. *A lei do menor esforço ou o abuso da informática*

Uma prática usual é a reprodução informática do corpo das alegações na área do documento que deveria ser preenchida com as conclusões. Sob esta epígrafe duplica-se e repisa-se o corpo das alegações, sem se apresentarem verdadeiras conclusões. A adopção deste desembaraço, do ponto de vista da advocacia, pode explicar-se, desde logo, por um anelo de rapidez, necessária ao cumprimento dos prazos; pode ser induzida pela lei do menor esforço, mas até pode dever-se quiçá ao receio de que o tribunal, também ele acossado pela exigência de celeridade, não leia senão as conclusões e deixe de atentar no corpo das alegações. Nesta última hipótese, duplicando, o recorrente sente-se provavelmente mais confiante em que serão sempre lidas tanto as conclusões como as alegações.

Em boa verdade, o recurso a este expediente de *copy paste*, para duplicar as alegações como se fosse para concluir, revela um uso abusivo dos meios informáticos e conduz à inexistência material de conclusões, pois se, sob este título, apenas se derrama sobre papel o teor da parte analítica e argumentativa, o que de facto se oferece ao tribunal de recurso é uma fraude. Por consequência, apesar de aqui ou ali se mudar, cosmeticamente, uma ou outra palavra ou locução, o que realmente permanece, inelutável, é um vazio conclusivo, mau grado as habituais dezenas de folhas, com frequência metade do total da peça, e um número de artigos ditos de conclusões desnecessariamente a roçar ou a ultrapassar a centena.

O tratamento automático da informação é, inquestionavelmente, uma ferramenta preciosa, mas se não for usada de forma responsável pode ter um efeito perverso sobre o andamento do processo, se bem que por vezes pareça ser esse o objectivo prosseguido com certos arrazoados. Na verdade, como é sabido, o *software* permite compor uma peça processual com partes de texto já anteriormente preparadas, para casos similares, e assim apresentar ao tribunal, rapidamente e sem grande esforço, extensíssimas alegações e conclusões, sabendo-se que esse excesso de prosa, tantas vezes intrincada e em boa parte supérflua, vai tornar mais difícil e demorado o estudo do caso e o seu julgamento. Importa referir que este reparo também é válido, *mutatis mutandis*, para algumas decisões judiciais, pelo que, neste aspecto, se impunha a adopção de alguns limites legais, a fim de evitar que se escreva de mais nos processos e estes possam evoluir mais depressa.

4.2. *A prolixidade ou a incapacidade de resumir*

A formulação de conclusões, consoante a extensão e a complexidade do litígio em apreço, pode ser mais ou menos longa. Nalguns casos, a copiosidade dos factos impõe, forçosamente, um maior número de conclusões[22]. Daí que,

---

[22] O STJ ocupou-se de um caso em que a Relação convidou os recorrentes a sintetizar as con-

322   *João Aveiro Pereira*

para aferir da razoabilidade da extensão das conclusões, não deva ter-se em consideração apenas o número de artigos ou de páginas que as contêm[23]. No entanto, demasiadas vezes, o que se verifica é uma abundância desproporcionada e fastidiosa de palavras ou frases, que alongam sem necessidade o enumerado conclusivo e denotam uma inaptidão endémica para fazer a síntese.

Nestes casos, o tribunal de recurso pode mandar sintetizar as conclusões, pois, a quem tem de apreciar o recurso é que compete o juízo decisivo quanto à definição do limite do dever de concisão, imposto pelo artigo 685.º-A, sempre que surgir uma anormal e injustificada prolixidade na apresentação das conclusões.[24] Todavia, o resultado de uma tal iniciativa judicial raramente é o que seria lícito esperar, face ao comando legal. Amiudadas vezes, o alegante, que a custo admite ter-se excedido na quantidade, não recebe de bom grado o convite e procura contornar a situação de modo a deixar tudo na mesma. A técnica consiste, por exemplo, em retirar números aos parágrafos e manter o mesmo texto agregado a outro número ordinal, de modo que as conclusões fiquem com menos parágrafos numerados, mas sem qualquer redução de texto. Por vezes, tem-se o cuidado de maquilhar algumas conclusões pretensamente aperfeiçoadas, mudando uma ou outra palavra ou expressão, no início ou no fim de cada parágrafo.

4.3. *Fórmulas anómalas de concluir*

Também acontece o recorrente alegar e terminar dizendo apenas: «termos em que, com o douto suprimento de vossa excelência, deve o presente recurso ser julgado procedente e revogada a douta sentença recorrida». Em verdade,

---

clusões das suas alegações e estes reduziram-nas de 177 para 71. O Tribunal de segunda instância achou que ainda eram de mais e não conheceu do recurso. Mas, reconhecendo embora que mesmo assim os recorrentes foram demasiado prolixos e que podiam ter feito um esforço maior de resumo, o Supremo deu-lhes razão. Por conseguinte, de forma algo contraditória, o STJ mandou baixar o processo, por entender que as alegações levantavam muitos temas, principalmente sobre a matéria de facto debatida na acção, considerando justificada a copiosidade das conclusões e que os recorrentes haviam feito um esforço de condensação, obedecendo à determinação do relator – ac. de 29-Abr.-2008, proc. n.º 07A4712, 1.ª sec., www.dgsi.pt/jstj.

[23] Cf. ac. do Tribunal Constitucional n.º 275/99, proc. n.º 744/98, 3.ª sec., www.tribunalconstitucional.pt/tc/acordaos/19990275,html?impressao=1

[24] Neste sentido, v. ac. do STJ de 29-Fev.-2000, revista n.º 99/00, 7.ª secção, www.cidadevirtual.pt/stj/jurisp/bolAnualciv00.html.

O Direito 141.º (2009), II, 309-337

num caso destes, faltam as conclusões, que definam o objecto do recurso, pois usou-se apenas um modo de finalizar que, no fundo, pretende implicitamente que o julgador tenha em conta tudo o que acima foi alegado mas não condensado em proposições sintéticas.

De harmonia com o acórdão do Supremo de 19-Fev.-2008, as conclusões não podem limitar-se a uma singela «afirmação de procedência do pedido da recorrente, antes contendo todo um raciocínio lógico-jurídico a contrariar as razões adoptadas no aresto posto em crise, sempre com as especificações do n.º 2 do artigo 690.º».[25] Em rigor, afigura-se que as conclusões devem espelhar ou reflectir de modo sucinto o raciocínio desenvolvido nas alegações e não conterem elas próprias todo esse raciocínio. As conclusões não "raciocinam", devem limitar-se a resumir fielmente o arrazoado que as precede[26].

Outra fórmula muito similar de encerrar as alegações é, a título de conclusões, dar-se por reproduzido tudo o que acima se alegou e pedir-se a revogação ou a alteração da decisão recorrida. Também aqui não existem conclusões, havendo apenas uma reprodução ficcionada que volta a expor, em vez de concluir, tudo o que antes se explanou.

Portanto, nestes dois casos, o que se verifica é uma ausência absoluta de conclusões. À luz do anterior regime dos recursos, o juiz relator devia convidar o recorrente a apresentar as conclusões, sob pena de não se conhecer do recurso. Havia no entanto já quem defendesse que, em lugar deste convite, o legislador deveria determinar o não conhecimento do recurso, em nome da celeridade processual[27]. E realmente a solução consagrada pela reforma de 2007 veio ao encontro deste entendimento[28], pois, doravante a situação deve ser resolvida logo no tribunal *a quo*, com o indeferimento do requerimento de recurso, se faltarem as alegações ou só as respectivas conclusões[29].

---

[25] Proc. n.º 08A194, 1.ª sec., www.dgsi.pt/jstj.

[26] «As conclusões são um mero resumo dos fundamentos ou da discordância com o decidido, sendo ilegal o alargamento do seu âmbito para além do que do corpo daquelas consta» – ac. do STJ de 21-Nov.-2006, proc. n.º 06A2770, 1.ª sec., www.dgsi.pt/jstj, citando o ac. do mesmo Tribunal de 21-Out.-1993, este publicado na Colectânea de Jurisprudência de 1993, tomo 3.º, p. 81. cf. também, neste sentido, o ac. do STJ de 9-Out.-2003, nota (2), 03B1384, 7.ª sec., www.dgsi.pt/jstj.

[27] Fernando Amâncio Ferreira, *op. cit.*, pp. 168-169.

[28] E da sugestão do Conselho Superior da Magistratura, no ponto 3 do seu Parecer sobre o Anteprojecto do Regime de Recursos em Processo Civil, aprovado na sessão plenária de 10 de Janeiro de 2006, in *Reforma dos Recursos em Processo Civil. Trabalhos Preparatórios*, Ministério da Justiça – DGPJ, Almedina, Maio 2008, p. 225.

[29] Nos termos do artigo 685.º-A, n.º 2, al. *b*).

324   *João Aveiro Pereira*

Outra modalidade, já antiga e que deu origem a desvairadas decisões[30], é aquela em que o recorrente, ao invés de concluir, ou de alegar e concluir, se limita a fechar a sua peça oferecendo o merecimento dos autos[31]. Aqui verifica-se, mais uma vez, uma verdadeira omissão, não só de conclusões, mas também de alegações. Além disso, com este procedimento, o recorrente não justifica suficientemente a legitimidade para recorrer, pois parece aceitar qualquer decisão do tribunal de recurso, mesmo que confirme inteiramente aquela de que recorre. Um pouco diferente seria se o recorrente começasse por oferecer o merecimento dos autos e, a seguir, enunciasse alguns pontos sob a epígrafe de conclusões.

Situação algo parecida é aquela em que nas alegações o recorrente concorda inteiramente com a decisão de que recorre. Um caso destes colocou-se perante o Tribunal Constitucional e foi protagonizado pelo Ministério Público. O Tribunal, apoiando-se em Alberto dos Reis[32] e num acórdão da Relação de Coimbra[33], julgou deserto o recurso, embora com um voto de vencido. Para o efeito, considerou o mesmo Tribunal que «aquilo que por essência são alegações de recurso, enquanto expressão e desenvolvimento de razões de discordância e de impugnação, está de todo ausente e é contrariado pelas alegações do Ministério Público»[34].

4.4. *Irregularidades na impugnação da matéria de facto*

Quando nas alegações se impugna matéria de facto, nem sempre se verifica uma correcta identificação dos respectivos pontos em crise, tão-pouco os exactos meios de prova adquiridos para o processo e que, na versão do recorrente, impunham uma decisão diferente da que foi proferida. Por vezes censuram-se os fundamentos, mas não se apontam quais os que deveriam ter sido considerados. Outras vezes alega-se ou conclui-se que determinados pontos da

---

[30] Como nos dá conta MANUEL RODRIGUES, *Dos Recursos*, Lições coligidas por Adriano Borges Pires, Montemor-o-Novo, 1944, p. 36.

[31] Pronunciando-se sobre um caso semelhante, ALBERTO DOS REIS discordou do acórdão da Relação do Porto que mesmo assim considerou cumprido o artigo 690.º (hoje 685.º-A) e conheceu do recurso – *Revista de Legislação e de Jurisprudência* n.º 2869, Fevereiro 1948, p. 342.

[32] *CPC Anot.*, vol. 5.º, p. 357.

[33] De 2-Dez.-1992, sumariado no *BMJ* 422-441, segundo o qual: «Alegar não é só apresentar um requerimento com forma de alegação, mas sim atacar a decisão recorrida e dizer das razões por que se discorda dela, para serem apreciadas no tribunal superior».

[34] Ac. do Tribunal Constitucional n.º 349/00, proc. n.º 415/99, 1.ª sec., www.tribunalconstitucional.pt/tc/acordaos/20000349.html.

base instrutória mereciam uma resposta diferente mas não se diz qual, se *provado*, *provado apenas que* ou *não provado*. Outras vezes ainda, pretende-se genericamente que a matéria de facto seja alterada, por exemplo, no sentido de «*provado, não provado ou provado apenas que, conforme análise anterior*», sem se indicarem nas conclusões, nem no corpo das alegações, esses pontos de facto e as pertinentes provas ou a falta delas que justifiquem ou imponham essa alteração.

Este dever de indicação concreta dos pontos de facto alegadamente mal julgados não pode ser ignorado mesmo que tenha sido dispensada a elaboração da base instrutória, pois a lei refere-se a *pontos de facto* e não a artigos desta base. Nestes casos, os articulados funcionam como base instrutória, obviamente apenas quanto ao que de factual eles contiverem.

4.5. *O "simplex" remissivo*

Pode acontecer também que, num desígnio de economia de esforço e de tempo (*time's money*), o recorrente de revista se limite a concluir remetendo expeditamente para as conclusões que formulou nas alegações que oferecera no recurso da primeira para a segunda instância[35]. Neste caso, não dando o recorrente a conhecer as razões da sua discordância do acórdão do Tribunal da Relação, que assim ignora por completo, já se entendeu não poder o Supremo alterar ou modificar essa decisão[36]. Este entendimento foi secundado pelo mesmo alto Tribunal, no seu acórdão de 10-Jul.-2007[37], ao considerar terem sido formalmente apresentadas alegações mas não em termos substanciais, admitindo no entanto que a remissão em causa é de acolher quando a Relação também se limitou a remeter para os fundamentos da decisão recorrida, nos termos do artigo 713.º, n.º 5.

---

[35] ALBERTO DOS REIS, comentando dois acórdãos do STJ, onde este caso se colocou, considerou acertada a solução daquele que entendeu não haver falta de alegações e, portanto, fundamento para aplicar a respectiva sanção, prevista no artigo 690.º – *Revista de Legislação e de Jurisprudência* n.º 2869, cit., pp. 339-341.

[36] Cf. Ac. do STJ de 23-Set.-1997, proc. n.º 97B875, sumariado em www.dgsi.pt/jstj. LEBRE DE FREITAS, comentando vários acórdãos do Supremo neste sentido e um em sentido contrário, considera surpreendente e insustentável a tese maioritária, que julga deserto o recurso por falta de alegações. O mesmo autor acha até «natural (...) repetir perante o Supremo, no subsequente recurso de revista ou de agravo, as considerações já anteriormente produzidas em 2.ª instância» – «Deserção do Recurso por Reprodução de Alegações», *Revista da Ordem dos Advogados*, ano 59, Lisboa, Dez. 1999, pp. 1002-1003.

[37] Proc. n.º 07B2400, 7.ª sec., www.dgsi.pt/jstj.

326 *João Aveiro Pereira*

Compreende-se a posição do Supremo, pois se o recorrente em revista se limita a repetir *ipsis verbis* as alegações que apresentara na apelação, tendo a Relação proferido uma decisão própria, não puramente remissiva, é lícito concluir pela falta de alegações para o Tribunal de revista. A alternativa é forçar este Tribunal a apreciar a decisão da primeira instância, a única sobre a qual o recorrente alegou e de que na verdade recorre, desprezando-se por completo a decisão da segunda instância e neutralizando-se também um grau de jurisdição. Além disso, a lei não prevê alegações nem conclusões por remissão, nem uma tal extrapolação pode ser justificada à luz do disposto no artigo 138.º do CPC, que se reporta apenas à forma e neste caso está em falta a substância, devendo o recorrente explicar e concluir por que discorda da decisão recorrida, a da segunda instância. Já o acórdão da Relação totalmente remissivo, para os fundamentos da sentença, lidima a simplificação também remissiva das alegações e respectivas conclusões, uma vez que a segunda instância nada acrescentou.

Outra situação é aquela em que o recorrente se poupa ao trabalho de alegar e concluir, optando apenas por remeter para as alegações e conclusões de um co-recorrente. Um caso destes foi encarado pelo Supremo como benigno, pois entendeu-se que não era de considerar prejudicado o conhecimento da revista só porque o recorrente se limitara a remeter para as alegações de outro réu e mulher[38].

Porém, já não é de contemporizar com a situação em que, depois de convidado a apresentar proposições sintéticas, o recorrente remete para outras alegações numa revista que terminara com um acórdão anulatório. O Supremo considerou esta remissão inaceitável, por as alegações do outro recurso se terem esgotado com a decisão final aí proferida, sendo necessário, perante uma nova revista, produzir nova alegação, com novas conclusões, ainda mais quando se está a impugnar decisão diversa[39].

Também se entende não cumprir o ónus de alegar, e por arrasto o de concluir, o recorrente que se limita a dar como reproduzidas as razões invocadas no requerimento sobre o qual recaiu o despacho recorrido. Isto porque no nosso sistema de recursos, inserido num processo civil de feição publicista, o que constitui objecto do recurso é a decisão em si mesma e não a questão sobre a qual ela incidiu[40].

---

[38] Ac. do STJ de 15-Jun.-1999, Revista n.º 52/99, 1.ª sec., *Sumários de Acórdãos do Supremo Tribunal de Justiça – Boletim de anual de* 1999, Secções Cíveis, http://www.stj.pt/nsrepo/cont/Anuais/Civeis/Civeis1999.pdf.

[39] Ac. do STJ de 12-Set.-2006, 06A1986, 1.ª sec., www.dgsi.pt/jstj.

[40] Ac. do TRC de 9-Mai.-2000, proc. n.º 1087/99, 2.ª sec., www.come.to/trc.pt. Neste sentido,

No entanto, segundo o regime de recursos entrado em vigor a 1 de Janeiro de 2008, no tribunal *ad quem*, por princípio, nenhuma anomalia alegatória é insusceptível de ser regularizada através de um convite ao aperfeiçoamento, pois as mais graves – a falta de alegações e de conclusões do recorrente – são apreciadas e decididas ainda no tribunal *a quo*, no despacho sobre o requerimento de interposição de recurso[41]. Se o tribunal recorrido falhar este controlo e o recurso chegar sem alegações ou sem conclusões ao tribunal *ad quem*, deve este limitar-se a devolver o processo ao tribunal inferior, para conhecer da anomalia, podendo o indeferimento aí decidido ser impugnado nos termos do artigo 688.º do CPC.

5. O despacho de aperfeiçoamento

Este despacho está expressamente previsto na lei para o caso de as conclusões serem deficientes, obscuras, complexas ou quando nelas se não tenha procedido às especificações a que alude o n.º 2 do artigo 685.º-A. Trata-se de dar uma segunda oportunidade à parte de apresentar o seu libelo recursório em conformidade com a lei, suprindo as referidas falhas, para que se não deixe de apreciar o mérito do recurso interposto, pois tal significaria penalizar o cidadão decerto por um lapso ou imperícia do seu mandatário.

O convite ao recorrente para completar, esclarecer ou sintetizar as conclusões, é feito no momento em que o recurso vai pela primeira vez concluso ao relator, após a distribuição. Antes da reforma de 2007, os juízes adjuntos podiam sugerir o convite, aquando dos vistos, mas actualmente desapareceu do artigo 685.º-A a possibilidade dessa sugestão. Até porque os vistos têm agora lugar já depois de elaborado o projecto de acórdão, sendo naturalmente de presumir que as conclusões não enfermam de nenhum vício. Deste modo, se o relator omitir indevidamente a prolação do despacho-convite, na ocasião liminar própria, parece, à primeira vista, que não o poderá fazer ulteriormente[42].

---

v. João de Castro Mendes, *op. cit.*, pp. 24-26, e «Aplicação das leis no tempo em decisão de recursos», *Revista de Estudos Sociais*, ano XI, 1960, pp. 2 e ss..

[41] Artigo 685.º-C, n.º 2, al. *b*).

[42] Antes da Reforma de 2007 entendia-se que depois da fase dos vistos já não era possível fazer tal convite, por extemporâneo. «Se a omissão ou a deficiência das conclusões escaparem à análise quer do relator, quer dos juízes-adjuntos, avançando a tramitação do recurso para a fase de julgamento (cfr. artigos 708.º e 709.º do CPC), então o convite, naturalmente, já não mais poderá ser feito, por se encontrar ultrapassado o respectivo momento processual e também para não se

328 *João Aveiro Pereira*

No entanto, este último preceito não fixa o exacto momento em que o relator deve convidar o recorrente a completar, esclarecer ou sintetizar as conclusões. Portanto, nada obsta a que, excepcionalmente, este convite seja formulado mesmo após os vistos, pois na sequência destes ou da discussão do projecto de decisão pode revelar-se necessário um tal aperfeiçoamento.

Por outro lado, o convite é formulado apenas uma vez[43], sujeitando-se o recorrente que o não acatar, ou que aperfeiçoar defeituosamente, às consequências legais do não cumprimento, ou seja, ao não conhecimento do recurso na parte afectada[44].

5.1. *Deficiências na impugnação da matéria de direito*

O despacho em causa permite unicamente a correcção clara e concisa das conclusões que se apresentarem deficientes, sem as especificações referidas na lei, obscuras ou complexas, por não serem suficientemente inteligíveis. A coberto do aperfeiçoamento não é lícito ao recorrente apresentar novas alegações ou o aditamento de novas razões de fundo[45], não podendo, por exemplo, «de modo algum, qualificar-se como deficiência de redacção ou obscuridade o simples silenciamento, na alegação e respectivas conclusões, sobre determinado vício invocado na petição de recurso»[46].

Mas será que o convite ao aperfeiçoamento das conclusões contende com o princípio da celeridade processual, devendo ser evitado tanto quanto possível? A resposta a esta interrogação exige a ponderação cuidada dos interesses em confronto. De um lado, impõe-se a rapidez na resolução dos litígios con-

---

arrastar no tempo a apreciação dos demais recursos que, eventualmente, deva ter lugar no mesmo julgamento» – ac. do STJ de 20-Out.-2005, 05B2407, 2.ª sec., www.dgsi.pt/jstj.

[43] O Tribunal Constitucional já teve oportunidade de clarificar que não existe seguramente em nenhum caso direito a um segundo convite de aperfeiçoamento. «E isto é tanto mais assim, fora do processo penal e contra-ordenacional, quando não há sequer um direito constitucionalmente garantido ao recurso de decisão jurisdicional» – ac. n.º 40/00, proc. n.º 13/97, cit..

[44] Neste sentido, v. o ac. do STJ de 14-Nov.-2006, proc. n.º 06A1986, 1.ª sec., www.dgsi.pt/jstj. No caso a que se refere este acórdão, não tendo o recorrente apresentado proposições sintéticas, foi-lhe formulado o convite previsto no artigo 690.º, n.º 4 (actual 685.º-A, n.º 3), apresentando então conclusões parcialmente remissivas. O STJ considerou que perante tal atitude, «mais não podia o tribunal do que desconsiderar esse segmento conclusivo ("sibi imputet"), que não buscar sucessivos aperfeiçoamentos».

[45] Cf. ac. do STJ de 9-Dez.-99, proc. n.º 99A771, 1.ª sec., www.dgsi.pt/jstj.

[46] Ac. do STJ de 17-Jan.-2002, proc. n.º 04762, www.dgsi.pt/jstj

jugada com a actividade oficiosa do juiz, de remoção ou rejeição de tudo o que entrave o andamento normal do processo. De outro lado, está a incessante busca da verdade dos factos e da justiça do caso concreto, implicando a apreensão e a análise adequadas das questões controvertidas em vista de uma decisão conforme ao direito e, tanto quanto humanamente possível, justa.

Ora o valor (para outros virtude) Justiça ainda é aquele que nesta disputa deve pesar mais, pois é ele a razão de ser da instituição judiciária. Por isso, a resposta à pergunta acima formulada só pode ser negativa. É certo que, em termos estatísticos, a exaltação da celeridade pode ofuscar a Justiça, pois não é com base nos números que mediática e politicamente se avalia a eficácia do aparelho? E não é também em função dos números que se valora, em grande medida, a produtividade e o mérito dos seus agentes?

Todavia, nunca é de mais lembrar que, se o homem é a medida de todas as coisas, o cidadão tem direito a uma decisão não apenas célere, pois o ditério popular segundo o qual *as pressas dão em vagar* também se ajusta à tramitação processual. Basta pensar nos julgamentos anulados por anomalias formais ou com base em aspectos jurídicos ou factuais que não foram equacionados, manifestamente devido à pressão de tempo, com prejuízo para os direitos das pessoas. Portanto, o convite ao aperfeiçoamento é uma facilidade que a lei concede à parte, para o seu mandatário corrigir ou completar as conclusões das suas alegações, a fim de que o seu caso possa ser examinado, entendido e decidido correctamente.

Por outro lado, quando se deixa de convidar a parte a aperfeiçoar as conclusões, havendo fundamento para tal, incorre-se na omissão de um acto judicial que a lei prevê[47] e sanciona com uma nulidade processual, ainda que de conhecimento não oficioso, susceptível de levar à anulação de todos os actos subsequentes[48]. Contudo, o Supremo já interpretou a formulação deste convite como uma faculdade e decidiu que a não observância desta, ao apreciarem-se as conclusões, não acarreta a nulidade do acórdão[49].

É, no entanto, muito difícil considerar o referido convite como uma mera faculdade, quando o artigo 700.°, n.° 1, incumbe o juiz relator, além do mais, de convidar as partes a aperfeiçoarem as conclusões das respectivas alegações,

---

[47] No artigo 685.°-A, n.° 3 (anterior artigo 690.°, n.° 4) do CPC

[48] Artigo 201.° do CPC. Neste sentido, ac. do STJ de 23-Dez.-2007, proc. n.° 07A3090, 1.ª sec., www.dgsi.pt/jstj.

[49] Neste sentido, ac. do STJ de 28-Jun.-2001, proc. n.° 1251/01, 2.ª sec., www.cidadevirtual.pt/stj/jurisp/bol52civel.html

330 João Aveiro Pereira

nos termos do n.º 3 do artigo 685.º-A, e este último preceito, por sua vez, dispõe imperativamente que o relator "deve" convidar o recorrente[50]. Mais: até à reforma de 2007, o artigo 701.º, n.º 1, cometia ao relator a tarefa, entre outras, de, uma vez distribuído o processo, apreciar se as partes "devem" (e não "podem") ser convidadas a aperfeiçoar as conclusões das alegações apresentadas.

5.2. *Deficiências na impugnação da matéria de facto*

Na disposição legal específica da impugnação de decisão relativa à matéria de facto, não se encontra textualmente prevista a possibilidade de prolação de despacho de aperfeiçoamento das conclusões. No entanto, alguma jurisprudência tem defendido que o tribunal deve mesmo assim formular esse convite.

É razoável este entendimento, pois, se faltam aquelas indicações quanto aos factos e aos meios probatórios, as conclusões revelam-se deficientes, sendo lícito ao tribunal, nos termos do n.º 3 do artigo 685.º-A, convidar o recorrente a aperfeiçoá-las, antes de tomar uma decisão mais drástica. Com efeito, referindo-se este artigo totalmente ao ónus de alegar e formular conclusões em geral, sem restringir a sua aplicação só à matéria de direito, com excepção do seu n.º 2, tem de concluir-se que o relator deve convidar o recorrente a completar, esclarecer ou sintetizar as suas conclusões também quanto à impugnação da matéria de facto.

À formulação de tal convite não obstam as ameaças de rejeição contidas nos n.ºs 1 e 2 do artigo 685.º-B para a falta das especificações, aí exigidas, dos pontos de facto, dos meios probatórios e dos depoimentos em que o recorrente se funda por referência ao assinalado na acta. É que, como acima (3.3.) se aflorou, tais cominações não podem funcionar automaticamente, sem antes se dar ao recorrente a oportunidade de corrigir as suas alegações e conclusões, pois o direito à correcção e à supressão de irregularidades é um princípio que perpassa todo o direito processual, não apenas a fase do pré-saneamento e do saneamento.

Num acórdão de 14-Mai.-2002, o Supremo admitiu que o facto de o artigo 690.º-A (actual 685.º-A) não se referir ao despacho-convite não pode ser argumento válido para o não proferir. Isto porque a promoção oficiosa das diligências necessárias ao normal prosseguimento da acção (artigo 265.º, n.ºs 1

---

[50] No sentido que aqui se defende, decidiu o ac. do STJ de 24-Mai.-2005, 05A1334, 6.ª sec., www.dgsi.pt/jstj.

O *ónus de concluir nas alegações de recurso em processo civil*   331

e 2), deve ser entendida numa compreensão muito lata e, «onde, pelo menos, houver identidade de razão, para regularizar a instância, deve fazê-lo»[51].

Por outro lado, a entender-se que as especificações dos referidos pontos de facto impugnados e dos meios de prova devem ser feitas no corpo da alegação, como se creu no acórdão do STJ de 17-Abr.-2008[52], buscando apoio nalguma doutrina[53], também o convite ao aperfeiçoamento deve ser formulado ao recorrente antes de se decidir não conhecer dessa parte do recurso, por força dos princípios da cooperação (artigo 266.°), do poder de direcção do processo pelo juiz e da oficialidade (artigo 265.°) e do princípio do contraditório (artigo 3.°, n.os 2 e 3).

Um tal convite, por uma questão de igualdade de tratamento das partes, deve também ser aplicável ao recorrido que requerer a ampliação do âmbito do recurso, nos termos do artigo 684.°-A, relativamente à forma e ao conteúdo das conclusões e à indicação dos depoimentos gravados.

No já citado acórdão de 9-Out.-2008, o Supremo considerou que o artigo 690.°-A não impõe que a especificação dos pontos de factos cuja alteração se pretende e dos meios probatórios relevantes para o efeito seja feita nas conclusões. Realmente este artigo não contém uma tal imposição, mas por ser desnecessária, pois o ónus previsto no n.° 1 artigo 690.° (actual 685.°-A) abrange tanto a impugnação de direito como a de facto.

Mais se expendeu neste acórdão que, faltando tal especificação, mas fornecendo as alegações dados suficientes para identificar os pontos de facto que o recorrente considera incorrectamente julgados, deve este ser convidado a especificar tais pontos antes da rejeição do recurso[54].

Concorda-se com esta asserção, porque é isto que resulta da lei. Todavia, salvo o devido respeito, esta solução não se encaixa na linha indulgente que tem sido seguida pelo Supremo, como se verá no ponto seguinte. De acordo com esta filosofia expedita, se as alegações permitem conhecer os pontos de facto que o recorrente tem por mal julgados, para quê convidá-lo a aperfeiçoar as alegações? Se o Tribunal *ad quem* e a parte contrária conseguem apreender as questões de facto em crise, qual o interesse em retardar o andamento do processo com um acto inútil? Portanto, à luz da dita filosofia, o mais indicado seria

---

[51] Agravo n.° 1353/02, 1.ª sec., www.dgsi.pt/jstj.
[52] Proc. n.° 08P481, 2.ª sec., www.dgsi.pt/jstj.
[53] LEBRE DE FREITAS, *CPC Anot.*, *op. cit.*, pp. 52-53, e AMÂNCIO FERREIRA, *Manual de Recurso em Processo Civil*, Almedina, Coimbra, 2006, pp. 176-177.
[54] Processo n.° 07B3011, 7.ª sec., www.dgsi.pt/jstj.

332 João Aveiro Pereira

o tribunal prosseguir no conhecimento do objecto do recurso sem qualquer convite ao aperfeiçoamento.

6. A *praxis* jurisprudencial

A jurisprudência do Supremo Tribunal de Justiça tem lidado com as diversas anomalias conclusivas de uma forma por vezes demasiado flexível, podendo recensear-se as seguintes atitudes fundamentais perante conclusões reconhecidamente desconformes com os cânones adjectivos.

6.1. *Atitude pró-activa de não relevar certas irregularidades*

O Supremo confirmou[55] um acórdão da Relação que se abstivera de convidar o recorrente a cumprir o ónus de concluir as suas alegações. O Tribunal de revista considerou que fora efectivamente cometida uma nulidade processual, por omissão de um acto que a lei prevê (artigo 201.º), mas como tal nulidade não foi invocada em tempo, pela parte a quem ela aproveitava, ficou sanada. Além disso, acrescenta concordante o Supremo que o Tribunal *ad quem* havia compreendido perfeitamente o objectivo do recurso, quais as razões de discordância, as normas jurídicas violadas, ou o sentido que os recorrentes pretendiam que se lhes desse na interpretação a fazer.

Mais recentemente, estando em causa saber se os autores tinham interesse em agir, numa acção de simples apreciação, e se o tribunal recorrido violara o princípio constitucional do acesso ao direito, umas conclusões em número de 99 foram alvo de um leve reparo. O Supremo disse apenas que «previamente, importa afirmar que as extensas conclusões das alegações estão longe de ser as proposições sintéticas, através das quais o recorrente dá a conhecer ao Tribunal de recurso e à parte contrária, as razões da discordância com a decisão recorrida, de modo a que, *cirurgicamente*, o Tribunal "ad quem" aprecie a sua discórdia e o recorrido possa tomar posição perante os argumentos do seu antagonista»[56]. No entanto, apesar deste comentário, a assinalar a complexidade das conclusões, o Tribunal preferiu ignorar esta irregularidade e não convidar o recorrente a aperfeiçoar.

---

[55] Ac. de 23-Out.-2007, proc. n.º 07A3090, 1.ª sec., www.dgsi.pt/jstj.

[56] Ac. de 16-Set.-2008, proc. n.º 08A2210, 6.ª sec., www.dgsi.pt/jstj.

6.2. *Aperfeiçoamento pelo próprio relator*

Com alguma frequência, perante conclusões demasiado prolixas, o próprio Tribunal se encarrega de as sintetizar, embora nalguns casos não deixe de assinalar uma tal prolixidade em termos reprovadores.

Num aresto de 16-Set.-2008, está descrito um caso em que a recorrente apresentou, como conclusões, a reprodução integral, por decalque, da parte que constituía as alegações propriamente ditas, concluindo assim com o duplicado do mesmo texto. O Supremo considerou «patente a afronta grosseira ao texto legal» do artigo 690.º, «em prejuízo do princípio da cooperação intersubjectiva a que alude o artigo 266.º/1, e que impõe que, na condução e intervenção no processo, os magistrados, os mandatários judiciais e as próprias partes cooperem entre si, concorrendo para se obter, com brevidade e eficácia, a justa composição do litígio».

O mesmo Tribunal deu também como afrontado «o princípio da economia processual, na sua vertente de *economia de actos e formalidades*, que exige que o processo comporte só os actos e formalidades indispensáveis ou úteis, vedando a prática de actos que, carecendo da devida utilidade, apenas têm o efeito de complicar o processo, impedindo-o de rapidamente atingir o seu termo».

Perante estas judiciosas considerações, era de esperar um convite ao aperfeiçoamento das alegações com a formulação de verdadeiras conclusões – mas não foi isto que aconteceu. O alto Tribunal preferiu não extrair consequências da «afronta grosseira» e avançou de imediato para a decisão, limitando-se para este efeito a colher o que designa por «oito ideias-força» do arrazoado da recorrente[57].

Do texto do acórdão não se retira qual era a exacta extensão das alegações, cujo duplicado foi apresentado como conclusões, embora a extracção daquelas ideias-força leve a supor que se tratava de um texto não só complexo mas também prolixo. No entanto, o que fundamentalmente sobressai deste caso, e que embate de frente com os aludidos princípios do direito processual, é a fraude materializada através do enchimento do espaço que devia ser ocupado por genuínas conclusões com a repetição das alegações.

---

[57] Processo n.º 08B2103, 2.ª secção, www.dgsi.pt/jstj.

334   *João Aveiro Pereira*

6.3. *Emissão de um inconsequente juízo reprovador*

Por vezes a jurisprudência adopta uma atitude aparentemente dura para com excessivos alongamentos na tarefa de formular conclusões, considerando essas práticas frontalmente contrárias às normas legais que impõem sintéticas considerações finais. Todavia, ao juízo verberante não se seguem quaisquer consequências desfavoráveis para a parte (ou seu mandatário) que se excedeu, nem mesmo o convite ao aperfeiçoamento. Basta atentar, nomeadamente, nos seguintes arestos.

Um bom exemplo é o acórdão do Supremo de 21-Jan.-2003, em que se considera não ser tarefa fácil recortar as questões concretas a dirimir, de entre as conclusões apresentadas, por estas serem «demasiado extensas, prolixas, repetitivas, complexas (totalmente ao arrepio do que é imposto pelo n.º 1 do artigo 690.º)». Contudo, apesar desta incisiva reprovação do desmando alegatório, o acórdão não convida a aperfeiçoar e prossegue dizendo: «Não obstante, pensamos poder afirmar que estão fundamentalmente em causa questões que, no essencial, se reconduzem a saber se:» – e resolve destacar cinco pontos a decidir[58].

Noutro acórdão do Supremo Tribunal de Justiça, de 27-Mai.-2008, censurou-se o facto de, no remate das suas alegações, a recorrente ter apresentado um alargado rol de conclusões «– nada menos que 33, espraiadas por mais de seis páginas de texto ao arrepio do disposto no artigo 690.º, n.º 1, do CPC, que manda concluir de forma sintética – que, todavia, apenas colocam uma questão: a de saber se a ré recorrida deve ou não considerar-se notificada da intenção da recorrente de instaurar o litígio no tribunal arbitral»[59].

Neste caso, o Tribunal coibiu-se de convidar o recorrente a sintetizar as conclusões, mas não relatou as mais de três dezenas que foram apresentadas. Em vez disso, resumiu em dois parágrafos o âmago das conclusões e proferiu o acórdão.

O mesmo Tribunal, no citado acórdão de 16-Set.-2008, também não reproduziu inteiramente as 99 conclusões, limitando-se apenas a censurar a prolixidade, ao afirmar que as extensas conclusões das alegações estavam longe de ser as proposições sintéticas, que dão a conhecer ao tribunal de recurso e à parte contrária a discordância com a decisão[60]. Porém, esta censura serviu ape-

---

[58] Proc. n.º 02A3426, 1.ª sec., www.dgsi.pt/jstj.
[59] Proc. n.º 08B278, 2.ª secção, www.dgsi.pt/jstj.
[60] Proc. n.º 08A2210, 6.ª sec., www.dgsi.pt/jstj.

nas para mostrar que o Tribunal reparou no excesso conclusivo, embora sem daí pretender retirar consequências práticas.

Em 21-Out.-2008, o Supremo entendeu que o recorrente olvidou por completo o ónus imposto pelo artigo 690.°, n.° 1, do CPC, que manda apresentar alegações concluindo, de forma sintética, pela indicação dos fundamentos por que pede a alteração ou a anulação da decisão. Apesar deste incumprimento total, o Tribunal não se deteve e prosseguiu, afirmando que «do que indevidamente apelidou "conclusões" retira-se, sem grande esforço interpretativo, que a sua discordância assenta nos seguintes pontos»[61].

Este *laisser faire, laisser passer* em relação, não só à prolixidade das conclusões, mas também quanto a outras irregularidades na elaboração das conclusões das alegações de recurso, pode ser ditada por um desejo de evitar alguma morosidade pontual, mas tem um assinalável efeito perverso que é a instalação de uma certa indisciplina no cumprimento do ónus de concluir, de repercussões dilatórias gerais. Isto porque a sucessão de decisões permissivas vai cimentando uma rotina de cedência, que se torna praticamente impossível reverter no sentido da observância criteriosa das regras na feitura das alegações.

Por outro lado, exarar juízos reprovadores, mais ou menos veementes, sobre a prolixidade ou outras anomalias das conclusões, e depois não adoptar as consequências lógicas e legais, é confrangedor, pois dá a imagem de uma justiça que, embora veja o que está mal, não é capaz de se impor. Mais vale os tribunais superiores se absterem deste tipo de juízos quando não estiverem dispostos a reter um recurso, à espera do aperfeiçoamento, ou quando não pretendam aplicar a extrema sanção do não conhecimento.

7. **Epílogo**

1. As conclusões das alegações são ilações ou deduções lógicas terminais de um raciocínio argumentativo, propositivo e persuasivo, em que o alegante procura demonstrar a consistência das razões que invoca contra a decisão recorrida. Porque são o resultado e não o desenvolvimento do raciocínio alegatório, as conclusões têm necessária e legalmente de ser curtas, claras e objectivas, para que não deixem dúvidas quanto às questões que o tribunal *ad quem* deve e pode conhecer.

---

[61] Proc. n.° 08A2992, 1.ª sec., www.dgsi.pt/jstj.

2. O ónus de concluir cumpre-se também com a indicação das disposições violadas, do sentido com que deveriam ter sido aplicadas ou, em caso de erro sobre a norma, aquela que o recorrente entende que devia ter sido aplicada. Quando se impugne matéria de facto, devem igualmente constar das conclusões a especificação sintética dos pontos em crise e os meios probatórios que impunham decisão diferente. Tudo isto sem prejuízo do desenvolvimento e da sustentação destas especificações no precedente corpo alegatório.

3. Embora o carácter excessivo das conclusões tenha de ser sempre aferido em função da complexidade e do número das questões suscitadas no recurso, verifica-se uma larga tendência para a prolixidade e para a repetição em conclusões da matéria das alegações propriamente ditas, práticas, aliás, tratadas de forma lene e pouco pedagógica pela mais alta jurisprudência, além do uso ocasional de fórmulas anómalas de finalização inconclusiva.

4. A competência para ajuizar da necessidade ou imperatividade do convite ao recorrente para aperfeiçoar as conclusões cabe ao juiz relator do tribunal que tem de apreciar o recurso, designadamente no tocante à observação do dever de concisão e à verificação de deficiência, obscuridade, complexidade ou falta de especificações legais, que justifiquem aquele convite. A abstenção indevida de convidar ao aperfeiçoamento configura a omissão de um acto que a lei prevê, sancionada com nulidade processual.

5. A formulação do convite pressupõe a existência de qualquer destas insuficiências ou anomalias que, se não forem supridas, levam ao não conhecimento do recurso, o mesmo devendo acontecer também se o convite não for correspondido. Por isso, a segunda instância deve ponderar muito bem sempre que se lhe coloque a questão do aperfeiçoamento, porque se o convite fica sem resposta ou com resposta deficiente, não deve conhecer do recurso. Porém, não são raros os casos em que o Supremo revoga este tipo de decisões da Relação e manda conhecer.

6. Perante uma certa resistência à observação cabal das directrizes legais sobre a elaboração das conclusões, ou mesmo alguma subversão perante o convite ao aperfeiçoamento, o legislador deveria rever esta disciplina e dar aos tribunais superiores um poder claro e efectivo para fazerem respeitar cabalmente aquelas regras. Para este efeito, faz falta outro tipo de sanções menos drásticas mas mais eficazes do que a «bomba atómica» do não conhecimento do recurso, que, pela sua gravidade, na prática se evita o mais possível aplicar[62], como se viu supra.

---

[62] Segundo um provérbio inglês: *law cannot persuade, where it cannot punish.*

7. Finalmente, uma vez que as alegações são elaboradas por advogado – um servidor do direito e da Justiça, como o juiz –, em vez de conclusões, o recorrente deveria, por lei, apresentar ao tribunal apenas as questões a decidir. Depois de no corpo alegatório ter explanado livremente as razões e os argumentos destinados a abalar a decisão recorrida, o próprio alegante facilmente individualizaria de forma sintética só as questões que pretendesse ver decididas no recurso.

A culpa do lesado

DR.ª SARA GERALDES

SUMÁRIO: *1. Enquadramento do tema e ordem de exposição. 2. Introdução: 2.1. Precisão terminológica; 2.2. A imputação de danos. 3. Manifestações e pressupostos do comportamento do lesado: 3.1. Manifestações: 3.1.1. Causa do dano; 3.1.2. Agravamento do dano; 3.1.3. Não diminuição do dano; 3.2. Pressupostos. 4. Responsabilidade extraobrigacional: 4.1. Responsabilidade subjectiva: 4.1.1. Culpa efectiva; 4.1.2. Culpa presumida; 4.2. Responsabilidade objectiva – os acidentes de viação (505.º). 5. Responsabilidade obrigacional. 6. Responsabilidade pré-contratual. 7. Natureza jurídica. 8. Conclusões.*

1. Enquadramento do tema e ordem de exposição*

O presente estudo tem por objecto a figura comummente designada por culpa do lesado. É uma expressão significativa à qual associamos determinada realidade mas que, por razões técnico-jurídicas, merece uma pequena nota, pela qual iniciaremos este trabalho[1].

O tema em apreço merece o nosso interesse e estudo porquanto é comummente chamado à colação pela nossa jurisprudência. Qualquer busca de jurisprudência feita através do descritor *culpa do lesado* obtém largos acór-

---

* Todas as disposições legais sem indicação da fonte são preceitos do Código Civil, aprovado pelo Decreto-Lei n.º 47344, de 25 de Novembro de 1966. Também, qualquer menção ao "Código" se refere ao mesmo diploma, o Código Civil de 1966.

As indicações bibliográficas completas de todas as obras referidas em nota de rodapé estão na Bibliografia. Assim, nas citações ao longo do texto só serão mencionados o autor e, sumariamente, a obra em causa.

[1] Cf. *infra* 2.1..

dãos de resultado. Além do mais, foi recentemente reacendida uma antiga polémica relativa à possibilidade de concorrência entre a responsabilidade civil objectiva pelo risco e a culpa do lesado, através de um inovador acórdão do Supremo Tribunal de Justiça, que analisaremos *infra*[2].

Já a nível doutrinário não encontramos a mesma abundância. O tema é brevemente tratado pela generalidade dos Autores nos seus livros de Direito das Obrigações em não mais que dois pares de páginas. Vaz Serra tratou a matéria por ocasião dos trabalhos preparatórios, sob o título *O dever de indemnizar e o interesse de terceiro. Conculpabilidade do prejudicado*[3]. Mas deve-se a Brandão Proença o maior esforço de tratamento geral e sistemático da matéria, materializado na sua dissertação de doutoramento intitulada *A Conduta do Lesado como Pressuposto e Critério de Imputação do Dano Extracontratual* que submeteu a provas em 1997. Talvez pelo profundo interesse que o tema lhe despertou, o Autor tem vindo a escrever artigos sobre a matéria, a participar em conferências e seminários, submetendo a sua apresentação a este assunto, e a comentar diversas decisões jurisprudenciais.

Não obstante, pensamos que o tema não está ainda tratado na sua total extensão. Basta ver que mesmo naquele vasto labor de 1997 se restringiu o âmbito da análise à responsabilidade extracontratual. Assim sendo, propomo--nos trabalhar o instituto horizontalmente, nas suas diversas manifestações e regimes jurídicos.

Podemos proceder, desde já, ao enquadramento do tema. Em nossa opinião, e como tentaremos demonstrar ao longo da exposição, a culpa do lesado é uma problemática que se insere na questão mais ampla da imputação de danos. Alguns Autores tratam-na ao nível da responsabilidade civil, talvez induzidos pela inserção sistemática do artigo 570.º, epigrafado precisamente de *Culpa do Lesado*. Porém, na nossa modesta opinião, o salto da imputação de danos para a responsabilidade civil é um passo a mais em muitos casos.

Assim sendo, preliminarmente à análise do instituto objecto do nosso trabalho, faremos, a título introdutório, um pequeno excurso sobre a matéria da imputação de danos.

De seguida, entraremos no corpo do trabalho, analisando as diferentes formas que podem assumir os comportamentos em que se consubstancia a chamada culpa do lesado, sejam activos ou passivos, provoquem, agravem ou não diminuam o dano em curso, etc.

---

[2] Cf. 4.2..

[3] In Separata do BMJ, n.º 86, pp. 33 e ss.

A *culpa do lesado*   341

Posto isto, poderemos avançar traçando a distinção de regime consoante a questão se coloque em sede de responsabilidade civil subjectiva ou objectiva, com especial atenção, neste último caso, para a questão dos acidentes de viação. Importará, ainda, ter em conta a situação da responsabilidade civil obrigacional e da responsabilidade civil pré-contratual.

Por fim, concluiremos o trabalho com uma breve súmula das principais questões levantadas e respectivas conclusões.

2. **Introdução**

2.1. *Precisão terminológica*

Como primeira nota a dar, temos de referir o facto de a expressão *culpa do lesado* não ser precisa do ponto de vista técnico-jurídico. Desta forma, não obstante termos adoptado a designação, por razões que enunciaremos adiante, deve a mesma ser sempre entendida com a ressalva que faremos nesta secção.

O instituto comummente assim designado refere-se aos casos em que o dano que alguém sofre é (também) devido a facto próprio. Ilustrando com um exemplo, imaginemos que A conduz um carro em excesso de velocidade, embatendo em B que seguia de bicicleta sem a sinalização adequada. O dano resultante para B deve-se não só ao comportamento, neste caso, ilícito de A como também a facto imputável ao próprio B que circulava em desrespeito de normas destinadas à sua segurança. Em linguagem corrente, diríamos que o acidente (os danos) foi culpa de ambos – daí a expressão *culpa do lesado*.

Efectivamente, culpa do lesado no seu sentido mais literal significa que a vítima de determinado dano é, ela própria, também culpada na sua produção ou extensão. Mas não é reciprocamente culpada – i.e., não é ela responsável por danos contra quem também lhos provocou[4]. Ela é *culpada* perante si própria, por facto seu que concorreu para a produção do dano que veio a sofrer. Esta expressão, à letra, significaria que ao comportamento de uma determinada pessoa seria atribuído um desvalor pelo facto de também ele ser causador de danos ao próprio.

Ora, a alteridade é um pressuposto do Direito[5]. O Direito visa regular as

---

[4] Pode ser, mas não é a essa situação que a expressão se refere. Para exemplos de culpas recíprocas, cf. VAZ SERRA, *Conculpabilidade*, pp. 46 e ss.. Trata-se, fundamentalmente, de exemplos de colisões entre veículos.

[5] Cf. EDUARDO SANTOS JÚNIOR, *"Mitigation"*, p. 362.

342 *Sara Geraldes*

situações interpessoais e não as individuais, fruto do relacionamento do próprio consigo mesmo. No plano pura e estritamente individual não é o Direito chamado a intervir. A este propósito, fala-se inclusivamente em "zona livre de Direito" com referência à tal individualidade onde o Direito não rege.

A noção jurídica de culpa está intimamente relacionada com a avaliação que se faz de determinado comportamento que não é conforme ao Direito. A culpa é o resultado de um juízo de valor que se faz sobre uma acção/omissão relevante, de determinado agente que, conscientemente ou não, intencionalmente ou não, desrespeitou o Direito. Assim sendo, e tendo em conta que não existe qualquer regulamentação jurídica das nossas relações puramente individuais, não é configurável a existência de culpa perante nós próprios. Ter-se-ia para tal de encontrar um dever jurídico que pendesse sobre cada um no sentido de devermos acautelar-nos contra os danos que possamos causar a nós mesmos[6]. Ora, tal é impensável face à abstenção do Direito neste tipo de realidades.

Não obstante estas afirmações, é realmente uma expressão que está assente na doutrina e jurisprudência, tanto a nível nacional como no estrangeiro, e é ilustrativa da realidade a que se refere, ressalvadas sempre as considerações *supra*.

Nestes termos, vamos também acolhê-la ao longo do presente trabalho, não vendo justificação ou vantagem especial em utilizar outra mais rigorosa.

2.2. *A imputação de danos*

A questão da imputação de danos é milenar. É impossível pensar em vida sem pensar em danos. É o risco inerente ao dia-a-dia.

O direito civil não podia deixar de tomar posição face a esta situação. Não obstante, a solução, mesmo para quem é juridicamente leigo, é quase evidente ou intuitiva.

Comecemos com alguns exemplos:

– A tem uma jarra de cristal que deixa cair ao chão e se parte;
– B compra flores que, passados uns dias, murcham;
– uma inundação no apartamento provoca uma avaria na máquina de lavar loiça de C.

---

[6] Cf. VAZ SERRA, *Conculpabilidade*, p. 38.

Em qualquer destes casos, a intuição de qualquer pessoa irá no sentido de dizer que será o dono quem terá de comprar outra, mandar arranjar, etc. Perante estes casos, ninguém dirá que será outrem a pagar – é uma alternativa que nem sequer se equaciona!

A escolha destes exemplos como ponto de partida não foi despicienda. Não raras vezes, ao abrirmos um livro de Teoria Geral do Direito Civil, encontramos plasmada a responsabilidade civil como um princípio geral do ordenamento jurídico português. Ora, afirmar a responsabilidade civil como princípio equivale a dizer "A teve danos, B indemnizá-lo-á". Sucede que, se confrontarmos os exemplos acima enumerados e a solução a que chegámos, vemos que ela esbarra frontalmente com esta afirmação.

Então, por onde nos devemos guiar? Qual será o ponto de partida em matéria de imputação de danos?

Ninguém contesta que, no caso de S atirar ao chão a jarra de A, este deverá ser ressarcido pelo primeiro; ou no caso de T deitar veneno na água das flores; ou, ainda, no de U deixar a correr a água que provocou a inundação no apartamento de C[7].

Temos, então, que assentar que a questão central é de imputação de danos. Por qualquer motivo ocorreram danos numa determinada esfera jurídica e coloca-se o problema da sua imputação: será feita na própria esfera onde estes ocorreram ou numa outra?

Aos primeiros casos apresentados responderemos que é o próprio lesado que suporta os danos; na segunda variante, imputaremos os danos na esfera do lesante, através da criação de uma obrigação de indemnizar.

Mas como regra geral, qual será a solução base?

Em primeiro lugar, convém definir o que se deve entender por dano. Ainda que se possa partir duma noção não jurídica, não podemos ficar por aí. De facto, parece que o próprio dicionário traz já algum preconceito. De acordo com o Dicionário Universal da Texto Editora, dano é "prejuízo, estrago, deterioração, *mal feito a alguém*, perda" (itálico nosso). O dicionário da Língua Portuguesa da Porto Editora é mais neutro ao definir dano como "qualquer mal ou ofensa pessoal, prejuízo, deterioração".

De facto, a palavra dano sugere prejuízo ou estrago; e essa realidade tanto pode ser autoprovocada como heterocausada.

---

[7] A questão está a ser colocada e resolvida em termos absolutos. No entanto, é evidente que só impenderá sobre o agente a tal obrigação de indemnização verificados outros requisitos, nomeadamente ilicitude e culpa. Contudo, para já, por motivos de mais fácil explanação, ficamos por esta abordagem mais superficial.

344   *Sara Geraldes*

A jurisprudência não se pronuncia sobre a noção de dano. As decisões que contêm definições referem-se, geralmente, a noções de determinados tipos de danos[8]. Os Tribunais partem de um conceito apriorístico de dano como sendo sinónimo de prejuízo, sem que o densifiquem. No fundo, a jurisprudência interessa-se pela diferenciação dos diversos tipos de danos por tal ser importante para efeitos de regime, sem que a noção pura do que é o dano apresente relevância autónoma. Assim, o conceito de dano é efectivamente um conceito que terá de ser construído pela doutrina.

Almeida Costa define dano ou prejuízo como "toda a ofensa de bens ou interesses alheios protegidos pela ordem jurídica"[9].

A noção tem a vantagem de adicionar um requisito ao conceito naturalístico de dano – a protecção pela ordem jurídica. No entanto, e com todo o respeito, o dano não é a ofensa, mas sim o resultado ou efeito desta. Deste modo, parece preferível a noção de Menezes Cordeiro. "Em Direito, o dano ou prejuízo traduz-se na supressão ou diminuição duma situação favorável que estava protegida pelo ordenamento"[10].

Olhando para esta noção jurídica, verificamos que nada nela aponta para a solução a dar à questão da sua imputação.

Talvez seja, então, conveniente determinar mais um conceito, tendo em conta que a questão é saber em que esfera jurídica se imputará determinado dano.

A esfera jurídica pode ser definida como o "conjunto de direitos e obrigações de certo e determinado titular em cada momento"[11].

A esfera não é imutável, antes pelo contrário! As realidades que a integram podem, a qualquer instante, sofrer vicissitudes; e sofrem-no, efectivamente. Por tal, a esfera jurídica é uma realidade que tem uma importante característica – a aptidão de suportar o risco. O brocardo latino *ubi commoda, ibi incommoda* expressa a ideia na perfeição. De facto, quem tem vantagens, também terá de suportar o risco de as perder. E é por isso que, naqueles três primeiros exemplos, é o titular do direito de propriedade (da jarra, das flores, da máquina) que sofre na sua esfera as consequências do desaparecimento, perecimento ou deterioração da sua vantagem. É o desenlace evidente e justo que esta situação poderia ter.

---

[8] Por exemplo, a definição de danos não patrimoniais é dada no acórdão do STJ de 11 de Junho de 1987, disponível em www.dgsi.pt.

[9] Cf. *Obrigações*, p. 591.

[10] Cf. *Tratado*, I/1, p. 271.

[11] Cf. Castro mendes, *Teoria*, p. 88.

A *culpa do lesado*   345

Não obstante, há situações em que muito nos chocaria que não fosse possível imputar os danos numa esfera diferente daquela em que ocorreram. A esse propósito, são ilustrativos os exemplos do segundo grupo. Trata-se de casos em que os danos ocorrem em virtude de um acto culposo, intencional ou não, de outrem[12].

É por isso que a suportação dos danos pela própria esfera onde ocorrem é um princípio geral, não uma regra absoluta.

Temos de acreditar que o Direito serve as pessoas e que, por isso, consagra as soluções mais justas para as diversas situações. Não é de questionar que, em princípio, aquele que retira vantagens de determinado direito, também suporte o risco das vicissitudes desse direito. Não obstante, não é coadunável com a nossa ordem jurídica – uma ordem jurídica que, como tal, privilegia a justiça – que direitos possam ser ofendidos por outrem, sem que compensação alguma seja concedida ao seu titular.

Assim, na regra geral da suportação dos danos são introduzidos alguns desvios por razões de justiça e equidade. Estes desvios vão permitir que os danos sejam imputados ou atribuídos a esferas de terceiros. A este fenómeno dá-se o nome de responsabilidade civil, que se efectiva através do surgimento da obrigação de indemnizar[13].

Mas a afirmação de que não é regra, antes um desvio, não é inócua; não se trata de uma mera precisão terminológica. O facto de a responsabilidade civil ser uma excepção ao princípio geral faz com que o intérprete-aplicador tenha de verificar cuidadosamente o preenchimento de determinadas condições – os chamados títulos de imputação[14-15]. Só a sua verificação permitirá o afastamento da regra geral.

Face ao exposto, somos da opinião que a responsabilidade civil não é a regra em sede de imputação de danos. O princípio de base é o da sua suportação pela esfera jurídica onde ocorrem. Tal só assim não sucederá caso haja

---

[12] Estes casos não esgotam, naturalmente, o elenco daqueles em que é possível (e justa) a imputação de danos numa esfera diferente. São, todavia, os mais apreensíveis, nesta primeira fase da exposição.

[13] Para isto é necessário que haja um facto, em regra ilícito e culposo, danos e nexo de causalidade entre o facto e os danos. Noutras situações, dispensa-se a ilicitude e a culpa, bastando-se o legislador com uma situação de risco ou de sacrifício de bens de terceiro.

[14] Cf. Menezes Cordeiro, *Tratado*, I/1, p. 274.

[15] Actualmente, e depois de larga evolução, os títulos de imputação são divididos em três categorias: imputação por factos ilícitos, pelo risco ou por factos lícitos. Cf. Menezes Cordeiro, *Tratado*, I/1, pp. 275 e ss.

algum título de imputação que permita repercuti-los noutra esfera – e é nesta repercussão em esfera alheia que se consubstancia a responsabilidade civil. E, se compulsarmos as normas do Código na secção da Responsabilidade Civil, verificamos que esta fonte de obrigações tem requisitos estreitos[16], o que corrobora a ideia aqui defendida.

Fazendo a ponte com o nosso tema, é nesta tarefa de determinação da imputação dos danos, em esfera própria ou alheia, que a culpa do lesado assume relevância e efeitos práticos.

O que nos preocupará fundamentalmente será ver até que ponto um comportamento do lesado com repercussões no dano produzido e respectiva extensão pode ou não libertar o agente da suportação dos danos ocorridos, na sua totalidade ou em parte.

Diversas situações são configuráveis. Se o dano for estritamente atribuível ao lesado problema algum se coloca – resolve-nos a questão o brocardo *res perit domino*; se o dano resultar de caso fortuito, tão-pouco releva para efeitos jurídicos – mantém-se tudo na esfera do próprio, uma vez que *casum sentit dominus*; já se o dano for produzido por terceiro(s), é um sinal de que devemos indagar sobre eventual responsabilidade civil do(s) agente(s); no caso de o dano ser o resultado da acção de diversos sujeitos, entre os quais o próprio lesado, haverá que determinar a que título a acção é imputável ao agente – isto é, se por facto ilícito, se pelo risco, ou pelo sacrifício – e ainda qual a contribuição causal do lesado. Esta última situação é a que nos realmente importa, porquanto pode misturar a responsabilidade civil com a imputação dos danos ao próprio lesado. É, efectivamente, nestas circunstâncias que teremos de apurar se a situação em causa permite ou não a transferência, total ou parcial, dos danos da esfera do lesado para a do agente, uma vez que o comportamento do lesado ao contribuir causalmente para o dano, pode inclusivamente quebrar o nexo de causalidade que ligava esse dano ao facto do agente.

3. Manifestações e pressupostos do comportamento do lesado

3.1. *Manifestações*

É frequente, a este propósito, destrinçar de entre as condutas do lesado, aquelas que são causa ou concausa do dano e as que provocam o agravamento

---

16 Sendo cada vez mais estreitos à medida que se avança da responsabilidade por factos ilícitos para a responsabilidade por factos lícitos.

de dano já causado por outrem. Aliás, são justamente estes dois comportamentos que aparecem expressamente previstos no já referido artigo 570.°. No fundamental, trata-se de factos do lesado que concorrem para a produção ou agravamento dos danos por ele sofridos.

Mau grado só a produção e o agravamento estarem directamente previstos na nossa lei, por influência da prática anglo-saxónica, tem-se começado a estudar um terceiro facto do lesado – o comportamento de não diminuição do dano ocorrido ou, como se designa no seu idioma de origem, *mitigation of damages*.

Na presente secção faremos uma breve apresentação destas três manifestações, para que sejam as mesmas tidas em conta ao longo da exposição, nomeadamente, aquando da análise do regime jurídico aplicável ao instituto.

Em relação às duas primeiras, dado o consensualismo que as rodeia, não necessitaremos de muitas linhas. Já a terceira requer um pouco mais de atenção. Tratando-se de um instituto de origem anglo-saxónica, não expressamente previsto no direito português, além da sua análise e adaptação, há que averiguar da sua aplicabilidade no nosso ordenamento jurídico. Assim sendo, a subsecção dedicada à não diminuição do dano não será puramente descritiva. Procuraremos tomar, desde já, uma posição relativa à sua admissibilidade face ao nosso ordenamento, para o que necessitaremos de adiantar um pouco o regime legalmente previsto para o instituto e explorar as diversas alternativas e configurações possíveis para este tipo de comportamentos.

3.1.1. *Causa do dano*

A conduta do lesado como causa do dano significa tão-só que este, nos termos gerais em que se afere a causalidade do comportamento do agente[17], deu azo ao dano verificado. Imaginemos casos simples: um peão que atravessa a estrada fora da passadeira e sem olhar para os lados, vem a ser atropelado; ou aquele que deixa cair a sua jarra de flores que se parte; ou, ainda, o condutor que embate contra outro veículo por desrespeito da distância de segurança, gerando danos na sua própria viatura. Inúmeros são os exemplos destes casos de danos auto-provocados que se verificam no dia-a-dia.

---

[17] São inúmeras as teorias enunciadas para a determinação do nexo de causalidade. Não obstante o seu enorme interesse e extrema relevância neste domínio, não parece justificado dedicarmo-nos à exposição e análise das diversas teorias existentes. Para o efeito, cf. ANTUNES VARELA, *Das obrigações*, pp. 881 e ss.; MENEZES LEITÃO, *Direito*, pp. 345 e ss.

348   *Sara Geraldes*

Em qualquer destas situações, podemos dizer que o comportamento do lesado foi causal do dano que sofreu.

Como é facilmente compreensível, para que a questão da culpa do lesado seja relevante, é necessário que o acto deste não seja a única causa do dano mas sim concausa do mesmo, pois caso contrário tudo se passa no domínio do *casum sentit dominus*. Trata-se dos casos daquele primeiro grupo de exemplos em que apenas o próprio lesado está envolvido – diríamos que é agente e lesado. São situações que, pela sua individualidade pura, não relevam juridicamente – tudo se passa no domínio de um só sujeito e sua esfera jurídica. Concluímos, então, que o comportamento do lesado que contribui para a produção do dano não pode ser o único factor humano[18], tendo de haver um facto imputável a terceiro(s) – o(s) agente(s)[19].

Nestes termos, podemos afirmar que o comportamento do lesado, para assumir relevância terá de ser concausal do comportamento do agente[20]. Só nesta circunstância pode ele relevar. São situações em que dois factos – um do agente e outro do lesado – dão origem aos danos que este vem a sofrer, colocando-se assim o problema de saber quem *responde* por eles.

3.1.2. *Agravamento do dano*

Já o agravamento do dano se refere a um comportamento do lesado, subsequente ao surgimento do dano, e que é normativamente causal da sua majoração ou aumento.

Mais uma vez recorrendo a exemplos, tomemos o caso de uma pessoa a quem foi feito um corte e não o desinfecta ou o de um atleta ferido na perna que vai correr a maratona. Estes exemplos servem bem para ilustrar as duas vertentes da actuação de agravamento. Ela tanto pode ser positiva – tendo o lesado, com actuações activas, provocado o aumento do dano – ou negativa[21] – não tendo o mesmo tomado os cuidados usuais neste tipo de circunstâncias.

---

[18] Fazemos esta referência para excluir a concorrência de acto do lesado com casos fortuitos, em que, mais uma vez, apenas uma esfera jurídica está em questão.

[19] Por razões de simplificação, referir-nos-emos sempre a apenas um agente. O facto de existirem vários agentes em nada altera as considerações que faremos.

[20] Neste sentido, VAZ SERRA, *Conculpabilidade*, pp. 37 e ss.; PIRES DE LIMA/ANTUNES VARELA, *Código Civil anotado*, pp. 587 e ss.; PESSOA JORGE, *Ensaio*, p. 360; RIBEIRO DE FARIA, *Direito*, p. 522; DÁRIO MARTINS DE ALMEIDA, *Manual*, pp. 140 e ss.; EDUARDO SANTOS JÚNIOR, *"Mitigation"*, p. 362.

[21] Cf., neste sentido, BRANDÃO PROENÇA, *A conduta*, p. 645.

A culpa do lesado   349

Fazemos aqui um pequeno excurso para tratar esta questão da omissão.

Ao contrário do que sucede em Direito Penal que as omissões, para serem relevantes, têm de estar associadas a um dever de evitar o resultado[22] – aquilo a que se designa posição de garante – não devemos aqui ser contagiados pela ideia.

Neste campo, apenas nos interessa a causalidade – o que pretendemos determinar é se o comportamento do lesado, comissivo ou omissivo, interferiu no processo causal desencadeado pelo facto do agente. Ora, para tal indagação pouco importa a (in)existência de um dever de agir associado. Interessa-nos apenas se, facticamente, a omissão foi relevante ao ponto de interromper o nexo causal que ligava determinada parte dos danos ao comportamento do agente. E isso faz-se sem tomar em consideração qualquer norma jurídica que imponha um dever de acção[23].

Recordemos o exemplo dado a respeito do agravamento omissivo pelo lesado. A atinge B com uma faca, provocando-lhe um corte no braço. B decide não tratar este corte, não obstante a sua evidente necessidade. A ferida não é efectivamente tratada e, por conjugação com características do organismo do lesado e com a exposição da mesma aos ambientes por onde B circula, desenvolve-se uma séria infecção que vem a implicar a amputação do braço de B.

Até que ponto podemos dizer que o dano amputação do braço é causalmente atribuível ao agente? Logicamente que o corte e os seus danos associados o são, mas a perda de um braço pode ser atribuível a um simples golpe? Imaginemos até que o golpe não foi intencional, que A até quis levar B ao hospital ou tratá-lo e B recusou-se terminantemente?

Nem precisaríamos deste exemplo extremo mas é clamorosa a injustiça que seria imputar a amputação a este sujeito. De facto, *seria altamente anti-social que, pelo mero facto de haver outra pessoa responsável pelos danos, a lei permitisse ao prejudicado que omita as precauções ordenadas pelo senso prático*[24]. Mas tão importante como esta consideração de justiça é o facto de a indemnização pelo agente se circunscrever aos danos que ele causou, àqueles que lhe são efectivamente imputáveis em termos causais.

---

[22] *Vide* artigo 10.º, n.º 2, do Código Penal.

[23] Se o nosso tema não fosse a culpa do lesado a resposta poderia ser diferente. Efectivamente para responsabilizar alguém por algo que não fez é necessário que o devesse ter feito. Mas aqui não estamos no âmbito da responsabilidade civil do omitente, estamos pura e simplesmente a determinar que parte dos danos lhe é imputável.

[24] Cf. Vaz Serra, *Conculpabilidade*, p. 34.

350 *Sara Geraldes*

Situamo-nos justamente no plano da causalidade – antes de tudo, importa delimitar o círculo de danos imputável a cada parte. E ninguém poderá duvidar que o facto de alguém fazer um pequeno corte no braço de outrem não abrange o dano perda do braço – trata-se de um dano que está fora dos danos causalmente reportáveis ao facto do agente. Não questionamos que tal dano ocorreu pura e simplesmente por motivos imputáveis ao lesado que, podendo, nada fez para que o dano não se agravasse. Noutras palavras, o dano perda do braço é causalmente imputável ao lesado que, ainda que por omissão, agravou o dano originalmente causado pelo agente. Por isso, ainda que o facto do agente seja causa indirecta ou mediata do dano maior, este não se teria produzido se os acontecimentos tivessem seguido o seu curso ordinário[25].

Fazemos apenas uma última ressalva, se o lesado não estava em condições de tomar qualquer medida para que o dano não aumentasse, então nesse caso o agravamento já não lhe pode ser causalmente imputável, pois se não estava nas mãos dele fazer algo, é porque todo o dano é recondutível à actuação do agente.

Fechado este parêntesis, retomemos as considerações iniciais relativas às duas vertentes do comportamento agravante.

Em qualquer das situações, as condutas do lesado foram causais relativamente a parte dos danos, à parte da agravação. Assim, e por diferenciação relativamente à concausa do dano, enquanto que nessa dois factores contribuem conjuntamente, em proporções iguais ou diferentes, para a própria criação do dano, neste caso o comportamento do lesado, activo ou passivo, vai provocar o aumento dos danos já despoletados por comportamento de terceiro[26].

Desta forma, ao contrário das situações de concausalidade em que é possível que o dano ocorrido se confunda, não sendo perfeitamente destrinçável a parte a imputar a cada interveniente, nas situações de agravamento temos um dano originário causado por terceiro, ao qual irá acrescer uma parte imputável ao lesado. Quando falamos em agravamento do dano pelo lesado, devemos ter a sensibilidade suficiente para separar aquilo que é imputável a cada um dos envolvidos. Face ao dano final, há que ver que parte, em virtude do compor-

---

[25] Cf. DE CUPIS, *Il danno*, pp. 132 e ss..

[26] Também aqui necessitamos de um terceiro para que a conduta do lesado adquira relevância. Os casos em que o dano foi originado por caso fortuito e agravado por condutas do lesado são, também, juridicamente irrelevantes pois em ambos os casos é o lesado quem suporta as consequências. Necessitamos sempre de um terceiro a quem a imputação dos danos seja, em abstracto, possível, para depois verificarmos se efectivamente deve ser feita essa transferência de danos, sendo tal terceiro civilmente responsável pelo prejuízo (ou pela parte) que causou.

tamento do lesado, não é já recondutível causalmente à actuação do agente, em virtude de o nexo de causalidade ter sido interrompido pela actuação da vítima.

3.1.3. *Não diminuição do dano*

Este instituto, no direito anglo-saxónico, tem a designação de *mitigation of damages* ou *mitigation of losses*. Literalmente significa redução dos danos ou perdas. Optámos por enunciá-lo na negativa atendendo à perspectiva pela qual aqui o vemos. Enquanto que o instituto é, no seu ordenamento de origem, visto pela perspectiva da necessidade[27] do comportamento – e daí se falar pela positiva –, encaramo-lo aqui como algo que o lesado se absteve de fazer. Efectivamente, enquanto manifestação que pode consubstanciar a chamada culpa do lesado, é a negativa que tem relevância – é a não diminuição ou redução dos danos que pode suscitar problemas de imputação dos mesmos ao agente.

O princípio da *mitigation of damages* está plenamente sedimentado nas ordens jurídicas de *Common Law* e aparece-nos, também, em textos como a Convenção de Viena sobre Venda Internacional de Mercadorias[28], nos princípios de UNIDROIT[29] e de Direito Europeu dos Contratos[30]. Frequentemente a nível internacional é aposta uma cláusula de *mitigation* nos contratos comerciais[31].

---

[27] Veremos se esta necessidade é algo mais. Por exemplo, um ónus ou mesmo um dever.

[28] "Article 77. *A party who relies on a breach of contract must take such measures as are reasonable in the circumstances to mitigate the loss, including loss of profit, resulting from the breach. If he fails to take such measures, the party in breach may claim a reduction in the damages in the amount by which the loss should have been mitigated.*"

[29] "Article 7.4.8 *(Mitigation of harm)*
(1) The non-performing party is not liable for harm suffered by the aggrieved party to the extent that the harm could have been reduced by the latter party's taking reasonable steps.
(2) The aggrieved party is entitled to recover any expenses reasonably incurred in attempting to reduce the harm."

[30] "Article 9505 *(Reduction of Loss)*
(1) The non-performing party is not liable for loss suffered by the aggrieved party to the extent that the aggrieved party could have reduced the loss by taking reasonable steps.
(2) The aggrieved party is entitled to recover any expenses reasonably incurred in attempting to reduce the loss."

[31] Cf. EDUARDO SANTOS JÚNIOR, *"Mitigation"*, pp. 350 e ss.

352   *Sara Geraldes*

A nível europeu, temos os ordenamentos alemão[32] e italiano[33] a consagrarem esta solução em sede de culpa do lesado.

Esta realidade reporta-se ao facto de o lesado não agir ou tomar as medidas razoáveis por forma a mitigar os danos em curso provocados por terceiro[34]. A consequência da violação desta directriz pelo lesado será a redução da indemnização devida. No fundo, mais uma vez parece tratar-se da não transferência total dos danos por faltar o título de imputação relativamente a parte destes.

Outro aspecto importante deste regime, que poderemos confirmar pelos textos legais que consagram expressamente o instituto, é o facto de o lesado não ter necessariamente de evitar os danos, bastando que tenha empreendido os esforços razoavelmente exigíveis para o efeito. Acrescenta Vaz Serra que mais que um dever é um direito do lesado tomar medidas defensivas à custa do responsável, independentemente de estas se mostrarem, em concreto, eficazes. O que importa é que as medidas sejam razoáveis para que fiquem a cargo do responsável pelo dano, uma vez tratarem-se de factos indirectamente provocados pelo comportamento deste agente[35]. Nestes termos, ainda que os esforços do lesado sejam infrutíferos, desde que apropriados, o ressarcimento pelo lesante é devido[36].

Importa agora densificar a noção de razoabilidade. Que medidas poderão ser exigidas ao lesado para diminuir o dano em curso?

---

[32] "*§ 254 (Culpa do Lesado)*
(1) Caso o lesado tenha contribuído na origem do dano, a obrigação de indemnizar e a sua extensão dependem das circunstâncias concorrentes e, em especial, da medida em que o dano foi predominantemente causado por uma ou outra parte.
(2) 1 Também se aplica quando o lesado se demite de avisar o culpado do perigo de um dano anormalmente alto, que o culpado desconhece e não tem a obrigação de conhecer, ou quando o lesado se demite de reduzir ou afastar o dano. 2 É aplicável o § 278."

[33] "*Artigo 1227.º (Concurso de facto culposo do credor)*
Se o facto culposo do credor concorreu para causar o dano, a indemnização é diminuída segundo a gravidade da culpa e a entidade das consequências que daí derivaram.
A indemnização não é devida pelos danos que o credor tenha podido evitar usando diligência ordinária (2056 e seguintes)."

[34] Esta figura é geralmente abordada no âmbito obrigacional. Nesta perspectiva, dir-se-á que em caso de incumprimento contratual, a parte lesada não terá o direito de ser ressarcida das perdas que razoavelmente poderia ter evitado. Cf. EDUARDO SANTOS JÚNIOR, *"Mitigation"*, p. 352.
A nossa descrição é mais neutra, permitindo abarcar também a realidade extra-obrigacional. Veremos adiante se é possível estender o instituto a este campo.

[35] Cf. *Conculpabilidade*, pp. 55 e ss.

[36] Cf. EDUARDO SANTOS JÚNIOR, *"Mitigation"*, pp. 352 e ss.

Em confronto temos a tese objectivista e a subjectivista. A primeira postula que deve o lesado tomar as medidas que uma pessoa medianamente razoável e prudente teria tomado no curso dos seus negócios; de acordo com a segunda, as medidas devem ser ordinárias, segundo a situação especial do lesado[37].

Parece-nos mais ajuizado seguir a segunda tese. Efectivamente, *não foi [o prejudicado] que causou o dano, e não parece aceitável que o responsável possa queixar--se de que o prejudicado não adoptou tais cautelas quando este não estava em condições de o fazer ou elas excediam a sua diligência ordinária*[38].

Em termos estritamente causais, não cremos ser possível que a omissão de um comportamento que excede a diligência normal do lesado possa ser considerada relevante para cortar o nexo que liga os danos causados ao comportamento do agente. Nestas circunstâncias, não pode o dano ser imputado ao lesado, ficando a cargo do agente a sua reparação integral.

Quanto à qualificação desta *necessidade* de actuação do lesado, poderia equacionar-se tratar-se de um dever. Não obstante, nada aponta nesse sentido. A afirmação de um dever levaria, por um lado, a que este comportamento fosse exigível pelo sujeito activo da situação jurídica; por outro, a sua violação geraria responsabilidade civil perante o agente. Ora, não é isso que se passa. A consequência da omissão deste comportamento é a não ressarcibilidade total dos danos sofridos. Assim sendo, notamos aqui uma certa semelhança com a figura do ónus[39] – trata-se de um comportamento que interessa ao lesado adoptar de forma a não vir a sofrer desvantagens, a perda da indemnização correspondente à totalidade dos danos sofridos.

Foquemo-nos agora na aplicabilidade do instituto em Portugal.

O nosso ordenamento é omisso. Pelo menos em termos expressos não encontramos qualquer disposição que preveja a situação, nada impedindo, contudo, que a sua aplicabilidade decorra de princípios ou regras gerais do ordenamento.

---

[37] Embora partindo da primeira, EDUARDO SANTOS JÚNIOR ressalva o facto de ser de ajuizar em cada caso concreto, não podendo nunca ser exigida uma conduta "extraordinária, onerosa, arriscada ou humilhante". Cf. *"Mitigation"*, pp. 353 e ss. A segunda tese é defendida por VAZ SERRA, *Conculpabilidade*, pp. 51 e ss. e RIBEIRO DE FARIA, *Direito*, pp. 524 e ss. Diz este último Autor que *o prejudicado não pode ser obrigado a tomar certas medidas só porque uma pessoa medianamente razoável as teria tomado.*

[38] Cf. VAZ SERRA, *Conculpabilidade*, p. 54.

[39] Na Alemanha é precisamente esta a natureza jurídica que a doutrina atribui à situação. Entre nós, qualificam-no assim BAPTISTA MACHADO, *A Cláusula*, I, p. 582; MENEZES LEITÃO, *Direito*, I, p. 334; BRANDÃO PROENÇA, *A Conduta*, pp. 512 e ss.

354   Sara Geraldes

A nível contratual, vigorando entre nós o princípio da autonomia privada, não é difícil considerar tal princípio perfeitamente válido se clausulado em contrato[40].

Então a questão que se coloca é saber se, nada se acordando ou tratando-se de responsabilidade extraobrigacional, se pode impor ao lesado esta conduta de diminuição do dano? E se será esta situação enquadrável no domínio da culpa do lesado?

O artigo 570.º postula que, em caso de concurso de facto culposo do lesado para a produção ou agravamento dos danos, o tribunal poderá determinar o montante da indemnização em conformidade com a gravidade da culpa de ambas as partes e respectivas consequências[41].

Há diversas teorias sobre o fundamento da chamada culpa do lesado. Sem prejuízo de as expormos mais adiante[42], vamos partir da ideia de Pessoa Jorge e Menezes Cordeiro que a enquadram num problema de causalidade e, como atrás dissemos, de delimitação da imputação de danos ao agente.

Nestes termos, a culpa do lesado funciona como um critério valorativo que determina a inserção ou não da conduta do prejudicado no próprio processo causal[43].

A incluir-se a mitigação dos danos no instituto da culpa do lesado, tal significaria que os danos que o lesado poderia mas não tentou evitar não são considerados causados pelo lesante. Há uma interrupção do nexo causal que coloca determinados danos fora da esfera de imputação ao agente.

Vejamos, com um exemplo prático, o que sucede.

A encomenda a B uma peça para uma máquina que irá a construir. B avisa A de que, por algum motivo, não irá cumprir. Depois deste aviso A deixa iniciar a construção da máquina que fica incompleta, além de inutilizar o material usado na sua construção.

O que podemos retirar deste caso? A, com o seu comportamento, no caso omissivo, não reduziu os danos que, em virtude do aviso de B, podiam, ainda, ter sido evitados.

De facto, *enquanto for possível evitar uma consequência patrimonial prejudicial recorrendo a vias legais, o dano não se produziu ainda definitivamente*[44]. Ora, esta ideia

---

[40] Neste sentido, EDUARDO SANTOS JÚNIOR, *"Mitigation"*, p. 351.
[41] Analisaremos melhor este preceito adiante. Cf. *infra* 2.2. e 3.1..
[42] Cf. *infra* 7.
[43] Cf. EDUARDO SANTOS JÚNIOR, *"Mitigation"*, pp. 362 e ss.
[44] Cf. ENNECCERUS/LEHMANN, *Derecho*, p. 80, § 12.º, nota 9.

é muito importante e é a chave para a presente questão. Até que ponto o dano – material inutilizado – não poderia ter sido evitado pelo lesado? Logicamente, não nos referimos à não construção da máquina. Evidentemente o devedor incumpriu e será responsável pelos prejuízos daí decorrentes. O que entendemos é que aquele dano particular do material inutilizado, estando na mão do lesado evitá-lo, não é já causalmente devido ao devedor, pelo que está fora da esfera de imputação que se lhe pode fazer.

Além do mais, estas situações de não diminuição do dano não estão longe das de agravamento, contempladas directamente no artigo 570.º. Aliás, podemos mesmo afirmar que é extremamente ténue a barreira entre um comportamento omissivo de agravamento e um comportamento de não diminuição do dano[45]. A razão de ser que vale para o primeiro, é igualmente válida para o segundo. Trata-se do mesmo princípio: um comportamento do lesado – passivo ou activo – que corta o nexo de imputação do dano ao agente. Porém, cabe novamente aqui a ressalva de que se o lesado tentar evitar o dano mas não o conseguir, então é sinal que nada havia que o lesado pudesse fazer, sendo nessa situação o dano realmente devido ao comportamento do lesante. No exemplo dado, suponhamos que A tentou imediatamente telefonar para a fábrica para ordenar a suspensão dos trabalho mas o responsável estava incontactável.

Claro que aqui temos de ter cuidados acrescidos. Não é qualquer inacção do lesado que interrompe o nexo. Efectivamente a ordem jurídica atribui, em termos gerais, um prazo durante o qual é permitido ao ofendido reagir contra o lesante, nomeadamente o prazo de prescrição dos direitos creditícios.

A esbulha a posse de B sobre uma casa, o que atribui a B o direito a ser indemnizado pelos dias de privação do uso da mesma. Sucede que a ordem jurídica atribui a B o prazo de um ano para reagir através de uma providência cautelar de restituição da posse, por exemplo. Pode dizer-se que B deve ou tem o ónus de intentar a acção no dia seguinte para que o dano de privação do uso seja diminuído? Logicamente que não – haveria aqui um contra-senso normativo.

Mas suponhamos que a casa não era de B, era de C que a deu de arrendamento a B por determinado prazo. Findo o prazo, B continua sem acesso à casa pelo que não poderá cumprir o seu dever de restituição da mesma. Ora, este incumprimento pontual da obrigação de restituição da casa gerará um dever

---

[45] Cf., no sentido da integração da não diminuição do dano na área do agravamento *tout cour*, BRANDÃO PROENÇA, *A conduta*, p. 645.

356 *Sara Geraldes*

de indemnização perante o senhorio, i.e., um dano para B[46], dano este na origem do qual está A. Simplesmente, nesta circunstância, já podemos dizer que *devia* B ter intentado a referida acção para que reduzir os danos. Efectivamente, não obstante ter o esbulho contribuído indirectamente para o incumprimento por parte de A e consequente dano, não pode já este ser causalmente imputado ao agente.

Assim, face a uma eventual alegação de falta de diminuição do dano, haverá que analisar atentamente se essa omissão foi de molde a romper o nexo de causalidade que ligava os danos ao facto do agente ou se, pelo contrário, são eles ainda plenamente reportáveis à actuação do lesante.

Em conclusão, diríamos que a não tentativa de diminuição dos danos configura uma situação em que o nexo de causalidade pode ser quebrado, não se podendo consequentemente imputar ao agente determinada parte dos danos, que correrão por conta do lesado.

3.2. *Pressupostos*

Podemos elencar diversos pressupostos para o funcionamento do regime da culpa do lesado.

O primeiro a apontar, e no qual temos vindo a insistir, é a necessidade de existência de um comportamento causal do lesado que seja concausa do dano, causa do agravamento ou da não diminuição dos danos em curso. Para além dessa causalidade, este comportamento deve ser um acto jurídico e, como tal, um facto voluntário do lesado. É absolutamente diferente o lesado atirar-se contra um carro a ser impulsionado por forças externas contra o referido veículo[47].

O outro pressuposto que comumente se exige é que o comportamento do lesado seja culposo[48]. Vimos já que não é culposo em sentido próprio pois é inconcebível culpa perante nós próprios, mas no sentido de omissão de diligência. Fazendo um paralelo, se o lesado fosse o agente e o dano fosse causado na esfera de terceiro, o facto seria culposo, a título de dolo ou negligência.

---

[46] Referimo-nos aqui ao dano que advém para B do surgimento de uma obrigação de indemnizar.

[47] Exemplo de VAZ SERRA em *Fundamento*, p. 165, n.r. 313.

[48] Cf. VAZ SERRA, *Conculpabilidade*, pp. 55 e ss.; RIBEIRO DE FARIA, *Direito*, pp. 523 e ss.; ALMEIDA COSTA, *Direito*, p. 783; MENEZES LEITÃO, *Direito*, p. 334.

Exige-se, no fundo, que o facto *apresente as características que o tornariam responsável, caso o dano tivesse atingido um terceiro*[49]. Portanto, só não é culpa em sentido técnico porque é perante o próprio, mas não se trata já de mera causalidade. Assim sendo, depreende-se daqui um requisito prévio que é a imputabilidade, uma vez que sem esta é impossível formar juízos de censura sobre os comportamentos de alguém.

Em sentido contrário a esta posição manifestaram-se Pessoa Jorge[50] e Menezes Cordeiro[51], para quem, em qualquer circunstância, basta a mera imputabilidade do facto ao lesado, ainda que não censurável.

A este propósito cabe chamar a atenção para o artigo 571.° que, no seguimento do principal artigo do regime da culpa do lesado, equipara ao facto do lesado, o facto culposo dos representantes ou das pessoas utilizadas por este. Que podemos concluir daqui? Podemos concluir, por exemplo, que se aquele peão que atravessa a estrada sem olhar é uma criança, é nos pais, como representantes legais que se verifica se houve a tal omissão de deveres de cuidado (ou mesmo dolo).

Ora, no plano da mera causalidade que interessa a representação? Absolutamente nada. Se a criança teve cuidado mas os pais não, tal não releva causalmente para o acidente. O que teremos é um acidente imputável ao condutor ou, eventualmente, a terceiro – mas não ao próprio lesado.

Efectivamente, o sentido do artigo 571.° é completamente perdido se entendermos que basta a mera causalidade – porque esta há-se ser pessoal e não verificável noutras pessoas, ainda que representantes.

Além disso, o próprio artigo 570.° faz uma referência às culpas e consequências no próprio 570.°, n.° 1. Se consequência apenas se pode referir ao processo e influência causais, que sentido retirar da referência à gravidade das culpas? Não pode deixar de ser o juízo de censurabilidade.

Não obstante estas afirmações, a conclusão que daqui retiramos é que a previsão do artigo contempla efectivamente a hipótese de haver censurabilidade, mas não a exige. Em nosso entender, a intenção prosseguida com tal norma é permitir que, havendo censurabilidade, o julgador a ela possa atender. Mas nada no preceito dá a entender que a sua aplicação esteja dependente de tal juízo.

---

[49] Cf. Almeida Costa, *Direito*, p. 783. Também neste sentido Galvão Telles, *Direito*, pp. 357 e s., n.r. (2).

[50] Cf. *Obrigações*, I, p. 555.

[51] Cf. *Direito*, p. 409.

4. Responsabilidade extraobrigacional[52]

4.1. *Responsabilidade subjectiva*

Determina o artigo 570.°, n.° 1 que "quando um facto culposo do lesado tiver concorrido para a produção ou agravamento dos danos, cabe ao tribunal determinar, com base na gravidade das culpas de ambas as partes e nas consequências que delas resultaram, se a indemnização deve ser totalmente concedida, reduzida ou mesmo excluída". Já "se a responsabilidade se basear numa simples presunção de culpa, a culpa do lesado, na falta de disposição em contrário, exclui o dever de indemnizar".

Assim sendo, convém fazermos aqui a divisão consoante a culpa seja efectiva ou meramente presumida.

4.1.1. *Culpa efectiva*

Previstas no n.° 1 estão as situações em que verificamos existir um comportamento do lesado que reveste as características já analisadas – um facto voluntário e *culposo*, que concausa o dano ou provoca o seu agravamento – em concorrência com um facto ilícito e culposo de terceiro. Este comportamento do terceiro, pelas qualidades que reveste, é susceptível de fazer incorrer o agente em responsabilidade civil pelos danos que lhe provocou. Daí que se coloque a questão de saber quais as repercussões que o facto do lesado terá na obrigação de indemnizar.

Neste plano, e ao contrário do que verificamos nos sistemas de *Common Law*, em que a existência de culpa do lesado exclui o dever de indemnizar, salvo dolo do agente, o nosso regime prevê uma solução flexível, atribuindo ao julgador o poder de determinar em concreto qual a proporção de indemnização a arbitrar, podendo concedê-la na totalidade, reduzi-la em parte ou a zero, excluindo tal dever.

Efectivamente, o julgador tem bastante liberdade e maleabilidade na fixação concreta do montante devido. Não obstante, o legislador apontou-lhe dois critérios, que já referimos atrás de passagem[53]. O primeiro atende à gravidade das respectivas culpas – i.e., deve ter-se em conta o grau de culpabilidade de

---

[52] A partir deste momento, focar-nos-emos na disciplina contida no artigo 570.°.
[53] *Vide* 3.2..

A *culpa do lesado*   359

ambas as partes, sendo que os comportamentos culposos têm diversas intensidades, podendo ir do grave dolo directo a uma desculpável culpa leve. Também de considerar são as consequências de cada facto – ou seja, devem ser tidas em apreço as repercussões causais de cada comportamento[54].

Uma questão que, por vezes, se coloca é saber até que ponto o dolo do agente exclui a ponderação de um comportamento do lesado. Defende tal teoria Ribeiro de Faria, para quem face ao dolo do agente dever-se-á negar qualquer relevância à simples culpa do lesado[55]. Chega a exemplificar da seguinte forma: *se A roubou uma coisa pertencente a B, não se poderá pretender uma redução da indemnização só porque B não usou das cautelas exigíveis na guarda dela.* Ora, é muito duvidoso que esta imprudência de B possa ser considerada como normativamente causal do dano. Assim sendo, não haverá redução, não pelo confronto dolo do agente/mera culpa do lesado, mas pelo facto de o dano não ser imputável a este último[56].

Não obstante o exemplo não ser satisfatório, é possível configurar situações em que haja dolo do lesante e culpa do lesado, nomeadamente no agravamento. De nenhum princípio, norma ou disposição decorre que a grave censurabilidade de um comportamento apaga a existência de um acto *culposo* do lesado. O próprio artigo 570.º manda atender aos graus de culpa sem fazer qualquer distinção ou impor critério.

Posto isto, passemos à justificação desta estatuição.

Para alguns Autores, a intenção do regime é sancionar o lesado pelo seu comportamento. Diz mesmo Menezes Leitão que *o regime da culpa do lesado demonstra a vertente sancionatória da responsabilidade civil subjectiva*[57].

Não podemos concordar com tal afirmação. O artigo 570.º, apesar da sua flexibilidade, pretende ainda delimitar a imputação de danos que deve ser feita em cada uma das esferas jurídicas envolvidas. *Com efeito, a ordem jurídica não pede contas àquele que só a si causa um dano […]; mas se, para esse dano, contribui em parte um facto culposo de terceiro, manda a justiça que se tenha em conta a medida daquela imprudência*[58-59]. Não se trata igualmente de pedir responsabilidade ao próprio

---

[54] Por vezes deparamo-nos perante situações em que a culpa de um dos intervenientes é manifestamente maior que a do outro mas a contribuição causal para o dano verificado é muito reduzida.

[55] Cf. *Direito*, p. 524.

[56] Neste sentido, MENEZES LEITÃO, *Direito*, p. 334.

[57] Cf. *Direito*, p. 334.

[58] Cf. DÁRIO MARTINS DE ALMEIDA, *Manual*, p. 142.

[59] No mesmo sentido, VAZ SERRA, *Conculpabilidade*, p. 33.

360 *Sara Geraldes*

mas de tomar em consideração a sua actuação para determinação do montante de indemnização que ficará a cargo do agente.

4.1.2. *Culpa presumida*

Relativamente às hipóteses de culpa do lesado concorrente com comportamento do agente que só em virtude de presunção se pode afirmar culposo, postula peremptoriamente o artigo 570.º, n.º 2 que havendo mera culpa presumida do agente, a culpa do lesado faz excluir a indemnização.

Esta leitura linear é contestada pelo Juiz Desembargador Américo Marcelino que entende que esta exclusão apenas se verifica em casos de absoluta exclusividade, i.e., só quando a culpa do lesado *foi a causa adequada e única do evento*, podendo, fora destes casos, haver concorrência entre culpa do lesado e culpa presumida do lesante, situação em que se aplicará o n.º 1 do preceito[60].

Antes de mais, convém notar que nos deslocámos aqui do plano da causalidade para o da culpa – não está mais em questão que comportamento causou o dano. No caso previsto no n.º 2 estão abrangidas situações em que o nexo de causalidade foi estabelecido quanto aos dois comportamentos – o problema que se coloca aparece, agora, na fase subsequente da imputação subjectiva.

Assim sendo, temos um dano que foi causado por dois comportamentos e relativamente ao qual a responsabilidade civil do agente está dependente da qualificação do seu facto como culposo – qualificação esta que opera em virtude de mera presunção. Do outro lado, temos um comportamento *culposo* do lesado.

A presunção é uma técnica que, a partir de um facto conhecido, tenta retirar um desconhecido – no caso, a culpabilidade do agente. Decorre daqui, por natureza, a sua fragilidade. Será precisamente em virtude desta debilidade que o legislador optou por dar maior relevância àquilo que é conhecido – o comportamento do lesado. Entendeu que, não tendo a certeza sobre a conduta do agente, mas conhecendo o comportamento do próprio lesado deverá a regra da suportação dos danos pelo próprio manter-se. Efectivamente, provando-se a culpa do lesado, a presunção enfraquece ainda mais, sendo de duvidosa justiça a constituição de um dever de indemnizar[61].

---

[60] Cf. *Acidentes*, pp. 336 e ss.
[61] Neste sentido, acórdão da RPt de 29 de Abril de 1977, in BMJ n.º 268, p. 268 (só o sumário).

A *culpa do lesado* 361

Podemos, inclusive, analisar os argumentos de Américo Marcelino. Referiu-se que a culpa do lesado deve ser *a causa única do evento*. Ora, se é essa a causa exclusiva como poderia ser feita uma imputação a terceiro? Vimos já que a relevância do comportamento do lesado apenas existe quando é concorrente de facto de terceiro – fora destes casos, rege a regra geral do *casum sentit dominus*. Nestes termos, o artigo só pode valer para os casos em que há concausalidade.

Afirma também que, *se a culpa do lesado só em parte explica o evento, subsiste a base para continuar a funcionar a presunção quanto à parte restante que a culpa do lesado, só por si, não explica*[62].

Também aqui temos as nossas reticências. Com efeito, não são as "culpas" que explicam o dano – são aos factos. E tanto é o do agente como o do lesado, uma vez que estabelecemos, quanto a ambos, o respectivo nexo de causalidade. A culpa já é um juízo de valor feito depois desta imputação causal. E parece ser esse juízo, essa imputação subjectiva que, face à existência comprovada do comportamento culposo de um dos intervenientes, é muito forçoso fazer.

Não obstante os argumentos não terem sido bem escolhidos, há que ponderar a eventualidade da hipótese ser admissível numa determinada situação.

Se o comportamento do lesado consubstanciou um agravamento do dano em curso, então, aí sim, subsiste o motivo da presunção para a parte do dano causada antes da actuação do lesado. Só nesta situação, pela posterioridade do comportamento do lesado, podemos dizer que este em nada afecta a presunção de culpa que impende sobre o agente.

Assim, fora destes casos, a culpa do lesado afasta a indemnização em virtude de a culpa do agente se fundar em mera presunção. Já assim não será se o lesado conseguir provar a culpa efectiva do agente. Nessa eventualidade será de aplicar o n.º 1 que permite a constituição do dever de indemnizar em vez da sua linear exclusão. Ora vejamos: a culpa do lesado concorrente com a culpa presumida do agente afasta a indemnização; já a culpa do lesado concorrente com a culpa efectiva do agente permite a indemnização. Nestes termos, havendo mera culpa presumida do agente, deverá o lesado fazer a prova da culpa efectiva do agente para se poder deslocar para o plano do n.º 1 do artigo 570.º e conseguir ser indemnizado.

---

[62] Cf. *Acidentes*, p. 339.

4.2. *Responsabilidade objectiva – os acidentes de viação (505.º)*

Em especial no que se refere aos acidentes de viação temos uma norma importante – o artigo 505.º, sob a epígrafe de "exclusão da responsabilidade". No seguimento do Assento do STJ de 4 de Abril de 1933, este artigo veio estabelecer que, *sem prejuízo do disposto no artigo 570.º, a responsabilidade fixada pelo n.º 1 do artigo 503.º só é excluída quando o acidente for imputável ao próprio lesado ou a terceiro, ou quando resulte de causa de força maior estranha ao funcionamento do veículo.*

Este artigo vem na sequência do artigo 503.º, n.º 1, nos termos do qual o *detentor*[63] do veículo que o usa no próprio interesse é objectivamente responsável pelos danos provenientes dos riscos próprios do veículo. Trata-se de uma responsabilidade pelo risco explicada por motivos de equilíbrio entre as necessidades de reparação aconselhável pela justiça distributiva nos acidentes devidos ao risco do veículo e o sentimento jurídico apegado ao postulado pelo qual será de negar fazer-se responder sem culpa[64]. Trata-se, efectivamente, de uma responsabilidade excepcional, que só existe nos casos legalmente previstos, estando interdito às partes criarem novas situações.

O pressuposto essencial do artigo 503.º é que os danos sejam causados pelos riscos próprios do veículo, sendo que o artigo 505.º, que no nosso entender deveria ser o n.º 2 do artigo 503.º, vem delimitar os casos em que os danos não são já atribuíveis a esses riscos próprios do veículo, ou seja, este artigo faz a delimitação daquilo que se deve entender por riscos próprios do veículo, situando-se, assim, ainda no plano da causalidade. O que interessa é saber se os danos verificados no acidente devem ser juridicamente considerados como efeito do risco próprio do veículo ou se serão já devidos a factores estranhos ao funcionamento do mesmo[65].

O artigo 505.º, entre as chamadas causas de exclusão da indemnização, prevê o facto imputável ao próprio lesado. Também aqui, agora de forma bastante consensual, é dispensado o requisito da culpa – efectivamente, aquilo que se exige é que o acidente seja atribuível causalmente ao lesado[66]. É completa-

---

[63] Designamo-lo assim por razões práticas e de conveniência. A lei refere-se àquele que exerce a direcção efectiva do veículo. Para mais desenvolvimentos, cf. ANTUNES VARELA, *Obrigações*, pp. 654 e ss..

[64] Cf. DÁRIO ALMEIDA MARTINS, *Manual*, p. 153.

[65] Cf. PIRES DE LIMA/ANTUNES VARELA, *Código*, p. 518, 3.

[66] A título exemplificativo, *vide* acórdãos elencados por ABÍLIO NETO, *Código*, p. 550, 4.

mente neutra a circunstância de ser o lesado imputável, ter havido culpa ou não. Aquilo que importa apurar é se os danos são recondutíveis aos riscos próprios do veículo ou não[67].

Nestes termos, quando seja de afirmar que o acidente resulta de actuação do lesado[68], não deve haver responsabilidade, uma vez que falta o pressuposto essencial de causalidade entre os danos e os perigos da utilização do veículo – trata-se de comportamentos que quebram o nexo de causalidade que justificava a imputação ao *detentor* do veículo. Com efeito, em tais circunstâncias o fundamento que levava ao surgimento da obrigação de indemnizar pelo *detentor* do veículo perde-se, pois é de atribuir a outros factores a causa dos danos sofridos. O desfecho será a normal suportação dos danos pelo lesado.

Mas a grande questão que se coloca e discute, e que foi reacendida pelo recente acórdão do STJ de 4 de Outubro de 2007, já seguido pela Relação de Lisboa, em acórdão de 15 de Abril de 2008[69], é saber se é possível a concorrência entre o risco e a culpa do lesado.

Em confronto, do lado da impossibilidade da concorrência Pires de Lima/ /Antunes Varela, Dário Martins de Almeida e um larguíssimo sector da jurisprudência; a favor da tese da concorrência estão Vaz Serra, Sá Carneiro, Brandão Proença, Calvão da Silva, Menezes Leitão, Américo Marcelino e os dois acórdãos já referidos.

Parece-nos que ambos partem da mesma ideia – a de que o acidente *apenas* deve ser imputável ao lesado – afastando-se subsequentemente durante as respectivas análises.

Efectivamente, Pires de Lima/Antunes Varela, retiram daqui que, se o acidente deve ser imputável somente ao lesado, não se pode admitir concorrência entre o risco de um e a culpa do outro – é o próprio artigo 505.° que excluiu expressamente a responsabilidade pelo risco[70]. No mesmo sentido, Dário Martins de Almeida, partindo da ideia que entende subjazer ao artigo 505.°, de que o risco termina onde o lesado se tenha tornado objecto da colisão, tomando para si esse risco, afirma que esta responsabilidade só é conforme à justiça quando há um lesado sem culpa[71]. No mesmo sentido Antunes Varela entende que a responsabilidade que impende sobre o *detentor* do veículo já é

---

[67] Cf. ANTUNES VARELA, *Obrigações*, p. 679.

[68] Nos mesmos termos, se for um facto de terceiro ou força maior estranha ao funcionamento do veículo.

[69] Ambos consultáveis em www.dgsi.pt.

[70] Cf. *Código*, pp. 517 e ss.

[71] Cf. *Manual*, pp. 155 e ss.

364 Sara Geraldes

bastante severa, pelo que não se afigura razoável sobrecarregá-la ainda com casos em que, não havendo culpa, o acidente é imputável a quem não adoptou medidas de prudências ou a quem deliberadamente o provocou. E precisa, ainda, o significado de culpa exclusiva do lesado: culpa não concorrente com culpa do condutor do veículo, (independente da existência ou não de risco)[72]. Por fim, aduzem o argumento de maioria de razão segundo o qual, se a culpa do lesado afasta a indemnização em caso de culpa presumida, de igual forma deve esta ser excluída em situações de mero risco.

Relativamente à dúbia expressão "sem prejuízo do disposto no artigo 570.°", Dário Martins de Almeida afirma que se pretendeu afastar o mesmo, por este nada ter que ver com o artigo 505.°[73].

Este Autor faz, contudo, uma cedência à tese contrária – admite que, em situações de agravamento, a responsabilidade pelo risco não seja excluída, mantendo-se apenas até onde for a causalidade do facto. Naturalmente, sem conceder, configura a situação como risco seguido de culpa, por oposição a concorrência[74].

No outro extremo, Vaz Serra afirma que é admissível uma repartição do dano entre o perigo e a conduta do prejudicado[75]. Sá Carneiro refere, desde logo, que a locução "sem prejuízo" expressamente ressalva a aplicabilidade do artigo 570.°, e não o seu afastamento. Acrescenta que o artigo não se refere à responsabilidade em si, mas tão-só à obrigação de indemnizar. Assim, sendo o acidente totalmente imputável ao lesado não funciona a responsabilidade objectiva; mas se a imputabilidade não é total, há responsabilidade mas deverá a conduta do lesado ser atendida para efeitos de cômputo da indemnização. Chega, para nós incredulamente, a configurar a possibilidade de existir responsabilidade objectiva sem que o dano seja indemnizável[76].

Não podemos deixar de interromper a exposição neste ponto. Se o dano não é indemnizável é porque não surge para o lesante qualquer obrigação de indemnizar o lesado. Assim sendo, como é possível afirmar que existe responsabilidade, quando o seu conteúdo é inexistente? Ou a concepção de responsabilidade civil do Autor é muito diferente da nossa, ou é um contra-senso alegar a existência de responsabilidade sem que seja possível materializá-la na obrigação de indemnizar.

---

[72] Cf. *Obrigações*, pp. 676 e 677, n.r. 2.
[73] Cf. *Manual*, p. 157.
[74] Cf. *Manual*, p. 159.
[75] Cf. *Fundamento*, pp. 165 e ss.
[76] Cf. *Responsabilidade*, pp. 440 e ss.

A culpa do lesado   365

Américo Marcelino, vendo na questão um problema de causalidade, admite a concorrência – que não cairá já no artigo 505.°, que exige culpa exclusiva do lesado, mas no artigo 570.° –, donde resulta, para o Autor, a manutenção da responsabilidade pelo risco mas com consideração do comportamento do lesado na indemnização a arbitrar. Mas faz uma afirmação que nos deixa perplexos. Diz o Autor que a culpa do lesado *nunca poderia ter o condão de apagar o risco típico criado pela circulação do carro*[77]. Nestes termos, para o Autor, o comportamento da vítima não afasta a causalidade, apenas tem repercussões no alcance do efeito responsabilizador.

Brandão Proença não se situa propriamente nos defensores desta tese no plano do direito constituído. Entende o Autor que o artigo 505.° consagrou *definitivamente o tratamento favorável do detentor ao fazer-se absorver o fundamento objectivo da responsabilidade pela demonstração da autonomia causa de qualquer conduta imputável (atribuível) ao lesado*[78]. Mas critica ferozmente aquilo a que chama sistema rígido que não diferencia os comportamentos ditados por reacções instintivas, as condutas apenas objectivamente imprudentes e as acções pouco culposas, gravemente culposas e intencionais[79].

Junta-se-lhe Américo Marcelino, criticando a injustiça que é não atender ao grau de culpabilidade[80].

Quanto a estas críticas temos de discordar frontalmente delas. Efectivamente, o regime é rígido, não diferenciando os tipos de comportamentos do lesado. A verdade é que não tem de diferenciar – a questão é de causalidade. Como questiona pertinentemente Ana Prata, [q]*ue tem a existência, ou não, de culpa – e, ainda mais, o grau de gravidade dela – no acto que é concausa que ver com a medida da sua contribuição causal*[81]? Se a conduta do lesado, mesmo que só objectivamente imputável, quebrar o nexo de causalidade entre o risco próprio do veículo e o dano, não há responsabilidade. Compreendemos a boa intenção destes autores[82], ligada à enorme quantidade de acidentes de viação e protec-

---

[77] Cf. *Acidentes*, pp. 322 e ss.
[78] Cf. *Ainda sobre*, p. 812 e *Culpa*, p. 142.
[79] Cf. *Ainda sobre*, p. 812 e *Culpa*, p. 142.
[80] Cf. *Acidentes*, p. 332.
[81] Cf. *Responsabilidade*, p. 349.
[82] O mesmo não podemos afirmar quanto à ideia de AMÉRICO MARCELINO expressa relativamente ao seguinte exemplo, retirado de um acórdão do STJ, de 5 de Dezembro de 1967, in BMJ, n.° 172, pp. 237 e ss. Um peão passeava por uma esplanada marginal ao mar quando uma violenta vaga o "obrigou" a saltar para a faixa de rodagem, na altura em que passava um táxi, no qual embateu, sem que este tivesse tido culpa alguma. Indigna-se o Autor contra a exclusão da indem-

366   Sara Geraldes

ção das vítimas, mas ela foge à regra da imputação dos danos e à própria lógica da responsabilidade, principalmente uma responsabilidade objectiva que, já de si, tem requisitos mais apertados.

No tocante à questão da concorrência entre risco e culpa do lesado, pela nossa parte parece-nos que, do ponto de vista da causalidade, podemos descortinar casos em que existe culpa do lesado sem que se descaracterize a situação como também imputável aos riscos próprios do veículo[83]. Nada invalida que possa haver dois tipos de factos causais do dano, sendo que um é do lesado e o outro, não sendo culposo, é, em abstracto, gerador de responsabilidade *ex vi* do artigo 503.º, n.º 1. Não obstante, acreditamos que na maioria dos casos a conduta do lesado afaste o nexo de causalidade entre o dano verificado e o risco próprio do veículo. Mas nem sempre – e neste caso teremos duas causas que deverão ser ponderadas. Pensamos, aliás, ser esse o sentido útil a retirar da ressalva do artigo 570.º feita no artigo 505.º.

A decisão do STJ foi, como temos dado a entender, no sentido de admitir o concurso. Fê-lo, todavia, em termos com os quais não podemos concordar.

O caso é o seguinte. Deu-se uma colisão frontal entre um automóvel ligeiro e um velocípede sem motor. A ciclista entrou no entroncamento sem dar passagem à condutora do veículo automóvel, tendo o acidente sido caracterizado como inevitável. A ciclista foi projectada contra o pára-brisas do automóvel, acabando por cair para a estrada após o embate. A estrada estava em razoável estado de conservação, havia pouco trânsito e as condições atmosféricas e de visibilidade eram boas. A condutora do veículo automóvel era pouco experiente mas não se qualificou como culposa a sua actuação.

O STJ veio pôr de lado a tese da impossibilidade de concorrência, admitindo que o risco pode coexistir com a culpa do lesado.

No caso *sub judice* chegou a distribuir os danos em 40% para a condutora do automóvel e o remanescente para a ciclista. Considerou-se que também havia contribuição do veículo por causa da sua estrutura física e da pouca experiência da condutora.

---

nização neste caso, interrogando-se se *o cidadão não é inteiramente livre de se passear descontraidamente em qualquer avenida marginal* [estando] *obrigado a reagir racionalmente face ao súbito embate duma vaga* [deixando-se] *molhar ou* [correndo] *o risco de por ela ser arrastado, para que o automobilista* [...] *pudesse seguir sem problemas.* Cf. *Acidentes*, p. 320. Pois perguntamos nós se não tem um condutor escrupuloso, em pleno cumprimento das regras, direito a conduzir dentro da lei sem que tenha de suportar que pessoas possam cair em cima do seu automóvel? E, mais do que isso, pagar uma indemnização àquele que foi embater contra o seu veículo?

[83] Cf., neste sentido, CALVÃO DA SILVA, *Concorrência*, p. 51.

A *culpa do lesado* 367

Relativamente ao primeiro fundamento, perguntamos então quando é que não há contribuição do veículo, uma vez que todos têm um peso, dimensões, etc.?

Quanto ao segundo, é matéria de facto que foi o comportamento do lesado que tornou o acidente inevitável. Ora, se foi essa circunstância que levou inelutavelmente ao resultado ocorrido, como pode o tempo de experiência da condutora influir? Se outra pessoa, em particular um condutor mais experiente, pudesse ter acautelado o acidente, já não podia o mesmo ser considerado inevitável. Mas, sendo o acidente inevitável, se na posição daquela condutora estivesse outro mais experiente, o resultado teria sido o mesmo, como é possível afirmar que a inexperiência da condutora teve alguma influência causal no acidente ocorrido?

São dúvidas que nos fazem questionar da bondade da solução. Não duvidando que foi positiva a afirmação expressa pela nossa instância superior de que a concorrência entre risco e culpa do lesado é possível, pensamos que se foi longe demais na aplicação ao caso concreto.

Por último, refere Calvão da Silva, na sua anotação ao referido acórdão, que *em caso de dúvida deve prevalecer a concorrência entre risco do veículo e facto do lesado*[84]. Dada a natureza excepcional da responsabilidade civil, particularmente da objectiva, temos grandes reticências relativamente a tal afirmação. A nossa solução iria no sentido de fazer prevalecer a regra da suportação pelo próprio, por não estar provado o título de imputação de que depende a responsabilidade civil.

5. Responsabilidade obrigacional

Voltando ao artigo 570.°, verificamos que este se encontra sistematicamente inserido numa secção comum à responsabilidade obrigacional e extraobrigacional, que regula a obrigação de indemnização. Nesta óptica, podemos concluir que a disposição tanto se aplica à responsabilidade extraobrigacional, que já analisámos, como à obrigacional[85], sendo assim relevante a abertura desta secção.

---

[84] Cf. *Concorrência*, p. 62.

[85] Cf., neste sentido, Vaz Serra, *Conculpabilidade*, p. 40; Galvão Telles, *Obrigações*, p. 357; Ribeiro de Faria, *Direito*, p. 525, n.r. 4. Na jurisprudência, a título exemplificativo, uma interessante sentença do 6.° Juízo Cível da Comarca do Porto, de 10 de Abril de 1981, in Colectânea de Jurisprudência, IV, pp. 312 e ss.

368   *Sara Geraldes*

Podemos, nestes termos, concluir que a culpa do lesado é um instituto transversal, que efectivamente se estende por toda a responsabilidade civil, qualquer que seja a sua proveniência.

As considerações já feitas ao longo do presente trabalho – manifestações e pressupostos, regime previsto no artigo 570.º e seu funcionamento – mantêm a sua validade e aplicação nesta sede. Não obstante, pensamos ser conveniente fazer duas pequenas precisões.

No âmbito da responsabilidade obrigacional existe uma presunção de culpa, que está prevista no artigo 799.º. A presunção inverte o ónus da prova, desonerando assim o credor de provar a culpa do devedor para obter a indemnização pelo incumprimento contratual.

Naturalmente, a existência de tal presunção é favorável ao credor. Contudo, havendo culpa deste, somos novamente chamados pelo artigo 570.º, n.º 2, nos termos do qual o dever de indemnizar será excluído por este facto[86]. Assim sendo, para que o credor possa ser ressarcido em virtude do incumprimento terá de provar a culpa efectiva do devedor, de forma a beneficiar da estatuição do n.º 1, que permite uma indemnização ponderada, por contraposição a uma liminarmente excluída.

A segunda precisão prende-se com o facto de nesta sede apenas existir responsabilidade subjectiva. Os casos de responsabilidade objectiva estão taxativamente previstos na lei, pelo que qualquer cláusula contratual em sentido contrário será nula. Da análise da lei vemos claramente que não há nenhum caso consagrado de responsabilidade obrigacional objectiva.

6. Responsabilidade pré-contratual

Chegados a este ponto temos de nos colocar a seguinte questão: é a culpa do lesado também relevante em sede pré-contratual?

A resposta é, para nós, positiva[87]. Naturalmente, ela há-de variar de Autor para Autor consoante as concepções que tenha do instituto, que são muito diferentes[88]. A entender-se a culpa do lesado como uma questão de causalidade e delimitação dos danos imputáveis a cada interveniente, ela será efectivamente um instituto transversal – sempre que tivermos um problema de imputação de

---

[86] *Vide* o que dissemos *supra*. Cf. 4.1.2..

[87] Cf., neste sentido, ANA PRATA, *Notas*, p. 162.

[88] Cf. *infra* 7..

danos, ele será chamado à colação, desde logo para determinar os danos que deverá cada parte suportar.

Para mostrar a relevância, vamos apresentar aqui o seguinte exemplo de Ana Prata: A e B estão em negociações contratuais; B, sem dar conhecimento à contraparte e sem que as negociações já tenham avançado o suficiente incorre em determinadas despesas com vista à conclusão do contrato; A vem a romper culposamente as negociações[89]. Deverá A indemnizar também aqueles gastos extra?

Adiantámos já que a culpa do lesado é relevante nesta sede. Assim sendo, face a este exemplo, não podemos dizer senão que aqueles gastos extraordinários, não usuais naquela fase das negociações e desconhecidos do contraente faltoso não lhe poderão ser imputados, pelo que caberá ao lesado a suportação de tais danos na sua esfera jurídica.

Em relação ao ponto anterior do presente trabalho não há grandes especificações a fazer ou observações a acrescentar.

Mas temos de apurar um dado importante, que se prende mais uma vez com o artigo 570.º, n.º 2. Haverá antes da conclusão do contrato, portanto numa fase de negociações, presunção de culpa a impender sobre as partes?

A responsabilidade pré-contratual funda-se na violação dos deveres de boa-fé que devem orientar as partes na negociação dos contratos – artigo 227.º. É, portanto, uma responsabilidade subjectiva. Mas ser subjectiva não implica que haja presunção de culpa. Deverá ser reconduzida ao regime da responsabilidade obrigacional? Responde afirmativamente a esta questão Ana Prata[90].

Já para Carneiro da Frada a solução não deve ser unitária, dependendo do *tipo, âmbito e intensidade do risco a que a execução do contrato expõe a integridade pessoal ou patrimonial das partes*[91].

Assim, concluindo pela valência da presunção de culpa, reiteramos a ideia de que deverá, ainda assim, o lesado provar a culpa efectiva para que possa beneficiar do regime previsto no artigo 570.º, n.º 1. Caso contrário, deverá o lesado, nos termos gerais provar o preenchimento dos pressupostos de que depende a responsabilidade civil do agente, nomeadamente a sua culpa.

---

[89] Cf. *Notas*, p. 163.
[90] Cf. *Notas* p. 163.
[91] Cf. *Contrato*, pp. 188 e ss..

370   *Sara Geraldes*

7. **Natureza jurídica**

Entramos, agora, numa parte fulcral do presente estudo – a natureza jurídica do instituto que temos vindo a analisar.

Como dissemos, as concepções que os diversos Autores fazem do instituto são bastante díspares, assim divergindo quanto aos fundamentos e requisitos para o funcionamento daquilo a que se chama a culpa do lesado[92].

Para uma parte da doutrina, na qual se incluem Pessoa Jorge[93] e Menezes Cordeiro[94], trata-se simplesmente de um problema de causalidade e de delimitação da imputação de danos a agente. Refere expressivamente Menezes Cordeiro que *não há aqui limitação da indemnização mas delimitação dos danos que devem ser imputados ao agente*[95]. Ora, tal afirmação situa claramente o problema antes da constituição da obrigação de indemnizar, que já pressupõe a verificação dos pressupostos da responsabilidade civil, em particular do nexo de causalidade entre facto e dano.

Uma segunda tese é defendida por Vaz Serra[96], Galvão Telles[97], Antunes Varela[98], Almeida Costa[99], Ribeiro de Faria[100] e Menezes Leitão[101]. Esta parte da doutrina exige, para funcionamento do instituto, um pressuposto adicional – a culpabilidade do lesado[102]. Logicamente, se o problema é de imputação objectiva, não pode a ponderação da censurabilidade dos comportamentos ser chamada à colação. Assim sendo, estes Autores afastam-se da primeira hipótese avançada, reconduzindo o instituto a um problema de censurabilidade ou imputação subjectiva, o que pressupõe já o estabelecimento do nexo de causalidade.

Calvão da Silva parece levar o problema para o âmbito da boa fé e proibição do *venire contra factum proprium*[103]. No fundo, trata-se da ideia de que se ao lesado era possível evitar que os danos tomassem a dimensão que acabaram por

---

[92] Para um elenco sintético, cfr. EDUARDO SANTOS JÚNIOR, *"Mitigation"*, pp. 360 e ss..
[93] Cf. *Ensaio*, p. 360.
[94] Cf. *Direito*, pp. 408 e ss..
[95] Cf. *Direito*, p. 409.
[96] Cf. *Conculpabilidade*, p. 38.
[97] Cf. *Direito*, p. 357, n.r. 2.
[98] Cf. *Das Obrigações*, p. 917, n.r. 3.
[99] Cf. *Direito*, pp. 782 e ss.
[100] Cf. *Direito*, p. 523.
[101] Cf. *Direito*, p. 334.
[102] *Vide supra* 3.2..
[103] Cf. *Responsabilidade*, pp. 733 e ss.

A culpa do lesado   371

atingir, uma pretensão indemnizatória pela totalidade dos danos seria abusiva, contrariando frontalmente a boa fé. Se é verdade que esta teoria pudesse funcionar bem em sede de responsabilidade obrigacional, em virtude da cláusula geral do artigo 762.º, n.º 2, ela esbarraria sempre com a falta de preenchimento do pressuposto do investimento da confiança por parte, neste caso, do lesante[104].

Por último, Brandão Proença explica o regime com recurso àquilo que designa de *princípio valorativo de auto-responsabilidade* e contrapeso ao critério responsabilizante[105-106]. Afirma o Autor que o regime, orientado por uma ideia de justiça, pretende a *correcta ordenação do dano*. Fá-lo, no entanto, na visão deste Autor, com recurso à censurabilidade do comportamento do lesado – daí o apelo à ideia da auto-responsabilidade.

Pela nossa parte, podemos desde já excluir liminarmente as duas últimas teses. Também nos afastamos da segunda, como ficou demonstrado pela argumentação que fizemos *supra*[107].

Cabe, então, explicar o nosso pensamento.

Efectivamente, desde a introdução do nosso trabalho que declarámos abertamente entender que o instituto se reconduz a uma questão de mera causalidade, e temos insistido nesse ponto ao longo da exposição. Tal como dissemos, o instituto refere-se àqueles casos em que temos dois comportamentos causais dos danos ocorridos, sendo que um deles emerge do próprio lesado. Assim como se dois agentes distintos houvessem causado tais danos, haveria que saber qual a parte respectiva de cada um deles, também neste caso haverá que determinar que dano/parte do dano foi causado por cada interveniente – difere aqui o facto de não haver dois agentes responsáveis civilmente, mas apenas um, uma vez que o lesado não responde, suporta na sua esfera jurídica os danos a que causalmente tiver dado origem. Se todo o dano for causado pelo lesado, o dano é integralmente suportado por ele – rege o princípio *casum sentit dominus*. De igual modo, se parte do dano for imputável ao lesado, deverá essa parte ser imputada ao próprio.

Um dos requisitos da responsabilidade civil é o estabelecimento do nexo de causalidade entre o facto do agente e o dano. Só estando este preenchido, além dos demais pressupostos, naturalmente, se pode dizer que há responsabi-

---

[104] Cf. Brandão Proença, *A Conduta*, p. 410 e ss.

[105] Cf. *A Conduta*, pp. 414 e ss. e *Culpa*, p. 140.

[106] Também Carneiro da Frada, sucinto e sem explicações, parece ir no sentido da auto-responsabilização. Cf. *Direito Civil*, p. 108.

[107] *Vide* 3.2..

372 Sara Geraldes

lidade civil e que o dano será repercutido, não na esfera do lesado como é a norma, mas na de outrem.

Assim, teremos de ver para cada dano provocado – e não em termos genéricos – se é possível estabelecer o tal nexo de causalidade[108].

Tomemos o exemplo dado da peça e da máquina que foi construída depois do aviso de incumprimento[109]. O dano pelo material inutilizado é claramente separável, em termos materiais e causais, do dano pela não entrega da peça. Assim sendo, só este último é objectivamente imputável ao agente, que certamente responderá por ele. Mas o dano que podia ter sido evitado pelo lesado e não o foi, fica já fora do âmbito de repercussões do comportamento do agente, deve-se ao facto do lesado, pelo que será ele a suportá-lo.

Pode, contudo, suceder que o dano imputável a um dos intervenientes não seja, como neste caso, separável ou destacável do dano total. Se o for, dúvida alguma se nos coloca – cada interveniente arcará com as consequências causais dos seus actos pois há uma parte relativamente à qual a imputação de que depende a responsabilidade civil do agente não pode ser feita. Assim, o agente responderá civilmente pelo dano que ele causou e o lesado suportará a perda que provocou.

Mas se o dano for uno, não fraccionável? Imaginemos o caso de um atropelamento negligente de um lesado *culpado*. O dano é o decorrente do acidente – serão os ferimentos, os tratamentos, etc. Mas até que ponto poderá ser feita uma distinção causal, delimitando que danos foi o comportamento do condutor que causou e que danos foi o facto do lesado que originou? Parece-nos que neste caso temos um dano uno, imputável a ambos – e já não duas partes distintas imputáveis respectivamente ao agente e ao lesado. É nestes casos que o artigo 570.° é chamado à colação – apenas nestas circunstâncias pode o Tribunal determinar se a indemnização deve ser totalmente concedida, excluída ou reduzida. Portanto, apenas nos casos em que não há separação clara de imputação, tem o Tribunal maleabilidade para, atendendo às consequências de cada facto e à culpa de cada interveniente, caso a haja, arbitrar uma indemnização que lhe pareça adequada.

Assim, no que toca à natureza jurídica da culpa do lesado, estamos em condições de afirmar que, a nosso ver, se trata de uma questão de causalidade e de

---

[108] Cf., neste sentido, DÁRIO MARTINS DE ALMEIDA, *Manual*, p. 146. *Há que separar, na eficácia causal de cada uma das condutas culposas, qual a parcela de dano adequadamente condicionada por uma e por outra.*
[109] *Vide supra* 3.1.3..

delimitação e imputação de danos, extravasando largamente a regulamentação contida no artigo 570.º.

8. **Conclusões**

São, agora, apresentadas, de forma esquemática e conclusiva, as principais questões abordadas:

– culpa do lesado é uma terminologia comummente usada para designar factos do lesado com influência causal nos danos sofridos. Em direito não é configurável a existência de culpa perante nós próprios, pelo que a expressão, apesar de ilustrativa, não é rigorosa do ponto de vista técnico--jurídico;

– em direito, a regra em sede de imputação de danos é a suportação dos mesmos pela esfera jurídica onde ocorreram. A repercussão noutra esfera jurídica dá pelo nome de responsabilidade civil e consubstancia-se através da criação de uma obrigação de indemnizar. Para tal há que preencher determinados requisitos;

– os comportamentos do lesado relevantes neste âmbito podem ser divididos em três categorias: concausa do dano, agravamento do dano ou não diminuição do mesmo;

– a conduta do lesado como causa do dano só adquire relevância se concorrer com facto de terceiro;

– a conduta de agravamento tanto pode ser comissiva como omissiva. Não podem, contudo, ser exigidas ao lesado medidas que este, por impossibilidade ou risco, não estava em condições de tomar. Esta consideração deve ser feita tendo em conta a situação particular de cada lesado e não a diligência de um homem comum;

– a não diminuição do dano deve ser considerada para afastar a causalidade do acto do agente, relativamente aos danos que o lesado, podendo evitar, não o tentou fazer. Podemos afirmar que o lesado tem o ónus de os tentar evitar, sob pena de os mesmos não serem indemnizáveis, caso o comportamento do lesado origine a quebra do nexo de causalidade entre o facto de terceiro e esses danos extra;

– a conduta do lesado tem de ser voluntária mas não necessita ser censurável, bastando que seja causal dos danos verificados. O artigo 570.º refere-se ao comportamento censurável do lesado caso o haja – mas nada no preceito nos leva a pensar que o exige;

374 Sara Geraldes

– o artigo 570.° permite ao julgador ponderar a indemnização a arbitrar, orientando-o segundo dois critérios: a culpabilidade dos intervenientes e a influência causal dos seus factos;
– o dolo do agente não exclui a pertinência da culpa do lesado;
– a lei não admite o concurso entre culpa do lesado e culpa presumida do agente. Havendo culpa do lesado, deverá o mesmo, apesar da presunção, provar a culpa efectiva do agente por forma a ser aplicável o estatuído no artigo 570.°, n.° 1;
– é possível a concorrência entre risco e culpa do lesado se forem concausas do acidente;
– o instituto é aplicável também em sede obrigacional e pré-contratual. Nestes casos, é de notar que, considerando-se existir presunção de culpa, tal obriga igualmente o lesado *culpado* a provar a culpa do devedor;
– a culpa do lesado situa-se no campo da causalidade e da delimitação dos danos imputáveis aos diversos intervenientes e ultrapassa largamente o regime estabelecido no artigo 570.°; e
– se os danos fores destacáveis e perfeitamente delimitáveis não cabe aplicar o artigo 570.°, porque a imputação causal é uma questão prévia ao estabelecimento da responsabilidade civil e fixação do montante indemnizatório. A sua aplicação ficará para os casos em que o dano é uno, não sendo possível a delimitação precisa dos danos causalmente imputáveis a cada sujeito.

BIBLIOGRAFIA

ALMEIDA, DÁRIO MARTINS DE, *Manual de Acidentes de Viação*, 2.ª ed., Coimbra, Almedina, 2000.
CARNEIRO, JOSÉ GUALBERTO DE SÁ, *Responsabilidade civil por acidentes de viação*, in Revista dos Tribunais, ano 85.°, Porto, s.e., 1967.
CORDEIRO, ANTÓNIO MENEZES, *Tratado de Direito civil português*, I/1, 2.ª ed., Coimbra, Almedina, 2000;
– *Direito das obrigações*, 2 vols., reimp., Lisboa, AAFDL, 1980.
COSTA, MÁRIO JÚLIO DE ALMEIDA, *Direito das obrigações*, 11.ª ed., Coimbra, Almedina, 2008
CUPIS, ADRIANO DE, *Il Danno – Teoria generale della resposabilitá civile*, II, 3.ª ed. rev. e amp., Milão, Giuffrè Editore, 1979.
ENNECCERUS, LUDWIG/LEHMANN, HEINRICH, *Derecho de obligationes*, I, trad. da 35.ª ed. alemã, por Blas Pérez González, José Alguer, Barcelona, Bosch, 1933.

FARIA, JORGE LEITE AREIAS RIBEIRO DE, *Direito das obrigações*, I, Coimbra, Almedina, 2003.

FRADA, MANUEL A. CARNEIRO DA, *Contrato e deveres de protecção*, in Boletim da Faculdade de Direito de Coimbra, supl., separata do vol. 38, Coimbra, 1994;
 — *Direito civil, Responsabilidade civil, O método do caso*, Coimbra, Almedina, 2006.

JORGE, FERNANDO DE SANDY LOPES PESSOA, *Direito das obrigações*, 1.°, Lisboa, AAFDL, 1975-1976;
 — *Ensaio sobre os Pressupostos da Responsabilidade Civil*, reimp., Coimbra, Almedina, 1995.

JÚNIOR, EDUARDO SANTOS, *"Mitigation of Damages", Redução de danos pela parte lesada e "culpa do lesado"*, in Homenagem da Faculdade de Direito de Lisboa ao Professor Doutor Inocêncio Galvão Telles, 90 anos, Coimbra, Almedina, 2007.

LEITÃO, LUÍS MENEZES, *Direito das obrigações*, I, 7.ª ed., Coimbra, Almedina, 2008.

LIMA, FERNANDO ANDRADE PIRES DE/VARELA, JOÃO ANTUNES, *Código Civil anotado*, I, 4.ª ed., Coimbra, Coimbra editora, 1987.

MARCELINO, AMÉRICO, *Acidentes de viação e responsabilidade civil*, 8.ª ed., Lisboa, Livraria Petrony, s.d.

MACHADO, J. BAPTISTA, *A cláusula do razoável*, in Obra Dispersa, I, Braga, Scientia Ivridica, 1991.

MENDES, CASTRO, *Teoria geral do Direito civil*, I, Lisboa, AAFDL, 1978.

NETO, ABÍLIO, *Código Civil anotado*, 15.ª ed., Lisboa, Ediforum, 2006.

PRATA, ANA, *Notas sobre a responsabilidade pré-contratual*, in Separata da Revista da Banca, n.os 16 e 17, Lisboa, Coimbra Editora, 1991;
 — *Responsabilidade civil: duas ou três dúvidas sobre ela*, in Estudos em Comemoração dos cinco Anos da Faculdade de Direito da Universidade do Porto, Coimbra, Coimbra Editora, 2001.

PROENÇA, JOSÉ CARLOS BRANDÃO, *A conduta do lesado como pressuposto e critério de imputação do dano extracontratual*, Coimbra, Almedina, 1997;
 — *Culpa do Lesado*, in Comemorações dos 35 Anos do Código Civil e dos 25 Anos da Reforma de 1977, III, Coimbra, Coimbra Editora, 2007;
 — *Ainda sobre o tratamento mais favorável dos lesados culpados no âmbito dos danos corporais por acidentes de viação*, in Estudos dedicados ao Prof. Doutor Mário Júlio de Almeida Costa, 1.ª ed, Lisboa, Universidade Católica Editora, 2002.

SERRA, ADRIANO VAZ, *Conculpabilidade do prejudicado*, in Separata do BMJ n.° 86, 1959;
 — *Fundamento da Responsabilidade Civil (em especial, responsabilidade por acidentes de viação terrestre e por intervenções lícitas)*, in Separata do BMJ, n.° 90, Lisboa, 1959.

SILVA, JOÃO CALVÃO DA, *Responsabilidade civil do produtor*, Coimbra, Almedina, 1999;
 — *Concorrência entre risco do veículo e facto do lesado: o virar da página?* — Ac. do STJ de 4 de Outubro de 2007, anotado, in RLJ, n.° 3946, ano 137.°, Coimbra, Coimbra Editora.

TELLES, INOCÊNCIO GALVÃO, *Direito das obrigações*, 7.ª ed. revista e actualizada, Coimbra, Coimbra Editora, 1997.

VARELA, JOÃO ANTUNES, *Das obrigações em geral*, I, 10.ª ed., Coimbra, Almedina, 2000.

O problema da admissibilidade das cláusulas limitativas e exoneratórias da responsabilidade civil em face do artigo 809.° do Código Civil

DR. BRUNO NEVES DE SOUSA

> *Não tenhas a pretensão de ser inteiramente novo no que pensares ou disseres. Quando nasceste já tudo estava em movimento e o que te importa, para seres novo, é embalares no andamento dos que vinham detrás ...*
> Vergílio Ferreira, *Pensar*

SUMÁRIO: *I – Abordagem histórica do problema (do Código de Seabra aos nossos dias): 1. A admissibilidade das cláusulas de exclusão na vigência do Código Civil de 1867; 2. Os Trabalhos Preparatórios do actual Código Civil (Anteprojecto do Prof. Adriano Vaz Serra); 3. A Primeira Revisão Ministerial; 4. A Segunda Revisão Ministerial e o aparecimento do artigo 809.° do Código Civil. II – Cláusulas de limitação da responsabilidade: 5. Noção; 6. Modalidades da figura; 7. O problema da admissibilidade das cláusulas limitativas da responsabilidade: 7.1. O artigo 810.° do Código Civil enquanto fundamento legal das cláusulas limitativas da responsabilidade; 7.2. O elemento literal do artigo 809.° do Código Civil; 7.3. A diferença qualitativa entre a cláusula limitativa e a cláusula exoneratória; 7.4. Vantagens e inconvenientes das cláusulas limitativas da responsabilidade. III – Cláusulas de exclusão da responsabilidade: 8. Noção; 9. O entendimento tradicional: 9.1. A inadmissibilidade das cláusulas exoneratórias, por actos próprios do devedor, em face do artigo 809.° do Código Civil; 9.2. A validade das cláusulas de exclusão por actos dos representantes legais ou dos auxiliares (artigo 800.°, n.° 2, do Código Civil); 10. O problema da admissibilidade das cláusulas de exclusão da responsabilidade: 10.1. Os princípios da autonomia privada e da responsabilidade civil; 10.2. O formalismo da solução prevista no artigo 809.° do Código Civil; 10.3. A execução específica como a primeira e mais lógica forma de reacção ao incumprimento do devedor; 10.4. Meios compulsórios e de prevenção destinados a compelir o devedor ao cumprimento da obrigação; 10.5. A proibição da cláusula de irresponsabilidade por dolo do devedor; 10.6. A interpretação restritiva do* artigo 809.° do Código Civil; 10.7. O regime jurídico das cláusulas contratuais gerais; 11. O regime especial da cláusula exoneratória. IV – Conclusões: 12. A admissibilidade das cláusulas limitativas e a validade de princípio das cláusulas de irresponsabilidade por culpa leve.

I – Abordagem histórica do problema (do Código de Seabra aos nossos dias)

1. A admissibilidade das cláusulas de exclusão na vigência do Código Civil de 1867

Apesar de o Código Civil de 1867 não se referir directamente ao problema, as cláusulas exoneratórias eram admissíveis. Chegava-se a tal conclusão com base na interpretação de uma série de disposições referentes àquele diploma. O artigo 672.°, numa clara concessão ao princípio da *autonomia privada*, facultava aos contraentes "*ajuntar aos seus contratos as condições ou cláusulas que bem lhes parecerem*", enquanto o artigo 708.° prescrevia que "*a responsabilidade civil pode ser regulada por acordo das partes, salvo nos casos em que a lei expressamente ordenar o contrário*". O artigo 673.°, por sua vez, referia a possibilidade de ser estipulada uma cláusula penal em que o seu montante ficaria dependente da convenção das partes (artigo 674.°).

Era unânime na doutrina o entendimento de que estas normas, embora fossem um importante apoio para a tese da admissibilidade das cláusulas exoneratórias, não constituiriam, só de "*per si*", factor decisivo, na medida em que a norma do artigo 672.° comportaria todas as excepções (directa ou indirectamente) emergentes do ordenamento jurídico. Também a interpretação do artigo 708.° não estava isenta de dúvidas, uma vez que, "*apesar de poder interpretar-se como permitindo tanto as cláusulas limitativas, como as de exclusão*"[1], poderia, ao invés, admitir apenas a fixação convencional do montante da indemnização, isto é, a cláusula limitativa mas não a cláusula de exclusão da responsabilidade.

Entendia-se, desta forma, não existirem no ordenamento jurídico nacional normas legais sólidas que nos permitissem, indubitavelmente, arguir a validade das cláusulas exoneratórias. Recorria-se, portanto, aos princípios informadores

---

[1] PINTO MONTEIRO, *Cláusulas limitativas e de exclusão da responsabilidade civil*, Reimpressão, Almedina, Coimbra, 2003, p. 160.

do nosso ordenamento jurídico, nomeadamente ao princípio da *autonomia privada*, para fundamentar a tese de admissibilidade das cláusulas exoneratórias[2].

Todavia, surgiriam novas dificuldades no que concerne à conciliação daquele princípio com o princípio da *responsabilidade civil*. Daí que, durante muito tempo, se tenha sufragado a tese de validade das cláusulas de irresponsabilidade apenas nas situações de incumprimento do devedor por culpa leve, mas já não quando este deixasse de cumprir com dolo (ou com culpa grave – *"culpa lata dolo aequiparatur"*)[3].

Por conseguinte, seriam nulas as cláusulas exoneratórias, tanto por razões de ordem pública[4] ou de índole moral[5] (artigo 674.º, n.º 4), como por observância dos princípios consagrados nos artigos 668.º (proibição da renúncia antecipada por dolo ou coacção) e 1055.º (nos termos do qual *"os contratantes não podiam renunciar à responsabilidade pela evicção que pudesse resultar do seu dolo ou má fé"*), mediante interpretação extensiva ou analógica destas normas[6]. Ademais, refere Manuel de Andrade que a cláusula de irresponsabilidade por dolo *"mal se compaginaria com a força vinculante que é própria da obrigação"*[7].

Este regime vigorava tanto para cláusulas de exclusão e de limitação da responsabilidade contratual, como para as convenções exoneratórias e limitativas

---

[2] Assim, Jaime de Gouveia, *Da responsabilidade contratual*, Ed. Autor, Lisboa, 1933, p. 452.

[3] Manuel de Andrade, *Teoria geral das obrigações* (com a colaboração de Rui de Alarcão), 3.ª ed., Coimbra, 1966, p. 346.

[4] Neste sentido, Jaime de Gouveia, *Da responsabilidade contratual*, cit., p. 456.

[5] Reportando-se expressamente ao carácter imoral da cláusula de exclusão por dolo do devedor, veja-se, por exemplo, Guilherme Moreira, *Instituições do Direito Civil Português, Das obrigações*, Vol. II, 2.ª Ed., Coimbra, 1925, p. 113, e Manuel de Andrade, *Teoria geral das obrigações*, cit., p. 347.

[6] Cf. Gomes da Silva, *O dever de prestar e o dever de indemnizar*, vol. I, Lisboa, 1944, p. 325; Manuel de Andrade, *Teoria geral das obrigações*, cit., p. 346; Vaz Serra, *Cláusulas modificadoras da responsabilidade, obrigação de garantia contra responsabilidade por danos a terceiros*, in Boletim do Ministério da Justiça n.º 79, p. 113; Azeredo Perdigão, *O princípio da autonomia da vontade e as cláusulas limitativas da responsabilidade civil*, in *Revista da Ordem dos Advogados*, Ano VI, Lisboa, pp. 51-56; Cunha Gonçalves, *Tratado de Direito Civil em Comentário ao Código Civil Português*, vol. IV, Coimbra, 1932, pp. 535-536.

[7] Manuel de Andrade, *Teoria geral das obrigações*, cit., p. 347 (embora o Professor de Coimbra ressalvasse, em nota (1), que as partes poderiam contrair a obrigação como *«puramente natural»*, se bem que ainda nestes casos, porém, fosse justo que o próprio devedor pudesse responder em determinadas ocasiões. No mesmo sentido, referindo que *«não se formará um vínculo jurídico»* no caso de se irresponsabilizar o devedor pelo não incumprimento doloso, Guilherme Moreira, *Instituições do Direito Civil Português (…)*, cit., p. 113.

380   *Bruno Neves de Sousa*

da responsabilidade delitual, ainda que existissem vozes que insistiam em qualificar a responsabilidade extracontratual como uma responsabilidade de ordem pública.

2. *Os Trabalhos Preparatórios do actual Código Civil (Anteprojecto do Prof. Adriano Vaz Serra)*

O Anteprojecto, subscrito por Adriano Vaz Serra[8], propunha as mesmas soluções:

Artigo 1.º
Cláusulas de irresponsabilidade

1. As convenções que excluem ou limitam antecipadamente a responsabilidade do devedor por dolo ou culpa grave são nulas, ainda que estabeleçam o máximo a que pode ir a indemnização a pagar pelo mesmo devedor ou a inversão do encargo da prova.

2. São também nulas as convenções de exclusão ou limitação de responsabilidade para os casos em que o facto do devedor represente violação de obrigações resultantes de normas de ordem pública.

3. O disposto nos parágrafos antecedentes é aplicável também à responsabilidade extracontratual (...).

Seguia-se, desta forma, a opinião generalizada na doutrina, sugerindo-se a *"validade de princípio das cláusulas limitativas e de exclusão, com os limites do dolo e culpa grave, por um lado, e da ordem pública, por outro"*[9].

3. *A Primeira Revisão Ministerial*

Aquela opção foi mantida no articulado respeitante ao Direito das Obrigações[10], passando na Primeira Revisão Ministerial:

---

[8] VAZ SERRA, *Cláusulas modificadoras da responsabilidade (...)*, *cit.*, pp. 105 e ss..
[9] PINTO MONTEIRO, *Cláusulas limitativas e de exclusão da responsabilidade civil*, *cit.*, p. 163.
[10] Cf. *Boletim do Ministério da Justiça* n.º 98, pp. 247 e 83, respectivamente, da versão extensa e resumida.

SECÇÃO III
Cláusulas modificadoras da responsabilidade

1. Salvo convenção em contrário, são nulas as convenções que excluam ou limitem antecipadamente a responsabilidade do devedor por dolo ou culpa grave, sem exceptuar as que estabeleçam o máximo exigível como indemnização ou a inversão do encargo da prova.

2. São igualmente nulas as convenções de exclusão ou limitação de responsabilidade para os casos em que o facto do devedor represente violação de obrigações resultantes de normas de ordem pública[11].

4. *A Segunda Revisão Ministerial e o aparecimento do artigo 809.° do Código Civil*

O problema sofreu, porém, uma alteração substancial com o aparecimento, na Segunda Revisão Ministerial, do artigo 809.° do Código Civil.

Nos termos desta disposição, "*é nula a cláusula pela qual o credor renuncia antecipadamente a qualquer dos direitos que lhe são facultados nas divisões anteriores nos casos de não cumprimento ou mora do devedor, salvo o disposto no n.° 2 do artigo 800.°*". A parte final desta norma ressalva a responsabilidade do devedor pelos actos dos seus representantes legais ou auxiliares, a qual "*pode ser convencionalmente excluída ou limitada, mediante acordo prévio dos interessados, desde que a exclusão ou limitação não compreenda actos que representem a violação de deveres impostos por normas de ordem pública*".

Com esta alteração deixou de haver qualquer referência expressa a "*cláusulas que excluam ou limitem antecipadamente a responsabilidade do devedor*", estabelecendo-se hoje apenas, genericamente, a nulidade da "*cláusula pela qual o credor renuncia antecipadamente a qualquer dos direitos que lhe são facultados nas divisões anteriores*".

A doutrina maioritária tem defendido, ao abrigo dos artigos 809.° e 800.°, n.° 2, do Código Civil, a inadmissibilidade das cláusulas de exclusão – "*não havendo, pois, que distinguir, para este efeito, entre a culpa leve, por um lado, e o dolo e a culpa grave, por outro – visto que o direito à indemnização é um dos direitos de que o credor dispõe, em caso de não cumprimento ou mora do devedor, e ao qual não pode renunciar antecipadamente, nos termos do artigo 809.°*"[12]. Exceptua-se, todavia, a cláusula de irresponsabilidade do devedor por actos dos seus auxiliares, cuja

---

[11] *Código Civil. Livro II. Direito das Obrigações* (1.ª Revisão Ministerial), Lisboa, 1962, p. 181.
[12] PINTO MONTEIRO, *Cláusulas limitativas e de exclusão da responsabilidade civil, cit.*, p. 164.

382 Bruno Neves de Sousa

validade só cairá no caso de aquela cláusula compreender a violação de deveres impostos por regras de ordem pública, nos termos do artigo 800.°, n.° 2, do Código Civil.

II – Cláusulas de limitação da responsabilidade

5. *Noção*

A cláusula de limitação da responsabilidade caracteriza-se por ser uma convenção através da qual o interessado procura acautelar-se contra as sanções a que pode sujeitá-lo a aplicação do sistema normativo. O interessado procura, através de uma convenção desta natureza, salvaguardar a sua posição jurídica contra, designadamente, o carácter excessivo da indemnização a liquidar, a abrangência dos casos ou fundamentos da responsabilidade ou, por último, contra as eventuais contingências probatórias. Assim, não terá que se submeter ao pagamento de uma indemnização demasiado elevada, não será responsabilizado em situações de culpa leve ou não correrá o risco de ser responsabilizado, sem culpa, apenas porque não conseguiu fazer a prova em juízo.

6. *Modalidades da figura*

As cláusulas limitativas da responsabilidade podem ter diversos objectivos, assumindo outras tantas modalidades. Para além da modalidade plasmada no artigo 602.° do Código Civil – relativa à limitação da responsabilidade a certos bens do devedor – podem ainda identificar-se a limitação do montante indemnizatório, a limitação dos fundamentos de responsabilidade e a inversão do ónus da prova.

A modalidade de maior relevo e aquela que mais frequentemente tem sido utilizada, sobretudo nos contratos de valor avultado, reporta-se à cláusula limitativa do montante indemnizatório (cláusula limitativa da responsabilidade quanto aos efeitos), nos termos da qual se convenciona que o devedor só responderá até à concorrência de certa quantia, ficando por indemnizar todos os danos que excederem esse limite.

Outra das modalidades das cláusulas limitativas da responsabilidade tem que ver com as convenções através das quais os contraentes limitam a responsabilidade aos casos de dolo ou culpa grave (cláusula limitativa da responsabilidade quanto aos pressupostos).

Com efeito, caso o devedor proceda com dolo ou culpa grave não poderá o mesmo ser declarado irresponsável, na medida em que ninguém tem o direito de actuar dolosamente ou com uma culpa grave. Desta forma, a limitação da responsabilidade terá sempre que referir-se às situações de culpa leve do obrigado. Essa limitação à liberdade de estipulação dos contraentes é imposta por princípios de natureza imperativa.

Importa, neste ponto, referir que tais cláusulas não são susceptíveis de ser confundidas com aquelas que visam diminuir o número ou a extensão das obrigações que a lei faz decorrer do contrato (cláusula limitativa do objecto contratual). Os contraentes, ao abrigo do princípio da *autonomia da vontade*, podem afastar determinadas obrigações do contrato, definindo antecipadamente o seu objecto, desde que não constem de disposições legais imperativas.

Relativamente às obrigações impostas por preceitos imperativos, "*o mais que as parte podem fazer é limitar a responsabilidade, restringindo-a aos casos de dolo e culpa grave*"[13]. Se, no entanto, da redacção da cláusula resultar a irresponsabilidade do devedor ainda assim dever-se-á, por via de interpretação ou redução, aplicá-la somente nos casos de culpa leve.

Como vimos, as partes podem, em homenagem ao princípio da *autonomia da vontade*, delimitar o conteúdo contratual, estabelecendo quais as obrigações que compõem o conteúdo do contrato. No entanto, não poderão nunca ser afastadas do objecto contratual as obrigações impostas por normas imperativas, as obrigações pertencentes ao núcleo essencial do tipo contratual, as obrigações impostas pela *ordem pública* e, por último, aquelas que se revelem essenciais ao fim contratual.

Abordemos, finalmente, aquelas convenções em que as partes decidem estipular um regime de prova diferente do regime legal sobre o encargo probatório.

Nas hipóteses de não cumprimento ou de cumprimento defeituoso presume-se a culpa do devedor (artigo 799.º, n.º 1, do Código Civil), ao qual caberá a tarefa de ilidir essa presunção, provando efectivamente que não agiu com dolo ou negligência.

Sabemos que a culpa é um facto constitutivo do direito do credor à indemnização, e, portanto, de acordo com as regras gerais, a prova respectiva deveria estar a cargo do credor (artigo 342.º do Código Civil).

Graças à existência de uma presunção legal dá-se uma inversão do ónus da prova, ficando este a recair sobre o devedor (artigo 344.º, n.º 1, do Código

---

[13] Inocêncio Galvão Telles, *Direito das obrigações*, 7.ª ed., Coimbra Editora, 1997, p. 432.

Civil). Dando como demonstrado o facto de o devedor não ter cumprido, pressupõe a lei que este procedeu com culpa, cabendo-lhe ilidir aquela inferência mediante prova em contrário (artigos 349.º e 350.º do Código Civil).

Todavia, nada impede que as partes estabeleçam um regime probatório diferente daquele que é prescrito na lei, destruindo, desta forma, a inversão que a presunção implica. A presunção deixará de operar e ao credor caberá provar a culpa do devedor. Esta destruição convencional da inversão legal é possibilitada pelo princípio da liberdade contratual, com expressa aplicação ao caso no artigo 344.º, n.º 1, do Código Civil. Esta disposição *"reconhece a validade da convenção inversora do ónus da prova, ressalvando os casos em que o direito seja indisponível ou a inversão torne excessivamente difícil ao titular do direito o exercício deste"*[14].

7. *O problema da admissibilidade das cláusulas limitativas da responsabilidade*

Este problema centra-se na limitação da responsabilidade do devedor por actos próprios, uma vez que a limitação pelos actos dos seus representantes legais ou auxiliares é expressamente admitida no artigo 800.º, n.º 2, do Código Civil.

A questão resume-se em saber se a cláusula limitativa do montante da indemnização escapa à proibição tentacular prevista no artigo 809.º do Código Civil, ou se, ao invés, cai no âmbito desta proibição.

A lei é, a este propósito, pouco clara, motivando algumas divergências na doutrina e jurisprudência acerca da admissibilidade da cláusula limitativa[15].

Da interpretação da norma em causa é possível encontrar argumentos – todos eles sustentados – que suportem tanto a tese da admissibilidade como a da proibição da cláusula limitativa. Todavia, parece-nos que a melhor solução passará pela arguição da validade desta convenção, pelas razões que passaremos imediatamente a enunciar.

---

[14] *Idem*, p. 433.

[15] Pinto Monteiro, a este propósito, formula o seguinte comentário: *"(…) esta norma é pouco clara, nela se estatuindo apenas, genericamente, a nulidade da renúncia antecipada do credor a qualquer dos direitos que lhe são facultados em caso de não cumprimento ou mora do devedor. Ora, se estiver em causa um acordo tendente, não a excluir, mas apenas a limitar o "quantum" indemnizatório, justificar-se-á a sua nulidade, nos termos do artigo 809.º?"* (PINTO MONTEIRO, *Cláusulas limitativas e de exclusão da responsabilidade civil, cit.*, p. 169). Em nosso entender, a validade das cláusulas limitativas, desde que observados todos os seus pressupostos, não suscita dificuldades de maior. O mesmo não acontece, atento o artigo 809.º do Código Civil, com as cláusulas de irresponsabilidade.

O problema da admissibilidade das cláusulas limitativas e exoneratórias   385

Impõe-se, antes de mais, uma precisão preambular acerca da específica natureza da cláusula limitativa da responsabilidade, mais especificamente, do montante indemnizatório.

Confrontando a cláusula limitativa com a cláusula exoneratória depressa nos apercebemos que a primeira visa tão-somente a redução da soma devida (no caso de o dano ultrapassar o limite estabelecido), enquanto que a segunda implica a privação de um direito particular do credor – o direito de vir a ser indemnizado. Aquela não destrói o direito à indemnização, apenas reduz o seu montante, mantendo-se, assim, o devedor obrigado a responder pelos danos que vierem a produzir-se.

Com efeito, a cláusula limitativa da responsabilidade não contende com o princípio da *responsabilidade civil* (mas apenas com o montante da indemnização), assim como também não adultera o sentido jurídico da obrigação (razão que, como veremos, terá determinado a redacção equívoca do artigo 809.° do Código Civil).

7.1. *O artigo 810.° do Código Civil enquanto fundamento legal das cláusulas limitativas da responsabilidade*

A própria lei admite, no artigo 810.° do Código Civil, a possibilidade de as partes estipularem por acordo o montante da indemnização exigível. Trata-se de uma específica modalidade de cláusula penal, designadamente, da cláusula de liquidação prévia do dano ou de fixação antecipada da indemnização, em que o objectivo das partes é calcular o montante de dano previsível, "*aceitando ambas que a indemnização a pagar será a que tiver sido previamente acordada entre si, independentemente da extensão concreta do dano efectivo*"[16].

Pode acontecer que, em concreto, a fixação por acordo do montante da indemnização exigível, nos termos do artigo 810.°, n.° 1, do Código Civil, possa levar a um agravamento da responsabilidade do devedor, na circunstância de a quantia acordada pelas partes ser superior ao dano efectivamente apurado. Do mesmo modo, tal estipulação poderá conduzir a uma autêntica limitação da responsabilidade, sempre que a quantia fixada se revele inferior ao dano efectivo. O agravamento ou a limitação da responsabilidade são, portanto, riscos inerentes ao próprio funcionamento da cláusula penal, o qual se con-

---

[16] Pinto Monteiro, *Cláusula penal e indemnização*, Reimpressão, Almedina, Coimbra, 1999, p. 259.

386 Bruno Neves de Sousa

substancia na fixação antecipada, de modo invariável (à "*forfait*"), da indemnização.

Nesta medida, a limitação do montante indemnizatório será consequência do risco intrínseco ao cálculo antecipado do dano, mas essa consequência será sempre um resultado da vontade das partes ao estipularem a cláusula penal.

Tendo em conta que as partes podem "*fixar por acordo o montante da indemnização exigível*" (artigo 810.º, n.º 1, do Código Civil) e, na ausência de convenção em contrário, "*o estabelecimento da cláusula penal obsta a que o credor exija indemnização pelo dano excedente*" (artigo 811.º, n.º 2, do Código Civil), é perfeitamente possível fixar uma pena intencionalmente menor do que o dano previsível, alcançando as partes a limitação da indemnização por via da cláusula penal[17].

Atenta a natureza compulsória da cláusula penal, em que se visa reforçar a posição do credor (e não enfraquecê-la), poderia defender-se a existência de uma contradição insanável naquela conclusão, porquanto a cláusula penal e a cláusula limitativa da responsabilidade prosseguem objectivos distintos: a primeira visa proteger o credor, incentivando o cumprimento da obrigação; a segunda defende a posição do devedor, atenuando a sua responsabilidade.

Não esqueçamos, no entanto, que estamos a analisar uma modalidade específica de cláusula penal, e não a figura globalmente considerada.

É óbvio que a cláusula penal, em sentido estrito, funciona, essencialmente, como sanção compulsória. No entanto, a cláusula de fixação antecipada do montante indemnizatório visa, fundamentalmente, proceder à liquidação prévia do dano, nos termos do artigo 810.º, n.º 1, do Código Civil. A lei, ao não exigir que a fixação do "*quantum*" indemnizatório tenha que corresponder ao dano efectivo, abre portas à estipulação intencional pelas partes de um montante abaixo daquele que prevêem[18].

---

[17] Nas palavras de Galvão Telles, "*o possível argumento de que a atenuação da responsabilidade envolve desequilíbrio contratual a favor do devedor é assim neutralizado pela circunstância de a lei permitir o desequilíbrio inverso a favor do credor, traduzido no agravamento da responsabilidade autorizado pelo citado artigo 811.º, n.º 2*". E acrescenta, afirmando que "*visto o contrato no conjunto das suas estipulações, pode bem não haver, e será natural que não haja, verdadeiro desequilíbrio, tal acontecendo designadamente se a limitação da responsabilidade tiver por efeito fixar-se contraprestação inferior à que se clausularia se não fora essa limitação*" (INOCÊNCIO GALVÃO TELLES, Direito das obrigações, cit., p. 432).

[18] Se é lícito o estabelecimento, no interesse do credor, de uma indemnização mínima (tal como acontece na cláusula de fixação antecipada do montante indemnizatório), por que razão não há--de ser igualmente lícita a fixação, no interesse do devedor, de uma indemnização máxima, de forma a atenuar a sua responsabilidade?

O problema da admissibilidade das cláusulas limitativas e exoneratórias   387

A conjugação do artigo 810.°, n.° 1, do Código Civil, com o preceituado no artigo 811.°, n.° 2, do Código Civil, constitui, portanto, um poderoso argumento legal no sentido de concluirmos, peremptoriamente, que a cláusula penal possibilita a limitação do montante indemnizatório e, portanto, a cláusula limitativa da responsabilidade.

Não ignoramos, no entanto, que entre a cláusula penal, na sua modalidade de liquidação convencional do dano, e a cláusula limitativa da responsabilidade existe uma diferença substancial. Enquanto a primeira é um *"forfait"*, estabelecendo um montante invariável, a segunda fixa o limite máximo da indemnização. Daí que a cláusula limitativa da responsabilidade não dispense nunca a averiguação efectiva, nos termos gerais, dos danos e, por conseguinte, da indemnização, enquanto que a cláusula penal (na modalidade que temos vindo a analisar) tem o propósito específico de evitar dúvidas e litígios futuros entre as partes no que à determinação da indemnização diz respeito, não estando o credor – para ter direito à pena – obrigado a provar quaisquer danos ou a sua efectiva extensão.

Será que o argumento legal extraído dos artigos 810.°, n.° 1 e 811.°, n.° 2, do Código Civil, a favor da admissibilidade da cláusula limitativa da indemnização, fica afectado com a diferença existente entre esta e a cláusula penal?

Estamos em crer que não, na medida em que se a lei possibilita às partes, nos termos do artigo 810.°, n.° 1, do Código Civil, a estipulação de um montante invariável, há-de igualmente possibilitar-lhes a fixação de um limite máximo.

Note-se, aliás, que ao nível da cláusula limitativa o afastamento convencionado pelas partes relativamente à disciplina normal da obrigação de indemnizar é menor do que quando se estipula uma cláusula penal. Ao passo que esta última inviabiliza, totalmente, o recurso à indemnização, substituindo-se a ela, a cláusula limitativa, porém, não dispensa a determinação, nos termos gerais, do dano efectivo, só funcionando quando o montante deste ultrapassa o limite convencionado.

A disposição do artigo 810.° do Código Civil, interpretada extensivamente (*"a fortiori"*) ou de forma enunciativa (*"a maiori ad minus"*), admite a cláusula limitativa da responsabilidade, seja ela fixada através de forma invariável ou mediante o estabelecimento de um limite máximo[19].

---

[19] Cf. Pinto Monteiro, *Cláusulas limitativas e de exclusão da responsabilidade civil, cit.*, p. 172. Também Mota Pinto (*Teoria geral do Direito civil*, 3.ª ed., Coimbra, 1985, pp. 593-594) e Menezes Cordeiro (*Direito das obrigações*, II vol., AAFDL, Lisboa, 1986, p. 426) referem o artigo 810.°,

388   *Bruno Neves de Sousa*

Outro argumento legal que poderá fundamentar positiva e indirectamente a admissibilidade da cláusula limitativa tem que ver com o artigo 602.º do Código Civil, o qual permite a limitação da responsabilidade do devedor a alguns dos seus bens[20]. No entanto, o verdadeiro fundamento legal – aquele que responde directamente à questão em discussão – da validade da cláusula limitativa da responsabilidade poderá encontrar-se, como vimos, no artigo 810.º do Código Civil[21].

7.2. *O elemento literal do artigo 809.º do Código Civil*

Não obstante o obscurantismo do artigo 809.º do Código Civil – podendo interpretar-se, baseando-nos na sua letra, como impedindo tanto a renúncia total como a renúncia parcial – o certo é que também podemos ver na referência à renúncia a *direitos* um ténue indício de que o legislador não pretendia proibir a cláusula limitativa.

Se, por outro lado, sufragarmos o entendimento de que a norma do artigo 809.º do Código Civil é uma verdadeira excepção ao princípio da *liberdade contratual* (artigo 405.º do Código Civil), aquela deverá ser interpretada, como constataremos adiante, de forma a reduzir-se o seu alcance e excluindo-se do seu âmbito a cláusula limitativa[22].

---

n.º 1, do Código Civil, como fundamento de validade da cláusula limitativa. Galvão Telles, por seu turno (*Direito das obrigações, cit.*, p. 427 e ss.), funda a sua argumentação tomando sobretudo em consideração o disposto no artigo 811.º, n.º 2, do Código Civil. Em sentido contrário, quer em função do artigo 809.º do Código Civil, quer por força do diferente escopo da cláusula penal e da sua diversa forma de actuação, veja-se ANA PRATA, *Cláusulas de exclusão e limitação da responsabilidade contratual*, Coimbra, 1985, pp. 615 ss., 621 ss. e 655-656.

[20] Galvão Telles formula, a este propósito, a seguinte questão: "*se é possível essa forma de limitação, com carácter fortemente inovador, porque não hão-de ser possíveis as outras formas, que têm por si a tradição e uma prática enraizada?*" (INOCÊNCIO GALVÃO TELLES, *ob. cit.*, p. 427).

[21] Assim, MENEZES CORDEIRO, *Direito das obrigações, cit.*, pp. 426 ["*(…) podemos afirmar que, não obstante a aparente declaração de princípios contrários do artigo 809.º, a limitação da responsabilidade civil é possível através de cláusula penal*"]. Anteriormente, já o Conselheiro Campos Costa, na sua declaração de voto no Acórdão do Supremo Tribunal de Justiça, de 2 de Julho de 1981 (*Boletim do Ministério da Justiça* n.º 309, pp. 319 e ss.) havia referido expressamente, que "*[v]otei o acórdão, embora entenda dever reforçar a argumentação de que a cláusula 13.ª (que fixava o montante de 1$00 por cada quilograma de carga transportada) não viola o disposto no art. 809.º do Código Civil, porque o art. 810.º, n.º 1, admite expressamente a fixação por acordo do montante da indemnização exigível e porque a autora não alegou tratar-se, no caso, de um valor simbólico destinado a iludir aquele art. 809.º*".

[22] Pinto Monteiro entende que "*o artigo 810.º, n.º 1, do Código Civil (…) permite a cláusula limi-*

O *problema da admissibilidade das cláusulas limitativas e exoneratórias*   389

Assim, estamos em crer, que os argumentos decisivos para fundamentar a admissibilidade da cláusula limitativa da responsabilidade (e, de momento, apenas válidos para a cláusula limitativa do *"quantum"* indemnizatório) encontram-se no regime prescrito para a cláusula penal e na interpretação restritiva do preceito em análise.

Caso se conclua pela inadmissibilidade, em face do artigo 809.º do Código Civil, da cláusula de exclusão «*independentemente do grau de culpa do devedor, não é suficiente nem apropriado, partir-se da validade da cláusula limitativa para se afirmar, "ipso facto", a validade da limitação da responsabilidade aos casos de dolo e culpa grave*». Caso contrário, estaríamos a consagrar a cláusula exoneratória por culpa leve, apesar daquela norma (*"quod erat demonstrandum"*)[23].

7.3. *A diferença qualitativa entre a cláusula limitativa e a cláusula exoneratória*

Perante este cenário, em que se admite a validade da cláusula limitativa da responsabilidade e se rejeita, em face do artigo 809.º do Código Civil, e de acordo com o pensamento tradicional, a validade da cláusula exoneratória, parece ser de concluir que o legislador terá perscrutado a existência de uma diferença qualitativa entre as duas figuras. Apesar de a cláusula de exclusão da responsabilidade visar o afastamento total da responsabilidade, ou melhor, da indemnização, e a cláusula limitativa destinar-se a uma atenuação dessa obrigação, esta dissemelhança não seria, apenas, uma mera diferença quantitativa, mas uma diferença qualitativa, que legitimaria uma substancial divergência de regimes.

Revela-se, desta forma, pertinente a questão formulada pelo Professor António Pinto Monteiro: *"(…) serão, de facto, a cláusula limitativa e a de exclusão duas categorias distintas, ou serão apenas duas manifestações do mesmo fenómeno?"*[24].

---

tativa da indemnização, cuja validade, de resto, decorria já do princípio da liberdade contratual" (Pinto Monteiro, *Cláusula penal e indemnização, cit.*, p. 262).

[23] Não podemos acompanhar a assertiva de Galvão Telles quando refere, a respeito das cláusulas limitativas, que *"quanto às obrigações impostas por disposições imperativas, o mais que as partes podem fazer é (…) limitar a responsabilidade, restringindo-a aos casos de dolo e culpa grave"* (Inocêncio Galvão Telles, *Direito das obrigações, cit.*, p. 427), sem primeiro demonstrar que a cláusula de irresponsabilidade por culpa leve não se reconduz ao âmbito de aplicação do artigo 809.º do Código Civil. Doutra forma, no entender de Pinto Monteiro (*Cláusulas limitativas e de exclusão da responsabilidade civil, cit.*, p. 174), *"não pode compreender-se como é que as partes poderão restringir a responsabilidade aos casos de dolo e culpa grave, afirmando-se, no entanto, ao mesmo tempo, serem inadmissíveis as cláusulas de irresponsabilidade, «tout court»"*.

[24] Pinto Monteiro, *Cláusulas limitativas e de exclusão da responsabilidade civil, cit.*, p. 175.

390 *Bruno Neves de Sousa*

Não é pacífico o entendimento de que as diferenças existentes entre uma e outra figuras justificam, por si só, uma correspondente diferença de regimes jurídicos. Para Pessoa Jorge, por exemplo, a cláusula limitativa da responsabilidade não seria mais do que uma exclusão parcial e a convenção exoneratória uma limitação total da responsabilidade[25].

Em nosso entender, esta perspectiva revela-se demasiadamente redutora, impedindo-nos de vislumbrar a existência de uma verdadeira diferença qualitativa, a qual, certamente, obstará à compreensão (minimalista) da cláusula limitativa meramente como uma variante da cláusula de exclusão.

Como vimos, a cláusula exoneratória "*implica, em certos casos, que o credor abdique de um direito – o direito à indemnização –, podendo a sua admissibilidade deparar com algumas reservas, pelo facto de eventualmente se entender que a cláusula de exclusão põe em causa o próprio princípio da responsabilidade civil, ao passo que a cláusula limitativa apenas atenuará o dever de indemnizar*"[26].

A questão teria que ver com o relevo a atribuir à função preventiva da responsabilidade civil, porquanto a cláusula exoneratória da responsabilidade, contrariamente ao que aconteceria com a cláusula limitativa, excluiria essa função.

Sucede que, na maioria dos ordenamentos jurídicos, em que a função preventiva da responsabilidade civil é preponderantemente considerada, a eventual dissemelhança qualitativa entre as duas figuras não tem dado origem a um tratamento diferenciado entre ambas; tem-se, ao invés, verificado um tratamento unitário das cláusulas limitativa e de exclusão, não se atribuindo qualquer efeito útil à distinção entre uma exclusão total ou apenas parcial da responsabilidade.

Em Portugal, a doutrina maioritária tem relacionado a tese da diferença qualitativa, acolhida pelo legislador português, com o sentido jurídico da obrigação (e não com a função preventiva da responsabilidade civil). Assim, ao afirmarmos que a diferença qualitativa entre a cláusula limitativa e a cláusula exoneratória releva no plano da natureza jurídica do vínculo obrigacional, que esta

---

[25] Pessoa Jorge, *A limitação convencional da responsabilidade civil*, in *Boletim do Ministério da Justiça* n.º 281, 1978, p. 7 ["*Cláusulas ou pactos de limitação de responsabilidade serão aqueles pelos quais se exclui a obrigação de indemnizar (limitação total), ou se fixa um valor máximo à indemnização, ou se isenta o devedor no caso de ter actuado com culpa leve ou levíssima, ou se afasta a presunção de culpa fazendo-se impender sobre o credor o ónus de provar esta, ou se estabelece um prazo para o exercício do direito de reclamar a indemnização (limitação parcial)*"]. Compreende-se, por isso, a sua posição contrária, em face da redacção do artigo 809.º Código Civil, à validade da cláusula limitativa da responsabilidade, mas apenas "*de iure constituendo*".

[26] Pinto Monteiro, *Cláusulas limitativas e de exclusão da responsabilidade civil*, cit., p. 176.

última prejudicaria irremediavelmente, poderemos, consequentemente, afirmar que o respeito pela "*ratio*" do artigo 809.° do Código Civil estará salvaguardado apenas com a proibição da cláusula de irresponsabilidade em caso de dolo ou culpa grave do devedor, pelas razões que adiante enunciaremos.

Chegaríamos, no entanto, a semelhante conclusão caso sufragássemos a ideia de que a eventual diferença qualitativa assentava "*na função preventiva da responsabilidade civil, cujo desejo de preservação seria assegurado, na verdade, com o estabelecimento da nulidade da cláusula de exclusão por dolo ou culpa grave, não se mostrando absolutamente indispensável, para esse efeito, proibi-la também no caso de culpa leve do devedor*"[27].

Face ao exposto, optamos pela tese da validade das cláusulas limitativas da responsabilidade, sem, todavia, ignorar as legítimas dúvidas que a questão coloca em face da redacção prescrita no artigo 809.° do Código Civil[28].

Refira-se, ainda, que a validade de tais cláusulas só será de admitir dentro de certos limites, os quais resultam de várias disposições legais e dos variados ensinamentos doutrinais. Com efeito, as cláusulas limitativas da responsabilidade não deverão contrariar as normas de ordem pública (artigos 280.°, n.° 2 e 800.°, n.° 2, do Código Civil), assim como também não deverão conduzir a uma indemnização irrisória ou simbólica, ou assaz insuficiente, pois, tratar-se-iam, na realidade, de verdadeiras cláusulas exoneratórias, passíveis de sanção por configurarem situações de fraude à lei[29].

7.4. *Vantagens e inconvenientes das cláusulas limitativas da responsabilidade*

As vantagens que estas cláusulas apresentam são assinaláveis. Desde logo, possibilitam a celebração de contratos susceptíveis de originar graves e pesadas

---

[27] *Idem*, p. 178.

[28] Poder-se-ia contrariar a tese da admissibilidade das cláusulas limitativas, afirmando-se que o artigo 809.° só exceptua, na sua parte final, o disposto no n.° 2 do artigo 800.°. Contudo, "*(…) compreende-se que a ressalva se limite a esse preceito porque o artigo 809.° proíbe, sem dúvida, as cláusulas de exclusão da responsabilidade e o n.° 2 do artigo 800.° admite um tipo de estipulações que são (formalmente) apresentadas como cláusulas de exclusão da responsabilidade, embora sejam na realidade cláusulas de mera limitação: as cláusulas de «exclusão» da responsabilidade por actos de terceiros*" (INOCÊNCIO GALVÃO TELLES, *Direito das obrigações, cit.*, nota 1, p. 428).

[29] As aludidas cláusulas seriam, ainda, passíveis de nulidade caso apresentassem carácter usurário, isto é, se o devedor obtivesse o benefício, excessivo ou injustificado, de uma responsabilidade praticamente inexistente, explorando a situação de necessidade, inexperiência, ligeireza, dependência, estado mental ou fraqueza de carácter da outra parte (artigo 282.°do Código Civil).

392 *Bruno Neves de Sousa*

responsabilidades, que doutro modo não se celebrariam caso estas não fossem convencionalmente atenuadas pelas partes. A inexistência desta atenuação levaria a que a contraprestação exigida pelo devedor fosse de tal forma elevada que se tornaria praticamente insustentável. Por outro lado, a outra parte opta, frequentemente, por cobrir a margem de risco não abarcada pela responsabilidade do devedor através de seguro, porquanto o prémio de seguro será sempre inferior ao excesso de preço que doutra forma suportaria. *"Além disso o devedor, se quer também, ele próprio recorrer ao seguro para cobrir a sua responsabilidade (o chamado «seguro contra terceiros»), mais facilmente o conseguirá e em todo o caso pagará prémio mais baixo, sobretudo se se tiver fixado o montante máximo de indemnização"*[30]. Eis as principais razões por que estas cláusulas são tão apetecíveis no âmbito do tráfico jurídico.

Note-se, no entanto, que existem, por outro lado, alguns inconvenientes associados a esta figura, os quais não devemos nunca negligenciar. As situações em que estas cláusulas têm origem nos denominados *contratos de adesão* são paradigmáticas, uma vez que o aderente, necessitado de contratar e sem margem significativa de negociação, não tem outra opção senão aceitá-las, assumindo, desta forma, uma posição contratual verdadeiramente debilitada[31]. Não obstante esse facto, *"o sentimento de responsabilidade do devedor afrouxa na proporção em que esta diminui; ele não sente o mesmo estímulo à diligência; os casos de negligência avolumam-se e isso constitui um mal social e económico"*[32].

Pesadas as vantagens e as insuficiências da figura, estamos em condições de afirmar, com um elevado grau de certeza, que os benefícios das cláusulas limitativas no seio do comércio jurídico ultrapassam, em larga escala, todos os inconvenientes que elas possam apresentar, sendo certo que elas só serão admissíveis nas situações em que o legislador as não proíba.

---

[30] INOCÊNCIO GALVÃO TELLES, *Direito das obrigações, cit.*, p. 434.

[31] Cf. VAZ SERRA, *Cláusulas modificadoras da responsabilidade*, in *Boletim do Ministério da Justiça* n.º 79, 1958, pp. 119 [*"As cláusulas de (…) limitação de responsabilidade são perigosas, pois, além de muitas vezes se inserirem em contratos nos quais a liberdade de discussão da outra parte não existe ou está fortemente reduzida (é o que se dá nos chamados contratos de adesão), tendem a favorecer a negligência do devedor; mas, por outro lado, podem servir para tornar possível ou mais fácil a realização de certos contratos."*]. Refira-se, ainda, a este respeito, que nos termos do artigo 15.º do Decreto-Lei n.º 446/85, de 25 de Outubro, alterado pelo Decreto-Lei n.º 220/95, de 31 de Agosto e pelo Decreto-Lei 249/99, de 7 de Julho, as cláusulas limitativas da responsabilidade, quando inseridas nos *contratos de adesão*, devem considerar-se nulas desde que contrárias à *boa fé*, ainda que o aderente não possa alegar e provar que foi vítima de erro.

[32] INOCÊNCIO GALVÃO TELLES, *Direito das obrigações, cit.*, p. 435.

III – Cláusulas de exclusão da responsabilidade

8. *Noção*

A cláusula de exclusão da responsabilidade caracteriza-se por ser uma convenção destinada a afastar antecipadamente a responsabilidade em que, sem ela, o devedor incorreria pelo não cumprimento da obrigação, "*lato sensu*" (mora, incumprimento definitivo ou incumprimento defeituoso). Ao excluir da esfera jurídica do credor um direito específico – o direito a ser indemnizado –, esta cláusula encontra na designação de convenção de exclusão da indemnização uma definição mais adequada e rigorosa.

9. *O entendimento tradicional*

Como vimos, a discussão em torno da validade das cláusulas de exclusão da responsabilidade conheceu os seus derradeiros desenvolvimentos com o aparecimento do artigo 809.° do Código Civil.

Nos termos desta disposição, "*é nula a cláusula pela qual o credor renuncia antecipadamente a qualquer dos direitos que lhe são facultados nas divisões anteriores nos casos de não cumprimento ou mora do devedor, salvo o disposto no n.° 2 do artigo 800.°*".

9.1. *A inadmissibilidade das cláusulas exoneratórias, por actos próprios do devedor, em face do artigo 809.° do Código Civil*

À luz dos artigos 809.° e 800.°, n.° 2, do Código Civil, a doutrina maioritária tem entendido que as cláusulas de irresponsabilidade são nulas – não havendo que distinguir entre a culpa leve, por um lado, e o dolo e a culpa grave do devedor, por outro –, porquanto o direito à indemnização é um dos direitos fundamentais que o credor tem à sua disposição, em caso de não cumprimento ou mora do devedor, e ao qual não pode abdicar antecipadamente nos termos do artigo 809.° do Código Civil[33].

---

[33] A favor desta tese manifestaram-se, por exemplo, PIRES DE LIMA e ANTUNES VARELA, *Código Civil anotado*, vol. II, 4.ª ed., Coimbra Editora, Coimbra, 1997, anotação 1 ao artigo 809.°, pp. 72 e ss., ANTUNES VARELA, *Das obrigações em geral*, 10.ª ed., 4.ª reimp., Almedina, Coimbra, 2000, pp. 914 e ss., INOCÊNCIO GALVÃO TELLES, *Direito das obrigações*, cit., pp. 423 e ss., ANA PRATA, *Cláu-*

394   Bruno Neves de Sousa

9.2. *A validade das cláusulas de exclusão por actos dos representantes legais ou dos auxiliares (artigo 800.°, n.° 2, do Código Civil)*

A parte final daquela norma exceptua o disposto no artigo 800.°, n.° 2, do Código Civil, nos termos do qual *"a responsabilidade do devedor pelos actos dos seus representantes legais ou auxiliares pode ser convencionalmente excluída ou limitada, mediante acordo prévio dos interessados, desde que a exclusão ou limitação não compreenda actos que representem a violação de deveres impostos por normas de ordem pública"*.

Admite-se, portanto, a validade da cláusula de irresponsabilidade do devedor por actos dos seus representantes legais ou auxiliares, a qual só será prejudicada na circunstância de aquela cláusula compreender a violação de obrigações impostas por regras de *ordem pública*[34].

---

sulas de exclusão e limitação da responsabilidade contratual, Reimpressão, Almedina, Coimbra, 2005, pp. 453 e ss. Veja-se também, a este propósito, o Acórdão do Supremo Tribunal de Justiça, de 7/11/1985 (in *Revista de Legislação e de Jurisprudência,* Ano 124, pp. 49 e ss., com a anotação de Antunes Varela, especialmente, as pp. 61 e ss. e 86 e ss.). Diferente é a posição acolhida por PINTO MONTEIRO, *Cláusulas limitativas e de exclusão de responsabilidade civil, cit.,* pp. 157 e ss., e *Cláusula penal e indemnização, cit.,* pp. 235 e ss., por CARLOS ALBERTO MOTA PINTO, *Teoria geral do Direito Civil,* 4.ª ed. (por ANTÓNIO PINTO MONTEIRO e PAULO MOTA PINTO), Coimbra Editora, Coimbra, 2005, pp. 601 e ss., e, mais recentemente, por ALMEIDA COSTA, *Direito das obrigações,* 10.ª ed., Almedina, Coimbra, 2006, pp. 789 e ss., corrigindo o seu anterior entendimento acerca da questão (publicado no 4.ª ed. da mesma obra, pp. 538 e ss.). Pensamos que a rejeição, «*tout court*», da cláusula de exclusão da responsabilidade do devedor por actos próprios constitui uma severidade incompreensível, uma vez que contenderá, frequentemente, com os interesses do próprio credor, impedindo-o de realizar inúmeras operações económicas de interesse mútuo e, assim, em prejuízo do tráfico jurídico e da autodeterminação das partes.

[34] Saliente-se que, na fixação do sentido e alcance do artigo 800.°, n.° 2, do Código Civil, chega a defender-se, na esteira do que se propunha no Anteprojecto de Vaz Serra, a validade das cláusulas de exclusão da responsabilidade do devedor pelos actos dos seus auxiliares, ainda que estes actuem dolosamente (PESSOA JORGE, *A limitação convencional da responsabilidade civil, cit.,* p. 32 ["*Atendendo (...) ao facto de, cada vez com maior frequência, os devedores serem forçados a recorrer ao auxílio de outras pessoas, o Código admitiu que, por convenção, se excluísse ou limitasse a responsabilidade do devedor, ainda que o auxiliar ou substituto actue dolosamente*"] e VAZ SERRA, *Responsabilidade do devedor pelos factos dos auxiliares, dos representantes legais ou dos substitutos,* in *Boletim do Ministério da Justiça* n.° 72, pp. 287-289). Em sentido contrário, PINTO MONTEIRO, *Cláusulas limitativas e de exclusão da responsabilidade civil,* cit., nota 346, *in fine,* p. 165 ["*(...) propunha Vaz Serra, quanto ao ponto que interessa – art. 3.°, n.° 1: «A responsabilidade do devedor pelos factos dos seus representantes legais ou auxiliares pode convencionalmente ser excluída ou limitada de antemão, ainda que se trate de factos dolosos (...)»* (p. 301). Esta referência não consta do actual art. 800.°, n.° 2, pelo que a diferente redacção (perante os trabalhos preparatórios) desta norma poderá implicar não poder acolher-se a tese da validade da cláusula de exclusão da responsabilidade do devedor pelos actos dos seus representantes legais ou auxiliares, em caso de dolo destes. Argumento que, reconheça-se, não será, por si só, decisivo*"].

O problema da admissibilidade das cláusulas limitativas e exoneratórias 395

Saliente-se que o artigo 800.º, n.º 2, do Código Civil, expressamente excepcionado no artigo 809.º do Código Civil, só estabeleceu o limite que decorre de deveres emergentes de preceitos de ordem pública, a respeito da exclusão ou limitação da responsabilidade do devedor por actos dos seus representantes legais ou auxiliares.

Ora, esta atitude de grande abertura relativamente aos actos dos representantes legais ou auxiliares parece-nos exagerada, na medida em que os actos daqueles podem revestir maior gravidade do que os actos do próprio devedor.

Sucede que a lei foi mais permissiva relativamente aos representantes legais ou auxiliares do que em relação aos próprios devedores, o que não é de fácil compreensão.

De acordo com a tese traçada por Pinto Monteiro, tratando-se de representantes legais ou auxiliares dependentes (por exemplo, empregados ou operários), o devedor apenas poderá excluir ou limitar, convencionalmente, a sua responsabilidade pelos actos destes nos exactos termos em que poderia fazê-lo se fosse ele próprio a cumprir; portanto, de acordo com a tese que perfilhamos, só nos casos de culpa leve. Verifica-se, assim, uma equiparação dos actos dos representantes legais ou auxiliares com os actos do próprio devedor. Não faria, aliás, qualquer sentido que as condições de exoneração da responsabilidade fossem diferentes.

Refira-se que, ao nível do artigo 800.º, n.º 1, do Código Civil, não se exige qualquer relação de comissão como pressuposto da responsabilidade do comitente pelos actos do comissário (contrariamente ao que acontece nos termos do artigo 500.º do Código Civil).

Só na circunstância de o representante legal ou auxiliar, a que o devedor recorre para obter o cumprimento da obrigação, ser independente, isto é, completamente autónomo relativamente ao devedor e à sua própria organização, é que se justifica, em nosso entender, a aplicação do artigo 800.º, n.º 2, do Código Civil.

Uma exclusão tão generosa da responsabilidade só se explica nas situações em que o devedor e a sua organização não exercem qualquer tipo de influência (directa ou indirecta) na actuação do representante legal ou auxiliar[35].

---

[35] Vd. PINTO MONTEIRO, *Cláusulas limitativas e de exclusão da responsabilidade civil*, cit., pp. 257 e ss., e *Cláusula penal e indemnização*, cit., pp. 252 e ss. Assim, também, ALMEIDA COSTA, *Direito das obrigações, cit.*, p. 792 [*"(…) Unicamente se mostra admissível uma exclusão ou limitação da responsabilidade em termos mais amplos se os auxiliares que o devedor utiliza, na circunstância concreta, forem pessoas autónomas e independentes da sua organização. De outro modo, conceder-se-ia ao devedor que se serve habitualmente dos seus empregados (ex.: a uma empresa) um favor injustificado, que se revelaria, inclusive, con-*

396 Bruno Neves de Sousa

10 – O problema da admissibilidade das cláusulas de exclusão da responsabilidade

Exposta que está a orientação tradicional, importa, neste ponto, discutir o problema da admissibilidade das cláusulas de exclusão da responsabilidade, em diálogo constante com a doutrina que relativamente ao mesmo se pronunciou.

10.1. *Os princípios da* autonomia privada *e da* responsabilidade civil

Num primeiro plano, em sede de discussão material do problema "*sub iudice*", poderia argumentar-se, em defesa da validade de tais cláusulas, com a mobilização do princípio da *autonomia privada*, o qual, nas palavras de Pereira Coelho "*a valer, há-de valer ainda para o caso – e sobretudo para o caso – de a obrigação não ser cumprida, vindo o lesado pedir o seu direito à indemnização*". E acrescenta aquele autor referindo que "*(...) é justamente no momento do não cumprimento de uma obrigação que ela releva o seu valor e a sua eficácia como obrigação, sendo de todo o ponto incompreensível que as regras que as partes fixaram, pensando, como é natural, na hipótese de inadimplemento, nesse preciso momento fossem abandonadas*"[36].

Com efeito, a responsabilidade contratual deveria revestir-se com as particularidades do contrato que a identifica, parecendo "*perfeitamente justo que a lei considere este aspecto das coisas*", isto é, que "*há relações especiais que se estabeleceram entre as partes e às quais há necessariamente que atender na disciplina da responsabilidade*"[37].

Por outro lado, poderia defender-se que o princípio da *liberdade contratual* – princípio estruturante de todo o direito privado – deveria ser limitado e articulado com outros princípios basilares, quais sejam os princípios da confiança e da justiça comutativa ou da equivalência objectiva, bem como, noutra perspectiva, o princípio da responsabilidade civil. Estamos em crer que este *critério de adequação material* entre os diversos princípios levaria, em última análise, à recusa, pura e simples, da validade da cláusula exoneratória ou, "*ao invés, e à semelhança da atitude que se tem adoptado por toda a parte – inclusive em leis sobre contratos de adesão, onde o especial grau de perigo que esta cláusula assume, neste caso*

---

traditório com a atitude tomada perante as cláusulas exoneratórias ou limitativas respeitantes aos actos por aquele praticados"].

[36] PEREIRA COELHO, *O nexo de causalidade na responsabilidade civil,* separata do vol. IX do *Boletim da Faculdade de Direito da Universidade de Coimbra,* Coimbra, 1950, pp. 40-41.

[37] *Idem,* p. 42.

particular, não tem impedido, ainda assim, que ela só seja proibida, de pleno, nos casos de dolo e culpa grave, de que é exemplo paradigmático o § 11, n.° 7, da AGB-Gesetz –, concluir-se-ia pela sua admissibilidade, embora dentro de apertados limites, designadamente validando-a apenas em caso de culpa leve do devedor"[38].

No entanto, de acordo com a posição dominante na doutrina, o artigo 809.° do Código Civil proíbe terminantemente a renúncia do credor à indemnização pelo prejuízo, ou seja, recusa a validade da cláusula de irresponsabilidade[39].

Mais se refira que aquele impedimento abarca a renúncia a qualquer um dos direitos do credor, não apenas no caso de inadimplemento, como também em caso de simples mora, *"não se percebendo bem as razões de interesse e ordem pública que poderão, obstar, imperativamente, a que o credor exonere o devedor da indemnização por danos moratórios. Parece que em vez de «facultados», como o artigo 809.° refere, esses direitos lhe são, afinal, impostos…"*[40].

10.2. *O formalismo da solução prevista no artigo 809.° do Código Civil*

A doutrina plasmada no artigo 809.° do Código Civil reflecte a preocupação que o legislador teve com a natureza jurídica do vínculo obrigacional, a qual seria profundamente afectada com a validade da cláusula de exclusão da responsabilidade, uma vez que a supressão da responsabilidade do devedor desfiguraria o próprio sentido jurídico da obrigação titulada pelo credor. No entanto, tal preocupação enquadra-se a um nível formal, *"fazendo depender do conceito de obrigação civil, e das implicações que dele se extraem, a solução do problema da validade da cláusula de irresponsabilidade"*[41].

A proibição tentacular estabelecida na norma em análise abrange, a nosso ver, situações para as quais falhará a *"ratio legis"* que parece tê-la determinado.

Ora, se nos parece acertado reconduzir à *"ratio"* do artigo 809.° do Código Civil aquelas situações em que o credor tenha, convencionalmente, renunciado ao direito de exigir o cumprimento da obrigação, o mesmo não se pode dizer

---

[38] Pinto Monteiro, *Cláusulas limitativas e de exclusão de responsabilidade civil, cit.*, pp. 179-180.
[39] Assim com também veda a possibilidade de o credor renunciar, antecipadamente, ao direito de exigir o cumprimento da obrigação, à resolução do negócio jurídico e ao *"commodum"* de representação.
[40] Pinto Monteiro, *Cláusulas limitativas e de exclusão de responsabilidade civil, cit.*, pp. 181.
[41] *Idem*, p. 181.

398   Bruno Neves de Sousa

relativamente a outras situações que aparentemente estariam abrangidas pela letra do referido preceito.

Assim, a intenção do legislador em proteger o sentido jurídico da obrigação de cláusulas que pudessem prejudicá-lo (consagrando num só preceito uma proibição que se aplicaria, indiscriminadamente, a múltiplas situações) terá conduzido a uma frustração daquela intenção, justificando-se, deste modo, uma interpretação restritiva do artigo 809.° do Código Civil, de forma a fazer coincidir o seu âmbito literal com a *"ratio"* que terá estado na sua origem.

Como vimos, o legislador, ao fixar a doutrina do artigo 809.° do Código Civil, preocupou-se fundamentalmente com o sentido jurídico da obrigação, que a cláusula de irresponsabilidade desfiguraria, convertendo automaticamente a obrigação civil numa mera obrigação natural, como se o credor perdesse o direito de exigir o cumprimento da obrigação ou a indemnização pelo prejuízo. No fundo, as razões que terão motivado o surgimento daquele preceito prendem-se com a natureza jurídica do vínculo obrigacional que a supressão da responsabilidade afectaria, isto é, com a própria estrutura da obrigação civil.

Note-se, porém, que aquelas motivações, a valer, hão-de valer única e exclusivamente para a cláusula de exclusão da responsabilidade contratual, na medida em que no âmbito da responsabilidade delitual não se colocam dificuldades daquela natureza, graças ao facto de não existir qualquer obrigação em sentido técnico-jurídico prévia à lesão. Assim, parece ser de admitir a validade da cláusula limitativa da responsabilidade extracontratual[42].

---

[42] Veja-se, neste sentido, PESSOA JORGE, *A limitação convencional da responsabilidade civil, cit.*, p. 19 e ss. ["*É evidente que seria impossível uma convenção pela qual alguém se libertasse previamente de responsabilidade por qualquer acto ilícito de que fosse vítima qualquer outra pessoa. Mas já é perfeitamente concebível que duas pessoas, que se encontram numa situação que torna possível ou até provável a lesão por uma dos direitos da outra (v. g. a situação de vizinhança, a realização conjunta de certas actividades perigosas, etc.), convencionem, reciprocamente ou não, limitar a responsabilidade em que uma poderia incorrer para com a outra, em resultado de certos tipos de actos danosos*". Mais refere este autor que a conclusão de que o artigo 809.° do Código Civil "*só se refere directamente à responsabilidade obrigacional e não delitual, resulta com clareza, quer da redacção do preceito, quer da sua localização no Código. Na verdade, aí se fala de credor e devedor, que são indiscutivelmente o credor e o devedor da obrigação cujo incumprimento é fonte dos tais direitos irrenunciáveis do primeiro. No mesmo sentido aponta o elemento sistemático: a matéria da responsabilidade obrigacional está regulada na Subsecção que trata da Falta de cumprimento e mora imputáveis ao devedor, a qual se estende do artigo 798.° ao artigo 812.°, enquanto a responsabilidade delitual é tratada, conforme a tradição, entre as fontes das obrigações, na Subsecção que começa no artigo 483.° e termina no artigo 498.°. Ora, nesta última subsecção, não existe nenhuma disposição que se refira a convenções sobre responsabilidade, o que facilmente se explica por estas serem muito menos frequentes no campo da*

O *problema da admissibilidade das cláusulas limitativas e exoneratórias*   399

Ainda no âmbito do problema em discussão, falta tratar a "*vexata quaestio*" de saber se a norma que estabelece o direito à indemnização tem ou não carácter injuntivo.

Propendemos para a tese da não imperatividade daquela norma, porquanto seria extremamente difícil compatibilizar a admissibilidade do afastamento antecipado, por convenção das partes, da responsabilidade delitual e da respectiva obrigação de indemnizar com a eventual natureza imperativa da responsabilidade contratual e do consequente dever de indemnizar.

Sendo a responsabilidade contratual uma consequência directa da ofensa de obrigações criadas e moldadas por acordo das partes melhor se compreenderá, neste domínio, uma determinada autonomia destas no estabelecimento dos efeitos do incumprimento e, por conseguinte, na disciplina da responsabilidade, sendo possível, inclusive, dentro de certos limites[43], o seu integral afastamento. Já relativamente à responsabilidade delitual, emergente de violação de obrigações "*ex lege*", a qual poderá, em determinadas circunstâncias, ser consi-

---

responsabilidade delitual". E, em jeito de conclusão, remata: "*A resposta afirmativa – no sentido, portanto, da inaplicabilidade do preceito – não suscitará dúvidas se chegarmos à conclusão de que a «ratio legis» do artigo 809.° está essencialmente ligada à ideia de violação de uma obrigação, pois, como se disse, a responsabilidade delitual pressupõe a violação de um dever não obrigacional. Ora, estamos efectivamente convencidos de que foi uma razão de índole teórica, reportada ao próprio regime e estrutura da relação jurídica de crédito, que ditou o artigo 809.° (…)*"], e ANTUNES VARELA, *Das obrigações em geral, cit.*, p. 916 ["*Quanto à responsabilidade delitual, nada obstará também a que, dentro dos limites da lei (cfr. arts. 280.°, 2; 504.°, 3; 800.°, 2, «in fine»), os interessados a excluam ou a limitem convencionalmente, quando os danos resultam de mera negligência. Na prática, porém, como a responsabilidade delitual nasce da violação de direitos absolutos ou de normas aplicáveis a uma generalidade de pessoas, mal se concebe no geral a vantagem que possa haver para os interessados em prever e admitir semelhante violação apenas em relação a pessoa ou pessoas determinadas*"]. Em sentido inverso, pronunciou-se MENEZES CORDEIRO, *Direito das obrigações, cit.*, pp. 425 ["*A questão agrava-se porque o mesmo artigo (…), nos parece, efectivamente, aplicável à chamada responsabilidade delitual. De facto – e com a ressalva de aspectos de ordem meramente fáctica – parece que as eventuais razões que possam cominar a injuntividade das regras da responsabilidade civil na área obrigacional onde, por excelência, impera a autonomia privada, são, por maioria de razão, reforçadas na área dos delitos, estranhos à vontade das partes.*"].

[43] Cf. VAZ SERRA, *Cláusulas modificadoras da responsabilidade (…), cit.*, pp. 119-120 ["*(…) assim como as partes podiam ter-se abstido de contratar, também parece deverem poder, contratando, estabelecer que, não cumprindo o devedor, não será obrigado a indemnizar. Pode haver conveniência em isentar de responsabilidade o devedor que não cumpre, desde que o não faça por dolo (ou acaso com culpa lata) ou que não viole uma obrigação de ordem pública. O devedor, que não cumpre por simples culpa, pode ter interesse em se ver dispensado do dever de indemnizar e , se é certo que assim pode facilitar-se a negligência do devedor no cumprimento da obrigação, também o é que se livra o devedor de responsabilidade por faltas leves em que pode incorrer, e do consequente dever de indemnizar, susceptível de o colocar em má situação económica e de o levar a abster-se de contratar: ora, se o credor está de acordo, não há, em princípio, motivo para obstar a estas convenções.*"].

400   Bruno Neves de Sousa

derada de ordem pública, tal autonomia das partes na fixação dos efeitos daquela violação não encontra uma tão flagrante motivação.

Não significa isto, porém, que o regime da responsabilidade obrigacional esteja completamente à margem de qualquer disciplina legal e, consequentemente, na livre disponibilidade das partes. O que pretendemos demonstrar é que a recusa liminar da cláusula exoneratória, baseada na natureza de ordem pública do instituto da responsabilidade civil, pode ser precipitada e, em alguns casos, até mesmo descabida.

Apesar de serem razões de ordem pública que justificam a rigorosa aferição da validade das cláusulas de irresponsabilidade, estamos perfeitamente convictos de que não poderá concluir-se, com a certeza e segurança exigíveis, pela natureza de ordem pública da responsabilidade contratual.

A doutrina maioritária tem, como vimos, ancorado na ideia de desfiguração do sentido jurídico da obrigação a tese da inadmissibilidade, "*tout court*", da cláusula exoneratória.

Com efeito, se o devedor deixasse de cumprir a obrigação a que estava adstrito, sem, com isso, sofrer qualquer sanção, a obrigação jurídica transformar-se-ia automaticamente numa obrigação natural, ficando o seu cumprimento na dependência da boa vontade daquele, sem que o credor pudesse exigi-lo judicialmente, ficando apenas na sua disponibilidade a garantia precária da "*soluti retentio*", específica das obrigações naturais.

A cláusula de exclusão da responsabilidade não concede, no entanto, ao devedor a prerrogativa de não cumprir as obrigações a que se encontra vinculado, possibilitando-lhe, ao invés, o afastamento da sua responsabilidade[44].

Assim, tal cláusula, para além de não desfigurar o sentido jurídico da obrigação – uma vez que o devedor continua adstrito ao seu cumprimento, podendo este ser judicialmente exigível – não obsta, por outro lado, a que o credor recorra a outras sanções disponibilizadas pelo nosso ordenamento jurídico para as situações de inadimplemento.

---

[44] *No entender de Pinto Monteiro, "[a] função da cláusula de irresponsabilidade é apenas, numa palavra, de restringir ou limitar a sanção pelo não cumprimento («lato sensu») das obrigações emergentes do contrato, ao nível da respectiva indemnização, sem interferir, porém, com a exigibilidade dessas obrigações, que continua a justificar-se pelo facto de as partes, ao celebrar o negócio, pretenderem que os efeitos práticos sejam juridicamente vinculativos."* (PINTO MONTEIRO, *Cláusulas limitativas e de exclusão de responsabilidade civil*, *cit.*, pp. 188). Pessoa Jorge, por sua vez, refere que "*a cláusula de exclusão de responsabilidade (…) não exprime uma autorização para omitir o comportamento devido, mas apenas a promessa de não reclamar a indemnização*" (PESSOA JORGE, *Ensaio sobre os pressupostos da responsabilidade civil*, reed., Centro de Estudos Fiscais da Direcção Geral das Contribuições e Impostos – Ministério das Finanças, Lisboa, 1972, p. 277).

10.3. *A execução específica como a primeira e mais lógica forma de reacção ao incumprimento do devedor*

No domínio contratual, o credor tem na sua disponibilidade outras formas de salvaguardar o seu direito de crédito, podendo alcançar o cumprimento da prestação a que tem direito, se o devedor a não cumprir voluntariamente, mediante a execução específica do contrato. Esta será, aliás, a primeira e mais lógica forma de reacção, a qual se dirige a obter o cumprimento omitido, e a obtê-lo de forma específica, isto é, na mesma forma que deveria ter sido, e não foi, realizada pelo devedor.

Não se vislumbra, portanto, qualquer contradição entre a celebração de um contrato e a fixação convencional de uma cláusula exoneratória, uma vez que esta *"não afasta a ilicitude de uma eventual falta de cumprimento nem transforma a obrigação do devedor em simples obrigação natural, visto que o seu cumprimento permanece judicialmente exigível"*[45].

Consequentemente, a circunstância de o devedor estar obrigado ao cumprimento da obrigação, mantendo-se este judicialmente exigível, leva a que a cláusula de exclusão da responsabilidade não impeça o credor de lançar mão da execução específica, visto que aquela figura não extingue as obrigações contratuais, visando tão-só excluir (dentro de apertados limites) a responsabilidade do devedor.

A execução específica permite, assim, que o credor obtenha a própria prestação devida, sendo que a sua realização não é voluntária, mas imposta.

Face ao exposto, concluímos que a cláusula de irresponsabilidade não contende minimamente com o sentido jurídico da obrigação, porquanto o credor não fica privado de exigir o seu efectivo cumprimento, nem tão-pouco a obrigação se transforma numa mera obrigação natural (existindo uma tutela muito mais abrangente da que se materializa na *"soluti retentio"*).

No âmbito da própria execução específica, casos há em que o seu afastamento não prejudica o sentido jurídico da obrigação. Pense-se, por exemplo, na convenção de exclusão da execução específica de contratos-promessa. Tal

---

[45] PINTO MONTEIRO, *Cláusulas limitativas e de exclusão de responsabilidade civil, cit.*, p. 193. Da mesma forma, VAZ SERRA, *Cláusulas modificadoras da responsabilidade (…), cit.*, p. 120 [*"Não pode dizer-se que estas cláusulas contrariam a existência da obrigação, que o credor não pode ter querido que o devedor na realidade se não obrigue (…). É que, não só a cláusula (…) não vale no caso de dolo do devedor, como não exclui o dever de ele efectuar a prestação que é devida e que constitui o objecto primário da sua obrigação. (…) Mas desde que tais cláusulas não excluam a obrigação de cumprir, sempre pode o credor exigir a prestação devida, embora sem indemnização, e mover a execução que couber"*].

402 *Bruno Neves de Sousa*

exclusão é, em nosso entender, perfeitamente consentânea com os interesses que subjazem aos contratos-promessa e com a função que eles desempenham[46].

Impedir as partes de convencionar a exclusão do recurso à execução específica seria uma derrogação absurda e ilegítima do princípio da *autonomia privada*.

10.4. *Meios compulsórios e de prevenção destinados a compelir o devedor ao cumprimento da obrigação*

Para além da execução específica – que se revela impotente para proteger os interesses do credor ao nível das obrigações de facto infungível[47] – existem outros meios compulsórios e de prevenção, bem como determinados direitos, que o credor poderá mobilizar para forçar o devedor ao cumprimento da obrigação a que se encontra adstrito.

Desde logo, existe a sanção pecuniária compulsória, prevista no artigo 829.°-A do Código Civil, para enfrentar o referido problema da impossibilidade de execução específica no domínio das prestações de facto infungível (positivo ou negativo). A sanção pecuniária compulsória é, assim, uma forma de coerção indirecta sobre a pessoa do devedor, que é devida, nos termos da lei, sem prejuízo da indemnização a que houver lugar.

Tendo em consideração que, apesar da existência de uma cláusula de irresponsabilidade, o devedor se mantém vinculado a realizar a prestação a que se obrigou por contrato válido e eficaz, poderá o credor munir-se de outros meios de tutela, precavendo-se contra um eventual incumprimento. Estamos a

---

[46] Cf. VASCO LOBO XAVIER, *Contrato-promessa: algumas notas sobre as alterações do Código Civil constantes do Decreto-Lei n.° 236/80, de 18 de Julho*, Separata da *Revista de Direito e Estudos Sociais*, Coimbra, 1983, pp. 28 (n.° 17) e 29-31 (n.° 5). De acordo com o pensamento deste autor, os contratos-promessa sem execução específica são um *"instrumento jurídico adequado às situações típicas e frequentes"* de quem celebra este tipo de contratos, devendo interpretar-se o artigo 830.°, n.° 1, do Código Civil, "com o sentido de nele se reforçar a ideia de que a execução específica não se presume (hoje) excluída pelo facto de haver sinal ou cláusula penal, mas não no sentido de se proscrever o afastamento da execução específica". Esta foi, também, a doutrina acolhida por PIRES DE LIMA e ANTUNES VARELA, *Código Civil Anotado*, vol. II, *cit.*, anotação 9 ao artigo 830.°, pp. 108 e ss.

[47] No âmbito destas prestações, a execução específica contenderia com determinados direitos fundamentais, cujo respeito proíbe que se exerçam medidas de coacção sobre a pessoa do devedor (*"nemo potest praecise cogi ad factum"*).

pensar, designadamente, na prerrogativa que o credor tem de, no âmbito dos contratos bilaterais (que geram obrigações para ambas as partes), invocar a "*exceptio non adimpleti contractus*" (artigo 428.º do Código Civil), recusando a sua prestação enquanto o outro não efectuar a que lhe cabe ou não oferecer o seu cumprimento simultâneo.

O mesmo valerá, "*mutatis mutandis*", para o exercício do direito de retenção (artigo 754.º do Código Civil), para a acção directa (artigo 336.º do Código Civil) ou para a declaração de compensação (artigo 847.º do Código Civil), os quais, desde que verificados todos os seus pressupostos de aplicação, não serão minimamente "beliscados" pela existência de uma convenção de irresponsabilidade.

Mais se refira que o credor goza, ainda, de outros direitos, cujo exercício não será, igualmente, afectado pela cláusula de exclusão da responsabilidade. Reportamo-nos, nomeadamente, ao "*commodum*" de representação (artigo 803.º do Código Civil) e, sobretudo, ao direito de resolução (artigo 801.º do Código Civil).

O primeiro dos referidos direitos, nas palavras de Antunes Varela, "*não constitui uma indemnização do credor, mas apenas um fenómeno de sub-rogação no objecto da prestação*"[48].

Relativamente ao direito de resolução, importa referir que, tornando-se impossível a prestação por causa imputável ao devedor, ou tendo-se a obrigação por definitivamente incumprida, pode o credor, no caso de a obrigação ter tido origem num contrato bilateral, resolver o mesmo.

Saliente-se que, embora a renúncia antecipada do direito de resolução esteja vedada ao credor, nos termos do referido artigo 809.º do Código Civil, a cláusula de exclusão de responsabilidade jamais precludiria o exercício daquele direito[49].

O direito de resolução surge, no âmbito dos contratos bilaterais, como o resultado lógico da própria exigibilidade do direito de crédito, sendo destituída de qualquer sentido a afirmação de que o credor mantém o direito de exigir judicialmente a realização da prestação, tendo antecipadamente admitido, no

---

[48] ANTUNES VARELA, *Das obrigações em geral*, vol. II, reimp. da 7.ª ed., Almedina, Coimbra, 2001, p. 113.

[49] Pinto Monteiro refere, à semelhança do que havia dito relativamente à execução específica, que "*a renúncia antecipada do credor ao direito de resolução prejudicaria, de certo modo, o próprio sentido jurídico do vínculo obrigacional – o que terá constituído a razão determinante daquela norma*" (PINTO MONTEIRO, *Cláusulas limitativas e de exclusão de responsabilidade civil, cit.*, p. 208).

404   *Bruno Neves de Sousa*

entanto, continuar ele próprio adstrito às suas obrigações, sem poder desvin-cular-se do contrato, mesmo depois de o devedor, por sua vez, não cumprir as que lhe incumbiam.

Estamos efectivamente convencidos que a cláusula de irresponsabilidade, por um lado, não desfigura o sentido jurídico da obrigação – razão que, como vimos, terá estado na génese da solução consagrada no artigo 809.° do Código Civil – nem, por outro, contende com a própria coercibilidade do dever de realização da prestação a que está vinculado o devedor.

10.5. *A proibição da cláusula de irresponsabilidade por dolo do devedor*

A afirmação de que a cláusula de irresponsabilidade não impede a exigibi-lidade do direito de crédito, nem contende com o sentido jurídico da obriga-ção, reporta-se, exclusivamente, à cláusula de irresponsabilidade por culpa leve; não a uma cláusula através da qual se estipulasse a exclusão da responsabilidade nos casos em que o devedor faltasse intencionalmente ao cumprimento da prestação.

A proibição da cláusula exoneratória por dolo ("pacto de *dolo non praes-tando*") impossibilitará a circunstância de essa cláusula contender com a própria natureza jurídica da obrigação[50].

Se, porventura, a cláusula de irresponsabilidade por dolo fosse admitida poder-se-ia ver nela uma autêntica condição potestativa, porquanto aquela

---

[50] Nas palavras de MANUEL DE ANDRADE, *Teoria geral das obrigações, cit.*, p. 347, a cláusula de exclusão da responsabilidade, nesta situação, "*mal se compaginaria com a força vinculante que é própria da obrigação, que deixaria obrigar o devedor se lhe fosse permitido o não cumprimento doloso*". Na mesma linha, GUILHERME MOREIRA, *Estudo sobre a responsabilidade civil*, in Antologia do Boletim da Facul-dade de Direito da Universidade de Coimbra, Coimbra, 1982, p. 113 ("*Como limite à liberdade das partes, pelo que respeita à determinação da responsabilidade em que o devedor incorre não cumprindo a obri-gação, há, em princípio, o dolo, não sendo lícito a uma das partes renunciar antecipadamente ao direito de indemnização que para ela derive do dolo da outra parte, pois que ou será imoral a isenção de responsabili-dade (...), ou não se formará um vínculo jurídico quando o devedor fique com o direito de não cumprir volun-tariamente, conscientemente, a obrigação*"). Pinto Monteiro faz, no entanto, uma advertência perti-nente relativamente ao pensamento destes autores, referindo expressamente que eles "*não terão conseguido libertar-se por completo de um certo equívoco que parece subjacente a estas afirmações, na medida em que poderia depreender-se delas, «a contrario», assistir ao devedor que beneficie de uma cláusula de exclu-são por culpa leve o direito de não cumprir a obrigação – ora (...) a cláusula de exclusão em caso algum per-mite ao devedor faltar ao cumprimento, apenas o isentando de responsabilidade, e isto só se o não cumpri-mento ficar a dever-se a culpa leve*" (PINTO MONTEIRO, *Cláusulas limitativas e de exclusão de responsabilidade civil, cit.*, nota n.° 460, p. 215).

convenção *"poderia ter o efeito prático de tornar o cumprimento da obrigação dependente apenas da vontade do devedor"*[51].

O espírito do artigo 809.° do Código Civil encerra a ideia de que só deverão considerar-se proibidas as cláusulas exoneratórias que abarquem o não cumprimento doloso (ou com culpa grave – *"culpa lata dolo aequiparatur"*), ficando, desta forma, na disponibilidade das partes a hipótese de elas convencionarem (validamente) a exclusão da responsabilidade por culpa leve, uma vez que – como repetidamente já afirmámos – uma cláusula deste tipo não desfigurará o sentido jurídico da obrigação nem impedirá a exigibilidade do direito de crédito[52].

10.6. *A interpretação restritiva do artigo 809.° do Código Civil*

As razões que terão determinado a proibição consagrada na norma em causa não abarcam, em nosso entender, a convenção que restrinja à culpa leve a exclusão da responsabilidade do devedor, porquanto não se viola, de *"facto"* e *"de iure"*, o sentido jurídico da obrigação creditícia.

Além disso, existe, indubitavelmente, uma clara falta de unidade normativa entre o artigo 809.° e o artigo 800.°, n.° 2, ambos do Código Civil, sendo, por isso, necessário encontrar uma interpretação do artigo 809.° do Código Civil que conduza a soluções de maior coerência normativa e de melhor fundamentação material.

Tendo no horizonte a sábia advertência de Ferrara, para quem *"entender uma lei (…) não é somente aferrar de modo mecânico o sentido aparente e imediato que resulta da conexão verbal; é indagar com profundeza o pensamento legislativo (…)"*[53], estamos perfeitamente convencidos que, no caso *"sub iudice"*, se impõe uma

---

[51] Cf. VAZ SERRA, *Cláusulas modificadoras da responsabilidade (…)*, cit., p. 114.

[52] Neste sentido, ALMEIDA COSTA, *Direito das obrigações, cit.*, p. 791 [*"(…) a cláusula de irresponsabilidade só estaria abrangida pela proibição do artigo 809.° do Código Civil caso se defendesse a sua validade absoluta, hipótese em que se produziria uma renúncia antecipada à indemnização, que a lei não permite. Simplesmente, limitado o alcance da cláusula à culpa leve, não pode afirmar-se, sem mais, que o credor renuncia a tal direito, pois ele apenas aceita que a responsabilidade do devedor fique condicionada a determinado grau de culpa (dolo ou culpa grave), ou seja, a uma culpa qualificada. Verifica-se, portanto, uma restrição dos pressupostos da responsabilidade, ao nível da culpa do devedor, e não propriamente uma renúncia à indemnização"*].

[53] FRANCESCO FERRARA, *Interpretação e aplicação das leis* (tradução de Manuel de Andrade), 2.ª ed., Coimbra, 1963, p. 128.

406 Bruno Neves de Sousa

interpretação restritiva do artigo 809.º do Código Civil que faça corresponder o âmbito literal desta disposição, porventura demasiado lato, à "*ratio legis*" que a explica.

Ora, o artigo 9.º, n.º 1, do Código Civil, admite a interpretação restritiva do artigo 809.º de acordo com a sua "*ratio*", nos termos da qual se pretende evitar a desfiguração do sentido jurídico da obrigação e, por conseguinte, impedir que o credor fique despojado do direito a exigir a prestação. Assim, estamos em crer que a proibição consagrada naquela norma não abrangerá a cláusula de irresponsabilidade em situações de não cumprimento devido a culpa leve do devedor.

Acresce o facto de a culpa do devedor ser, de acordo com o artigo 799.º, n.º 2, do Código Civil, apreciada "*in abstracto*", pela diligência de um bom pai de família (artigo 487.º, n.º 2, do Código Civil) e não "*in concreto*", em atenção à diligência normal do devedor.

Não se vislumbram razões de ordem pública que obstem à substituição, por acordo das partes, do critério legal de apreciação da culpa em abstracto por um critério que limite à culpa em concreto a responsabilidade do devedor, excepto se existirem causas especiais que imponham solução contrária.

Poder-se-ia, no entanto, argumentar em sentido contrário, afirmando-se que "*uma cláusula deste tipo seria proibida pelo artigo 809.º do Código Civil, na medida em que, contentando-se o credor com um eventual direito de indemnização por culpa em concreto do devedor, tal significaria uma renúncia prévia ao critério da apreciação da culpa em abstracto por que a lei ajuíza o comportamento do devedor, pressuposto do direito do credor à indemnização*"[54].

Adriano Vaz Serra, depois de ter recusado a natureza de ordem pública do critério de apreciação da culpa em abstracto e após ter efectuado uma profunda análise acerca da "*ratio*" subjacente ao artigo 809.º do Código Civil, foi peremptório a refutar tal argumentação, afirmando expressamente que, "*sendo assim, a razão do artigo 809.º não é aplicável a uma cláusula que limite à culpa «in concreto» do devedor a sua responsabilidade, dado que isso não suprime a obrigação, nem a transforma numa obrigação natural, apenas impondo ao devedor o dever de agir com a sua diligência normal, e não com a de um bom pai de família*"[55].

Como tal, remata aquele autor, "*do mesmo modo que podem as partes convencionar um dever de diligência «quam in suis» do devedor mais diligente do que um bom pai de família (o que aumentaria as garantias do credor na satisfação do seu interesse),*

---

[54] PINTO MONTEIRO, *Cláusulas limitativas e de exclusão de responsabilidade civil, cit.*, p. 226.
[55] VAZ SERRA, *Revista de Legislação e de Jurisprudência,* Ano 102, p. 312.

também parece ser lícito que convencionem um dever de diligência «quam in suis» apesar de o devedor ser usualmente menos diligente do que o bom pai de família"[56].

Assim, a cláusula de exclusão de responsabilidade por culpa leve não ofenderá o artigo 809.º do Código Civil, uma vez que a limitação da responsabilidade do devedor à sua culpa em concreto representará, na prática, uma exclusão da responsabilidade em que este incorreria caso fosse aplicado o critério legal de apreciação da culpa.

10.7. *O regime jurídico das cláusulas contratuais gerais*

Outro argumento (de índole sistemática) que nos permite justificar a validade das cláusulas de irresponsabilidade nos casos de culpa leve é aquele que resulta do regime jurídico das cláusulas contratuais gerais, instituído pelo Decreto-Lei n.º 446/85, de 25 de Outubro[57].

Nos termos do artigo 18.º, alínea *c*). do referido diploma, "*são em absoluto proibidas (…), as cláusulas contratuais gerais que excluam ou limitem, de modo directo ou indirecto, a responsabilidade por não cumprimento definitivo, mora ou cumprimento defeituoso, em caso de dolo ou de culpa grave*", assim como também são absolutamente proibidas, nos termos da alínea *d*) do mesmo preceito, "*as cláusulas contratuais gerais que excluam ou limitem, de modo directo ou indirecto, a responsabilidade por actos de representantes ou auxiliares, em caso de dolo ou de culpa grave*".

Tendo em conta que a proibição de tais cláusulas, desde que inseridas em contratos de adesão, se limita às situações de dolo e culpa grave[58], deverá admitir-se, por maioria de razão, que "*a lei não pode ser mais exigente quando essas cláusulas constarem de um contrato negociado nos moldes clássicos*"[59].

---

[56] *Idem.*

[57] Alterado pelo Decreto-Lei n.º 220/95, de 31 de Agosto, e pelo Decreto-Lei n.º 249/99, de 7 de Julho. Cf. PINTO MONTEIRO, *Cláusula penal e indemnização*, cit., pp. 254 e ss..

[58] Refira-se, no entanto, que a cláusula de irresponsabilidade por culpa leve poderá, igualmente, vir a ser considerada proibida, nos termos do artigo 15.º do referido diploma, o qual consagra, no plano do controlo de conteúdo, uma cláusula geral fundada na boa fé. Cf. ALMEIDA COSTA e MENEZES CORDEIRO, *Cláusulas contratuais gerais: Anotação ao Decreto-Lei n.º 446/85, de 25 de Outubro*, reimp., Coimbra, 1990, pp. 38 e ss., anotações aos artigos 15.º e 17.º.

[59] Não pode o regime geral da cláusula exoneratória, prescrito no artigo 809.º do Código Civil, ser mais severo do que o regime especial, estabelecido no regime jurídico das cláusulas contratuais gerais. Neste sentido, ALMEIDA COSTA, *Direito das obrigações, cit.*, p. 792.

O postulado interpretativo da unidade do sistema jurídico reclama, assim, que se considere, na fixação do sentido e alcance do artigo 809.º do Código Civil, a solução legislativa consagrada em sede de controlo das cláusulas contratuais gerais, dada a semelhança entre os problemas em questão[60].

Eis aqui um dos mais fortes argumentos que sustentam a viabilidade da orientação que perfilhamos, ou seja, a da admissibilidade da cláusula exoneratória por culpa leve.

11. *O regime especial da cláusula exoneratória*

Para além da disciplina das cláusulas de irresponsabilidade estabelecida no âmbito do regime jurídico das cláusulas contratuais gerais, existem outros domínios em que, por clara intervenção do legislador ou por razões de ordem pública, as cláusulas de irresponsabilidade são estritamente proibidas, não se admitindo nem mesmo as que se restringem à culpa leve.

Refira-se, a título de exemplo, a norma do artigo 504.º, n.º 4, do Código Civil – disposição que surgiu no Código de 1966 (artigo 504.º, n.º 3) – e que prescreve, "*tout court*", a nulidade das "*cláusulas que excluam ou limitem a responsabilidade do transportador pelos acidentes que atinjam a pessoa transportada*".

Este preceito, resolvendo expressamente o problema da admissibilidade da cláusula de irresponsabilidade, consagra um regime especial num duplo sentido: a primeira especialidade tem que ver com o próprio âmbito da norma, o qual se refere à incolumidade do transportado ["*(...) pelos acidentes que atinjam a pessoa transportada*"]; a segunda especialidade está, por sua vez, relacionada com a particular severidade do regime plasmado na norma em causa, na medida em que as cláusulas que excluam ou limitem a responsabilidade do transportador serão sempre sancionadas com a nulidade.

Analisando o elemento literal do artigo 504.º, n.º 4, do Código Civil, persistem, no entanto, dúvidas interpretativas quanto ao regime aplicável às coisas transportadas, uma vez que aquele se refere, exclusivamente, à "*pessoa do transportado*".

Lançando mão da presunção metodológica do legislador razoável, prevista no artigo 9.º, n.º 3, do Código Civil, segundo a qual, "*n[a] fixação do sentido e*

---

[60] Vd. PINTO MONTEIRO, *Contratos de adesão: o regime jurídico das cláusulas contratuais gerais instituído pelo Decreto-Lei n.º 446/85, de 25 de Outubro*, in *Revista da Ordem dos Advogados*, ano 46, n.º III, pp. 756 e ss..

alcance da lei, o intérprete presumirá que o legislador consagrou as soluções mais acerta-das e soube exprimir o seu pensamento em termos adequados", julgamos que a melhor solução passará pela aplicação directa do artigo 809.° do Código Civil às convenções de exclusão ou limitação da responsabilidade do transportador pelos acidentes que afectem as coisas transportadas. Doutro modo, estaríamos perante um gravíssimo erro de técnica legislativa, cuja ocorrência preferimos, esperançadamente, afastar.

Assim, relativamente a esta situação particular (exclusão ou limitação da responsabilidade do transportador pelos acidentes que afectem as coisas trans-portadas) é, igualmente, aplicável o regime geral da cláusula de exclusão de res-ponsabilidade civil, nos termos do qual a convenção de irresponsabilidade é válida nos casos de culpa leve (ou mera culpa) e nula nos casos de dolo ou de culpa grave.

Impõe-se, ainda, uma breve referência a outros diplomas que, à semelhança do artigo 504.°, n.° 4, do Código Civil, afastam, *"in limine"*, a admissibilidade das cláusulas de exclusão da responsabilidade.

Observe-se que o Decreto-Lei n.° 449/85, de 25 de Outubro – que esta-belece o princípio da obrigatoriedade do seguro de forma a garantir a responsa-bilidade civil decorrente dos danos ou prejuízos resultantes das redes internas ou ramais de distribuição de combustíveis gasosos – consagra a responsabili-dade objectiva do proprietário, não sendo, portanto, susceptível de qualquer exclusão ou limitação por razões de ordem pública.

Por último, resta fazer uma alusão ao Decreto-Lei n.° 383/89, de 6 de Novembro, o qual transpôs a Directiva 85/374/CEE, do Conselho, de 25 de Julho de 1985, relativa à aproximação das disposições legislativas, regulamenta-res e administrativas dos Estados-Membros em matéria de responsabilidade de produtos defeituosos.

Nos termos do artigo 10.° do mencionado diploma, *"não pode ser excluída ou limitada a responsabilidade perante o lesado, tendo-se por não escritas as estipulações em contrário"*. A responsabilidade objectiva do produtor pelos defeitos dos pro-dutos que põe em circulação é, desta forma, uma daquelas áreas em que, por motivos de ordem pública, não se admitem quaisquer cláusulas de exclusão ou limitação da responsabilidade.

Ao lado do regime geral da cláusula de irresponsabilidade, que se concre-tiza na validade de princípio daquela convenção nas situações de culpa leve e na sua inadmissibilidade nos casos de dolo ou de culpa grave – existe um regime, que poderá qualificar-se de especial, que consagra, por um lado, a vali-dade da cláusula exoneratória por culpa leve (prescrita no regime jurídico das cláusulas contratuais gerais) e, por outro, numa clara concessão ao princípio da *ordem pública*, a inadmissibilidade pura e simples daquela convenção, em determinadas domínios como a responsabilidade médica e a defesa do consumidor.

IV – **Conclusões**

12. *A admissibilidade das cláusulas limitativas e a validade de princípio das cláusulas de irresponsabilidade por culpa leve*

Face ao exposto, e já nas derradeiras linhas do presente estudo, mal se compreenderia outro epílogo que não fosse aquele que se foi desvendando ao longo da sua elaboração, ou seja, a defesa convicta da tese da validade das cláusulas limitativas, desde que observados os respectivos pressupostos, e da cláusula de exclusão da responsabilidade por culpa leve, porquanto, relativamente a esta última – cuja validade é bem mais questionada do que a primeira – não existem razões materiais que obstem à validade de princípio da mesma, justificando-se, porém, a sua inadmissibilidade pura e simples, em certas áreas, por razões de ordem pública.

Não nos parece, assim, que se possa afirmar, com absoluta razão, que a cláusula de irresponsabilidade desfigura o sentido jurídico da obrigação creditícia, transformando-a numa autêntica obrigação natural, nem que aquela cláusula contende com a coercibilidade do dever de prestar – razões que, como vimos, terão estado na génese da obscura redacção do artigo 809.º do Código Civil.

Reconhece-se, no entanto, que a orientação perfilhada, designadamente quanto à validade da cláusula de exclusão da responsabilidade por culpa leve, está longe de ser a tese maioritariamente defendida na doutrina. Todavia, não fora assim, estas páginas não nos teriam proporcionado o gozo que, de facto, nos proporcionaram. Em todo o caso, restar-nos-á, em caso de falhanço, como alguém disse outrora, *a consolação de termos sido os artífices da nossa própria desgraça.*

Conflito de deveres

DESEMBARGADOR OLINDO GERALDES

> SUMÁRIO: *I – Introdução. II – O conflito de deveres: 2.1. Os pressupostos; 2.2. Os critérios de prevalência; 2.3. O dever de obediência. III – A jurisprudência. IV – As tendências. V – As conclusões.*

I – **Introdução**

No âmbito da responsabilidade civil, o conflito de deveres aparece como uma forma de delimitação negativa da ilicitude do facto.

O cumprimento de um dever, podendo excluir a ilicitude, constitui uma das causas de justificação e, como tal, afastar a responsabilidade civil.

Por vezes, porém, a pessoa é confrontada, não só por um dever mas também, e em simultâneo, por mais do que um dever, que não comportam a realização total das respectivas condutas.

Nesta situação, não imputável ao próprio, é indispensável superar o dilema em que se traduz o conflito de deveres. Isso, todavia, não pode realizar-se de um modo discricionário ou arbitrário. A escolha do dever a cumprir terá de ser apropriada, nomeadamente através da prevalência do mais importante, em conformidade com a hierarquia que preenche o ordenamento jurídico vigente.

Neste contexto, é imprescindível, então, proceder à averiguação dos critérios normativos, que possibilitam a escolha, livre e conscienciosa, do dever mais relevante para cumprir.

Para o efeito, é possível fazer a extrapolação da figura da colisão de direitos[1],

---

[1] ANTÓNIO MENEZES CORDEIRO, *Da colisão de direitos*, O Direito, Ano 137.°, 2005, I, pág. 55.

412   *Olindo Geraldes*

há muito tempo consagrada no ordenamento jurídico português, designadamente no actual Código Civil[2].

Para além da compreensão do ordenamento jurídico, será interessante, também, examinar o modo como a jurisprudência portuguesa mais recente tem vindo a acompanhar e a lidar, em vários domínios, com esta causa de justificação, o conflito de deveres.

Por fim, e em corolário, importará extrair as conclusões mais significativas, destacando desde já, que o juízo de prevalência do dever a cumprir, para a justificação do facto e exclusão da ilicitude, tem de partir da consideração das circunstâncias concretas.

II – O conflito de deveres

2.1. *Os pressupostos*

O conflito de deveres, sem um tratamento autónomo, tem sido desenvolvido a partir da questão do cumprimento de um dever[3], no âmbito do dever de agir[4], sendo perspectivado como uma das causas gerais da exclusão da ilicitude e, mais amplamente, da responsabilidade civil.

Como realça Antunes Varela, esta causa de justificação, assim como as outras, constitui a expressão de uma faculdade de agir (*agere licere*)[5].

O dever, acolhendo a noção dada por Pessoa Jorge[6], representa a projecção da lei no plano subjectivo ou pessoal, correspondente à situação em que se encontra alguém de ter de praticar determinado acto ou manter certa abstenção para poder atingir o seu fim ou bem racional.

O valor reconhecido e tutelado pela ordem jurídica, através da promoção de certo comportamento, concede adequada justificação à criação do dever jurídico[7], que assim releva como uma situação normativa ou valorativa[8].

---

[2] António Menezes Cordeiro, *idem,* págs. 41 a 44.

[3] Vaz Serra, *Causas justificativas do facto danoso,* Boletim do Ministério da Justiça, n.º 85, 1959, págs. 87 e seguintes. Fernando Pessoa Jorge, *Ensaio sobre os pressupostos da responsabilidade civil,* 1968, pág. 167. Almeida Costa, *Direito das obrigações,* 3.ª edição, 1979, pág. 376. Antunes Varela, *Das obrigações em geral,* vol. I, 10.ª edição, 2004, pág. 552. Luís Menezes Leitão, *Direito das obrigações,* vol. I, 3.ª edição, 2003, pág. 308.

[4] António Menezes Cordeiro, *Direito das obrigações,* 2.º volume, reimpressão, 2001, pág. 363.

[5] *Das obrigações em geral,* vol. I, pág. 553.

[6] *Lições de Direito das obrigações,* 1975-76, pág. 48.

[7] Para Antunes Varela, "*o dever jurídico é a necessidade imposta pelo direito (objectivo) a uma pessoa de observar certo comportamento*", *Das obrigações em geral,* I, pág. 52.

O dever jurídico vai além do dever de prestação correspondente à obriga-ção, englobando não só a situação de vinculação de uma pessoa a uma conduta específica, mas também a situação de vinculação a um comportamento genérico (dever geral de abstenção)[9].

Por outro lado, o dever jurídico distingue-se ainda de outras figuras afins, nomeadamente do estado de sujeição, do ónus jurídico e do poder-dever[10].

O dever jurídico, que necessariamente implica a liberdade de determinação, é susceptível de ser violado e, nessa medida, ao contrário do dever moral, gerar uma situação caracterizada pela sua ilicitude.

Contudo, nem toda a violação do dever jurídico determina uma situação de ilicitude, como sucede, nomeadamente, quando alguém, confrontado em simultâneo por dois deveres incompatíveis entre si, actua, cumprindo o dever, concretamente, considerado mais importante.

Neste caso, surpreende-se então, um claro conflito de deveres. Efectivamente, sempre que, num dado momento, a alguém se exijam obrigações incompatíveis entre si, em correspondência com uma situação de concurso real de normas, ocorre um conflito de deveres[11]. Trata-se, com efeito, de uma situação em que colidem distintos deveres de acção, dos quais só um pode ser cumprido[12].

O conflito de deveres pressupõe, necessariamente, não ter sido o resultado voluntário da actuação da própria pessoa, por um lado, e os deveres, isoladamente considerados, poderem ser concretizados, por outro. A situação de conflito tem, pois, de ser alheia à vontade da pessoa e de ser efectivamente real.

O Direito, como uma manifestação ideal do que é considerado como justo, não pode oferecer abrigo àquelas situações em que o conflito de deveres tenha sido, culposamente, provocado por quem está adstrito ao dever. Neste âmbito, para arredar a situação do conflito de deveres, é conveniente prestar cuidado e atenção às exigências requeridas pelo princípio da boa fé[13], estruturante da ordem jurídica portuguesa.

---

[8] PESSOA JORGE, *Lições de Direito das obrigações*, pág. 51.

[9] ANTUNES VARELA, *Das obrigações em geral*, I, pág. 54.

[10] Para a explicitação das diferenças, veja-se, designadamente, ANTUNES VARELA, *Das obrigações em geral*, I, págs. 55 a 61, e PESSOA JORGE, *Lições de Direito das obrigações*, págs. 52 e 53.

[11] PESSOA JORGE identifica o caso como de *"colisão de deveres"*, *Ensaio sobre os pressupostos da responsabilidade civil*, pág. 173.

[12] JORGE FIGUEIREDO DIAS, *Direito penal, Parte Geral*, Tomo I, 2004, pág. 437.

[13] ANTÓNIO MENEZES CORDEIRO, *Da colisão de direitos*, O Direito, Ano 137.º, I, pág. 47.

414 *Olindo Geraldes*

Os deveres, sendo naturalmente múltiplos, podem ter origem diversificada, natureza diversa e conteúdo variado[14], que importará ponderar, nomeadamente quando se tratar de aferir da superioridade de um dever em relação a outro.

O conflito de deveres tem vindo a suscitar um interesse doutrinal mais profundo, e também mais intenso, no âmbito do Direito penal, com destaque para Eduardo Correia (*"colisão de deveres"*)[15], onde chega a ser debatido a propósito do estado de necessidade justificante[16].

Esta última circunstância poderia induzir na ideia de falta de autonomia, como causa de justificação, do conflito de deveres. Mas isso, como se reconhece, não acontece na actualidade, nomeadamente por o conflito de deveres revestir certas especificidades em relação ao estado de necessidade[17], com especial realce para a do dever jurídico que é sempre estabelecido no interesse alheio[18], característica que a jurisprudência também tem destacado, como se verá.

O conflito de deveres mereceu, aliás, a consagração positiva no artigo 36.º do Código Penal:

1. Não é ilícito o facto de quem, em caso de conflito no cumprimento de deveres jurídicos ou de ordens legítimas da autoridade, satisfazer dever ou ordem de valor igual ou superior ao do dever ou ordem que sacrificar.

2. O dever de obediência hierárquica cessa quando conduzir à prática de um crime.

No Direito civil, Pessoa Jorge[19] dedicou ao tema da "colisão de deveres" particular atenção, sendo secundado depois, e na mesma esteira, por Menezes Cordeiro[20] e Menezes Leitão[21].

Apesar da aceitação doutrinária e jurisprudencial da figura do conflito de deveres, esta ainda não logrou obter a consagração positiva expressa. Todavia, dada a autonomia que se vem reconhecendo ao conflito de deveres, justificava-se também, à semelhança do Direito penal, a sua formulação em termos de lei.

---

14 António Menezes Cordeiro, *Direito das obrigações*, 2.º, pág. 363.
15 *Direito criminal*, II, 1971, págs. 91 a 97.
16 Figueiredo Dias, *Direito penal, Parte Geral*, Tomo I, págs. 436 a 439.
17 Figueiredo Dias, *Direito penal, Parte Geral*, Tomo I, pág. 437.
18 Pessoa Jorge, *Ensaio sobre os pressupostos da responsabilidade civil*, pág. 178.
19 *Ensaio sobre os pressupostos da responsabilidade civil*, pág. 167.
20 *Direito das obrigações*, 2.º, pág. 363.
21 *Direito das obrigações*, I, págs. 308 e 309.

Esta circunstância, no entanto, não tem obstado à sua aplicação prática nas mais variadas situações, que, mais adiante, teremos oportunidade de especificar em melhores termos.

2.2. *Os critérios de prevalência*

Definido o conflito de deveres e enumerados os seus pressupostos, importa agora ensaiar a concretização de um critério geral que possibilite a determinação da prevalência ou superioridade do dever que justifique o sacrifício do outro dever.

Para tal efeito, tem sido mencionado o do valor ou importância relativa[22], segundo o qual o cumprimento do dever mais forte justifica o sacrifício ou incumprimento do dever mais fraco[23]. O cumprimento deste dever, porém, não justifica a violação do dever mais forte, embora possa pesar no apuramento do grau de culpa. A importância dos deveres consegue obter-se pela aferição do valor do bem ou interesse protegidos.

Este critério, assente na supremacia da tutela do bem mais valioso[24] ou na ponderação dos interesses em causa, insere-se, com coerência, na sistemática legal seguida, desde logo, no Direito penal, nomeadamente no n.° 1 do artigo. 36.° do Código Penal, que, como se viu, prevê a exclusão da ilicitude, sempre que, em caso de conflito no cumprimento de deveres jurídicos, alguém satisfaça o dever de valor igual ou superior ao dever sacrificado[25].

O mesmo critério é, igualmente, adoptado no Direito civil[26], noutros casos paralelos ou concorrentes, designadamente na colisão de direitos[27], na acção directa[28], na legítima defesa[29] e no estado de necessidade[30].

---

[22] PESSOA JORGE, *Ensaio sobre os pressupostos da responsabilidade civil*, pág. 174. ALMEIDA COSTA, *Direito das obrigações,* 3.ª edição, pág. 377. MENEZES LEITÃO, *Direito das obrigações*, I, 3.ª edição, pág. 308.

[23] EDUARDO CORREIA, *Direito criminal*, II, pág. 92.

[24] ALMEIDA COSTA, *Direito das obrigações*, 3.ª edição, pág. 377.

[25] Como escreve MENEZES CORDEIRO, no direito penal, com uma "ponderação mais marcadamente valorativa", dada a "natureza das coisas" (O Direito, Ano 137.°, I, pág. 55).

[26] No âmbito do direito administrativo, MARCELO REBELO DE SOUSA e ANDRÉ SALGADO DE MATOS defendem, também, que "*o conflito de deveres deve ser resolvido mediante o acatamento do dever que a ordem jurídica considere prevalecente*" (*Direito administrativo geral,* Tomo III, 2007, pág. 419).

[27] Artigo 335.°, n.° 2, do Código Civil.

[28] Artigo 336.°, n.° 3, do Código Civil.

[29] Artigo 337.° do Código Civil.

[30] Artigo 339.°, n.° 1, do Código Civil.

416   *Olindo Geraldes*

Sendo os deveres desiguais ou de espécies diferentes, deve prevalecer aquele que se considere superior. A desigualdade dos deveres deve começar por ser aferida em termos abstractos[31]. Segundo esta formulação, os bens pessoais são superiores aos bens patrimoniais.

Esse juízo, porém, pode não ser suficiente para, na maioria dos casos, resolver o delicado dilema resultante do confronto de deveres. Torna-se, por isso, indispensável recorrer ainda a um juízo de superioridade[32], para alcançar a hierarquização dos deveres, agora numa formulação em termos concretos[33], com a ponderação devida de todas as circunstâncias do caso. Trata-se, como lhe chama Figueiredo Dias[34], da "ponderação global e concreta dos interesses em conflito". Depois da extracção deste juízo concreto, pode acontecer que um dever patrimonial apresente um valor superior ao de um dever pessoal, que, em abstracto, é superior ao primeiro. Será em função do dever, considerado de valor superior face às circunstâncias concretas do caso, que alguém tem de agir, com a certeza ainda de que, também, não pode livrar-se do conflito, deixando, pura e simplesmente, de cumprir qualquer um dos deveres[35].

Se os deveres que entrarem em colisão forem de valor igual, poderá optar-se, indiferentemente, pelo cumprimento de qualquer um deles, ficando desse modo justificada a falta quanto ao outro dever não cumprido[36].

Como de algum modo já se aludiu, importa sublinhar que tal solução vale para os deveres de acção ("omissões puras")[37], não servindo quando o confronto opera entre um dever de acção e um dever de omissão, dado que o cumprimento daquele não justifica a violação deste[38].

Na apreciação casuística da superioridade dos deveres podem e devem ser aproveitados alguns factores de ponderação, que vêm sendo apresentados, embora com muitas cautelas, para evitar *in concreto* soluções inadequadas, a pro-

---

[31] MENEZES CORDEIRO, O Direito, Ano 137.º, I, pág. 47.

[32] MENEZES CORDEIRO, O Direito, Ano 137.º, I, pág. 47.

[33] PESSOA JORGE, *Ensaio sobre os pressupostos da responsabilidade civil*, pág. 175.

[34] *Direito penal, Parte Geral*, Tomo I, pág. 439.

[35] FIGUEIREDO DIAS alude, neste âmbito, que "o agente *não é livre* de se imiscuir ou não no conflito" (*Direito penal, Parte Geral*, Tomo I, pág. 438).

[36] Nas prestações divisíveis, no entanto, a solução poderá passar por um eventual rateio, cumprindo-se parcialmente os deveres.

[37] EDUARDO CORREIA, *Direito criminal*, II, pág. 93.

[38] Todavia, podendo perecer ambos os bens e não estando em causa bens absolutos, como a vida humana, pode justificar-se o não cumprimento do dever de omissão (PESSOA JORGE, *Ensaio sobre os pressupostos da responsabilidade civil*, pág. 176).

Conflito de deveres   417

pósito da temática da colisão de direitos[39], e que são susceptíveis de propor
cionar um justo juízo quanto à escolha do dever jurídico a cumprir.

Assim, neste âmbito, pode-se fazer uso, para superar devidamente o conflito de deveres, dos seguintes critérios:

1 – A antiguidade relativa;
2 – Os danos pelo não cumprimento;
3 – A prevalência em abstracto;
4 – O igual sacrifício;
5 – A composição aleatória equilibrada;
6 – A composição aleatória.

O primeiro critério, baseado no velho aforismo *prior tempore, potio iure*,
atribui prevalência, no cumprimento, ao dever que teve precedência, quanto à
constituição, sendo ambos válidos. Este critério, para além de favorecer a esta-
bilidade das relações sociais, concede abrigo ao princípio da confiança, cuja
importância é amplamente reconhecida, desde logo a nível do Direito constitucional.

O segundo critério, correspondente ao da minimização dos danos, procura
fazer prevalecer o dever cujo incumprimento determina danos mais elevados.
Este critério, que perpassa pela ordem jurídica[40], pode também ser aproveitado,
neste âmbito, para a preferência pelo dever cujo incumprimento transporte
mais prejuízos. Os danos, tanto podem ser de natureza económica, como também de natureza humana e social, pelo que se admite um sentido amplo para
os mesmos.

Não possibilitando esses critérios, aplicáveis por regra[41] pela ordem des-
crita, obter uma conclusão, importa então empregar o terceiro critério, o qual,
como os demais, é tido já como de recurso, por contraposição com os anteriores, classificados como critérios normais. Com o terceiro critério, o da prevalência abstracta, procede-se à ponderação, de modo que sendo os deveres
desiguais ou de espécies diferentes, abstractamente considerados, a preferência
segue naturalmente para o dever mais ponderoso.

---

[39] MENEZES CORDEIRO, O Direito, Ano 137.º, I, pág. 48.
[40] Artigo 387.º, n.º 2, do Código de Processo Civil.
[41] MENEZES CORDEIRO apela à ideia de um "sistema móvel", descrito como "um conjunto articulado de proposições intermutáveis, em função dos valores que representam e das solicitações
exteriores" (O Direito, Ano 137.º, pág. 49).

418   *Olindo Geraldes*

Se ainda assim não for possível sair do fatal dilema do conflito, deve então recorrer-se a outro critério, correspondente ao do igual sacrifício, distribuindo este equilibradamente, numa típica solução de rateio[42]. A aplicação deste critério pressupõe, no entanto, que se trate de prestações divisíveis e também da mesma espécie[43].

Persistindo a incerteza, poderá empreender-se ainda, sendo possível, uma composição aleatória equilibrada, ou, na situação inversa, e no limite, mesmo à composição aleatória pura. Deste modo, podemos chegar a uma situação de deveres equiparáveis, para a qual restará apenas recorrer à composição aleatória. Numa situação destas, equivalendo-se os deveres, é indiferente optar pelo cumprimento de um ou outro dos deveres. Assim, a realização da prestação, no cumprimento de um dos deveres, afasta a ilicitude decorrente do incumprimento do outro dever.

Interessa insistir que estes critérios influem no caso do conflito de deveres se reportar a deveres de acção. Como antes se observou, quando um dever de acção colide com um dever de omissão relativamente a bens de igual valor, o cumprimento do primeiro não justifica a violação do segundo, salvo se ambos os bens, não absolutos, estiverem na perspectiva de virem a perder-se.

Importa ainda sublinhar algo a que de certa forma já se aludiu, mas que não é demais repetir. Aquele que não cumpre qualquer dos deveres conflituantes, não poderá invocar depois a impossibilidade de cumprimento dos dois deveres. Nesta situação, para Pessoa Jorge[44], é responsável pelo incumprimento de ambos os deveres[45].

Na verdade, sendo desrespeitados ambos os deveres, nessa medida, compreende-se a autoria pelos dois ilícitos. No entanto, no âmbito da culpa, não pode deixar de se tomar em conta a impossibilidade simultânea de realizar ambas as prestações. Como censurar quem, por efeito do conflito de deveres, está impossibilitado de realizar uma das duas prestações? Sendo tal comportamento manifestamente inexigível, não se justifica, nesse caso, a censura do

---

[42] O acórdão do Tribunal da Relação de Lisboa, de 3 de Julho de 2007 (Processo n.º 2545/2007-5, www.dgsi.pt), a propósito de dívidas dos trabalhadores, refere este critério.

[43] PESSOA JORGE cita um caso de fornecimento de electricidade que, na primeira metade do século XX, opôs a União Eléctrica Portuguesa e o Arsenal do Alfeite, no qual se seguiu a "solução do rateio" (*Ensaio sobre os pressupostos da responsabilidade civil*, pág. 171).

[44] No mesmo sentido, também MENEZES LEITÃO, *Direito das obrigações*, I, 3.ª edição, pág. 308, e FIGUEIREDO DIAS, *Direito penal, Parte Geral*, Tomo I, pág. 438.

[45] *Ensaio sobre os pressupostos da responsabilidade civil*, pág. 177.

agente, pois este apenas se pode determinar pelo cumprimento exclusivo de um dos deveres conflituantes.

Na responsabilidade civil por facto ilícito perde sentido a sua exigência, pelo incumprimento de deveres incompatíveis, a não ser que se atribua, para além do efeito reparatório, que por regra está associado àquela responsabilidade civil, também o efeito de natureza sancionatória.

Na verdade, para o Direito, não deve ser indiferente o cumprimento de um dos deveres ou o incumprimento dos dois deveres, com o pretexto de ambos serem, simultaneamente, inexequíveis. O Direito exige sempre decisões justas e adequadas às circunstâncias[46]. Por outro lado, também não se pode desprezar a circunstância da questão se inserir na problemática do dever de agir.

Seja como for, a impossibilidade de cumprimento de ambos os deveres não pode deixar de se repercutir, quer no grau de culpa[47] quer, especialmente, na determinação da correspondente obrigação de indemnização[48].

Em síntese, a aplicação dos descritos critérios de prevalência, a que importa conferir elasticidade, possibilita uma escolha racional e justa, em harmonia com a ordem jurídica vigente, diminuindo proveitosamente o espaço da aleatorie-dade.

Em simultâneo, incentiva-se justamente a ponderação concreta e norma-tiva pelo cumprimento do dever mais valioso, subtraindo o indesejável arbítrio, o que se traduzirá sempre em evidentes vantagens, designadamente para o reforço da confiança e incremento da paz social, alavanca fundamental do bem-estar e progresso social e económico.

2.3. *O dever de obediência*

Uma situação de conflito de deveres, susceptível de surgir com grande fre-quência, emerge quando uma obrigação é incompatível com a conduta imposta ao agente por outrem, estando este, legitimamente, investido de um poder de direcção.

---

[46] P. Pais de Vasconcelos, *Contratos atípicos*, 1995, págs. 397/398.

[47] Poderá falar-se, como Eduardo Correia, de uma situação de não exigibilidade, que tem como efeito a exclusão da culpa (*Direito criminal*, II, pág. 97).

[48] Para Marcelo Rebelo de Sousa e André Salgado de Matos, o *"comportamento lícito alter-nativo"* é genericamente relevante, pois violaria o princípio da proporcionalidade a imposição ao lesante do dever de indemnizar um dano que, em qualquer caso, se produziria através de uma acção lícita (*Direito administrativo geral*, Tomo III, pág. 429).

420   *Olindo Geraldes*

O poder de direcção traduz-se na faculdade de, por efeito de um poder jurídico, dar ordens ou determinações a que os seus destinatários devem obediência. Estamos, aqui, em presença do dever de obediência. O contrato de trabalho é um exemplo paradigmático de uma fonte de atribuição do poder de direcção ou, como também é apelidado, conformativo da prestação[49].

O cumprimento do dever de obediência, pode, no entanto, frequentemente, contender com outro dever a que a mesma pessoa, a quem foi dada a ordem, está também juridicamente vinculada.

Sendo a ordem vinculativa, o cumprimento da mesma poderá ser invocado, como causa de justificação, para o incumprimento do dever?

As condições de legitimidade de uma ordem, que como tal agora nos interessam, dependem da situação dos respectivos intervenientes, as quais são definidas, por regra, por normas jurídicas específicas.

É o que sucede, por exemplo, com os funcionários e agentes da administração central, regional e local[50], com os militares[51], com os trabalhadores no âmbito do contrato de trabalho[52] e com as pessoas em geral relativamente às ordens ou mandados legítimos da autoridade pública[53].

Existindo o dever de obediência a uma ordem vinculativa, o seu cumprimento constitui, geralmente, causa de justificação, excluindo a ilicitude do facto[54].

Contudo, nem todo o cumprimento de ordem vinculativa conduz automaticamente à justificação do facto, no âmbito da responsabilidade civil.

Nessa perspectiva, importa considerar a natureza da relação de dependência estabelecida, designadamente aquela que se insere numa estrutura organizada hierarquicamente, implicativa do dever de obediência, cuja maior ou menor amplitude varia consoante a natureza das funções exercidas, sendo cla-

---

[49] A. MONTEIRO FERNANDES, *Direito do trabalho,* 10.ª edição, 1998, pág. 240.

[50] Artigos 3.º, n.os 4, alínea *c*), e 7, e 10.º, do Estatuto Disciplinar, aprovado pelo Decreto-Lei n.º 24/84, de 16 de Janeiro. Entretanto, este diploma foi revogado pelo artigo 5.º da Lei n.º 58/2008, de 9 de Setembro, que aprovou também o Estatuto Disciplinar dos Trabalhadores que Exercem Funções Públicas [artigos 3.º, n.os 2, alínea *f*), e 8, e 5.º).

[51] Artigos 2.º, 4.º, n.os 1 e 2, e 5.º, do Regulamento de Disciplina Militar, aprovado pelo Decreto-Lei n.º 142/77, de 9 de Abril.

[52] Artigos 11.º e 128.º, n.º 1, alínea *e*), do Código do Trabalho, aprovado pela Lei n.º 7/2009, de 12 de Fevereiro.

[53] Artigo 348.º do Código Penal.

[54] VAZ SERRA equipara ao exercício de um direito o cumprimento de um dever imposto por uma norma jurídica ou por ordem legítima da autoridade pública (*Causas justificativas do facto danoso,* Boletim do Ministério da Justiça, n.º 85, pág. 94).

ramente mais exigente, por exemplo, no âmbito do serviço militar do que em qualquer dos outros sectores da administração pública. A prossecução regular e contínua do vasto serviço público, resultante das atribuições cometidas ao Estado, exige, para potenciar a sua eficiência, uma estrutura funcionalmente hierarquizada, com o inerente dever de obediência[55].

O dever de obediência pode ser configurado tipicamente em três situações, com efeitos diferenciados:

– Obediência às ordens da autoridade pública;
– Obediência hierárquica de direito público;
– Obediência hierárquica de direito privado.

Relativamente à primeira situação, a da obediência às ordens da autoridade pública, a obediência a uma ordem ou mandado legítimos da autoridade pública deve, por princípio, considerar-se uma causa de justificação do facto. Contudo, podem ocorrer casos em que assim não seja. É o que acontece naqueles casos em que o interesse prosseguido pela prestação excede manifestamente a finalidade da ordem, a qual pode em muito variar, justificando o seu não acatamento, para assim se obstar à responsabilidade civil do devedor[56]. Será sempre, em todo o caso, uma situação de natureza excepcional.

No tocante à segunda situação, a da obediência hierárquica de direito público, interessa, por sua vez, distinguir dois planos: um a nível do âmbito da estrita relação jurídica administrativa e outro a nível dos efeitos nas relações jurídico-privadas.

No primeiro nível, se a ordem vinculativa envolver a prática de um ilícito, a solução passa pela correspondente regulação do poder de direcção e do dever de obediência.

---

[55] MAGALHÃES COLLAÇO, *A desobediência dos funcionários administrativos e a sua responsabilidade criminal*, in Boletim da Faculdade de Direito da Universidade de Coimbra, Ano III, 1916, n.os 22 e 23, pág. 70.

[56] O acórdão do Tribunal da Relação de Lisboa, de 12 de Junho de 2008, acessível em www.dgsi.pt (Processo n.º 2548/2008-2), para excluir a ilicitude de um agente policial, que desobedecera à ordem de paragem, parece basear-se numa menor desproporção.

[57] Artigo 10.º do Estatuto Disciplinar. Artigo 5.º do Estatuto aprovado pela Lei n.º 58/2008, de 9 de Setembro, que aprovou o Estatuto Disciplinar dos Trabalhadores que Exercem Funções Públicas, revogando o Decreto-Lei n.º 24/84, de 16 de Janeiro (artigo 5.º). No essencial, na matéria em apreço, mantém-se a mesma regulação [artigos 3.º, n.os 2, alínea f) e 8, e 5.º, do Estatuto, publicado em anexo à Lei n.º 58/2008).

422   *Olindo Geraldes*

No caso da administração pública, o funcionário ou o agente podem reclamar da ordem ilícita ou, então, exigir a sua transmissão ou confirmação por escrito[57]. Sendo assim, a obediência à ordem justifica o facto praticado e fica excluída a responsabilidade civil, por falta da ilicitude.

Se o facto, todavia, constituir um ilícito criminal, já o dever de obediência cessa[58]. Não chega, então, a ocorrer uma situação típica de conflito de deveres[59]. O dever de abstenção de factos criminosos sobrepõe-se, naturalmente, ao dever de obediência, dada pois a prioridade emergente da protecção atribuída a valores fundamentais da vida em sociedade.

Essa prioridade é hoje, desde logo, conferida expressamente pela própria Constituição da República Portuguesa (artigo 271.°, n.° 3)[60].

No âmbito do serviço militar, obrigado pela sua natureza a ter uma estrutura fortemente hierarquizada e disciplinada, o dever de obediência impera com muito mais intensidade do que noutros serviços públicos. No entanto, não deixa de assistir ao militar, a quem tenha sido dada uma ordem ilícita, o direito de queixa, mas a apresentar posteriormente[61].

Todavia, se o facto ilícito tipificar também um crime, igualmente, cessa o dever de obediência, nos mesmos termos que se referiram para os funcionários e agentes da administração pública.

No tocante ao segundo nível, dos efeitos nas relações jurídico-privadas, quando a execução da ordem ou instrução, formal e substancialmente legítima, implica o incumprimento de uma obrigação particular, a obediência devida não justifica, por regra, aquele incumprimento. Efectivamente, o funcionário ou agente, sabendo da sua liberdade de acção limitada, pode e deve prever essas situações de eventual conflito, tendo então oportunidade para prevenir o incumprimento da obrigação privada.

Contudo, é também possível que possa ocorrer uma situação de inexistência de culpa do devedor. Neste caso, será admissível, excepcionalmente, a relevância justificativa da obediência hierárquica, se as circunstâncias concretas do caso, ponderados em especial os legítimos interesses do credor, do devedor como funcionário e da autoridade administrativa, o impuserem[62].

---

[58] Artigo 5.°, n.° 5, do Estatuto aprovado pela Lei n.° 58/2008.

[59] EDUARDO CORREIA, *Direito criminal*, II, pág. 123.

[60] *"Cessa o dever de obediência sempre que o cumprimento das ordens ou instruções implique a prática de qualquer crime".*

[61] Artigo 74.° do Regulamento de Disciplina Militar.

[62] PESSOA JORGE, *Ensaio sobre os pressupostos da responsabilidade civil*, págs. 188 e 189.

Relativamente à terceira situação, correspondente à da obediência hierárquica de direito privado, aquela não serve para justificar o incumprimento da obrigação para com outra pessoa. Ambos os deveres jurídicos, de natureza privada, encontram-se em posição de igualdade, podendo o conflito ser prevenido.

De qualquer modo, poderá haver situações excepcionais que, excluindo a culpa, afastem a responsabilidade civil daquele que, ao obedecer a uma ordem, fica impedido de cumprir uma obrigação para com outra pessoa[63].

Ao mesmo resultado, todavia, poderá chegar-se operando com os critérios de prevalência que oportunamente se referiram, em especial o critério geral extraído do artigo 335.°[64] do Código Civil[65].

III – A jurisprudência

Descritos os critérios normativos de prevalência, interessa agora lançar uma observação sobre a jurisprudência mais recente, entendida com um sentido amplo. Também aí se tem vindo, igualmente, a debruçar, se bem que de forma espaçada, sobre a figura do conflito de deveres, tanto na vertente civil, como na criminal, como ainda na vertente ética.

Num registo breve e sumário dessas decisões, que foram publicitadas, podem enumerar-se os seguintes casos:

– Parecer do Conselho Consultivo da Procuradoria-Geral da República, n.° 28/86, de 14 de Janeiro de 1988[66]:

O *segredo bancário* instituído pelo Decreto-Lei n.° 2/78, de 9 de Janeiro, *não é oponível a um despacho judicial* que, em procedimento cautelar de arrolamento, determinou a uma entidade bancária que informasse o montante dos saldos de contas arroladas, depois de decretado o arrolamento por decisão não impugnada pela mesma entidade.

---

[63] PESSOA JORGE, *Ensaio sobre os pressupostos da responsabilidade civil*, pág. 189.

[64] PEDRO PAIS DE VASCONCELOS, referindo-se a este artigo, entende que "*as palavras da lei não são muito felizes*", e que não deve ser interpretado à letra, defendendo então uma aplicação de acordo com a sua *ratio* (*Teoria geral do Direito civil*, 4.ª edição, 2007, pág. 291).

[65] MENEZES CORDEIRO, *Direito das obrigações*, 2.°, pág. 364.

[66] *Pareceres*, VI, 1997, págs. 381 a 452. Este Parecer tem muito interesse doutrinário, abordando ainda os deveres decorrentes de outros segredos profissionais, para além do bancário.

424   *Olindo Geraldes*

– Acórdão do Tribunal da Relação de Lisboa, de 29 de Outubro de 1992[67]:

Aquele que está obrigado a prestar alimentos legais a ex-cônjuge e a filho de pouca idade é sujeito de duas distintas obrigações, em que a segunda deve ter tratamento privilegiado, por o filho ser, em princípio, mais indefeso e carenciado que um adulto.

– Parecer do Conselho Nacional de Ética para as Ciências da Vida, n.º 32/2000, de 23 de Outubro de 2000[68]:

Se o doente seropositivo, apesar de instado pelo médico a comunicar a doença à respectiva mulher, o não fizer, *cabe ao médico o dever de informação*, o que não pressupõe quebra do sigilo médico.

– Acórdão do Supremo Tribunal de Justiça, de 13 de Dezembro de 2001[69]:

O conflito de deveres que exclui a culpa[70] é, necessariamente, um conflito de deveres para com os outros. Por isso, na actuação dos arguidos, que integraram montantes de IVA liquidados no património da sociedade, de que eram sócios gerentes, e os afectaram a outras finalidades, para assegurar a continuação da laboração, designadamente ao pagamento dos salários dos trabalhadores, *não se verifica qualquer conflito de deveres juridicamente relevante*; com efeito, um dos deveres conflituantes – o de assegurar o funcionamento do negócio – não é alheio mas próprio (a satisfação do interesse dos trabalhadores é secundária relativamente à daquele interesse próprio prevalente).

– Acórdão do Tribunal da Relação de Guimarães, de 11 de Novembro de 2002[71]:

A exclusão da ilicitude, resultante do *conflito de deveres*, só ocorre quando o agente é colocado perante a alternativa de cometer um ilícito ou deixar que, como consequência necessária de não o cometer, ocorra violação de um dever superior ou, pelo menos, igual ao violado. Assim *não se justifica* o propósito do agente de dar

---

[67] Processo n.º 0045326, www.dgsi.pt.

[68] Localizado em www.cnecv.gov.pt.

[69] Processo n.º 01P2448, www.dgsi.pt.

[70] Neste ponto, não se segue o entendimento dominante na doutrina, segundo o qual o conflito de deveres exclui a ilicitude do facto. EDUARDO CORREIA, embora situe prioritariamente a questão no plano da ilicitude, também chega a admitir, para certas "hipóteses" que descreve, como único caminho, o da "*não exigibilidade*", acabando assim por colocar, "em tais hipóteses", a questão no plano da culpa (*Direito criminal*, II, págs. 92 e 97).

[71] Processo n.º 283/01-1, www.dgsi.pt.

continuidade à empresa à custa de dinheiro que não lhe pertence e do qual é apenas temporariamente depositário.

– Acórdão do Tribunal da Relação de Guimarães, de 14 de Março de 2005[72]:

O dever de não se apropriar das contribuições para a Segurança Social prevalece sobre o dever de pagar os salários.

Não se verifica o conflito de deveres, uma vez que nada legalmente impedia os arguidos de agir em conformidade com a lei.

– Acórdão do Tribunal da Relação de Lisboa, de 19 de Setembro de 2006[73]:

No caso de colisão entre o *dever de guardar segredo (bancário) e o dever de informar (os tribunais)*, a solução há-de resultar de um juízo prudencial e de coordenação que considere os princípios da proporcionalidade, adequação e necessidade.

Justifica-se a prevalência do dever de informar no caso em que se pretende averiguar uma situação de sonegação de bens da herança e de aproveitamento próprio e exclusivo de um dos herdeiros em detrimento dos outros.

– Acórdão do Tribunal da Relação de Coimbra, de 28 de Março de 2007[74]:

Verificando-se um *conflito entre o dever de sigilo que impende sobre os bancos e o de cooperação com a justiça* terá tal conflito de ser decidido, em princípio, por via do incidente de escusa.

As penhoras de saldos bancários e os procedimentos a serem observados pelas instituições de crédito para o efeito constituem uma limitação legal expressa e explícita ao dever de segredo bancário.

– Acórdão do Tribunal da Relação de Lisboa, de 3 de Julho de 2007[75]:

Comete o crime previsto no artigo 13.°, n.° 1, alínea *d*), da Lei n.° 17/86, de 14 de Junho, a entidade empregadora que, tendo retribuições em dívida aos trabalhadores, do montante disponível para pagamentos, paga a uns e não paga a outros, isto é, *não rateia* o dinheiro existente de forma proporcional por todos os trabalhadores a quem deve.

---

[72] Processo n.° 131/05-1, www.dgsi.pt.
[73] Processo n.° 5900/2006-7, www.dgsi.pt.
[74] Processo n.° 321-C/2001.C1, www.dgsi.pt.
[75] Processo n.° 2545/2007-5, www.dgsi.pt.

426   *Olindo Geraldes*

– Acórdão do Tribunal da Relação de Guimarães, de 15 de Outubro de 2007[76]:

O interesse na boa administração da justiça, nomeadamente na demonstração do crime de roubo, *deve prevalecer sobre o dever de sigilo bancário.*

– Acórdão do Tribunal da Relação de Lisboa, de 12 de Junho de 2008[77]:

Em caso de perseguição de agente policial ao condutor de veículo furtado e em que aquele desobedece a uma ordem de paragem, verifica-se um *conflito entre o dever consagrado em norma de direito estradal e o dever de actuar em ordem à identificação e detenção do suspeito e recuperação do bem subtraído*, numa situação de flagrante delito.

Não sendo de grau superior o dever consagrado na norma estradal, é lícita, na circunstância, a conduta do agente policial.

– Acórdão do Tribunal da Relação de Coimbra, de 18 de Junho de 2008[78]:

Os deveres jurídicos em confronto – *comparência a diligência judicial e subordinação à entidade empregadora* – não se podem considerar equivalentes e muito menos que o último se sobreponha ao primeiro.

A defesa da ordem jurídica impõe a todos a colaboração com a justiça e dado o interesse público, *maxime* a defesa do Estado de Direito, só em casos muito particulares pode ceder perante interesses particulares.

– Acórdão do Tribunal da Relação do Porto, de 17 de Dezembro de 2008[79]:

Ponderados os interesses da tutela do *sigilo bancário* e do *dever de colaboração com a administração da justiça*, de acordo com o princípio da prevalência do interesse preponderante e segundo um critério de proporcionalidade na restrição de direitos e interesses constitucionalmente protegidos, verificando-se que, não sendo prestada a informação, ficaria comprometida a posição da parte que a requerera, bem como a descoberta da verdade, existe justificação para a *quebra do sigilo bancário.*

---

[76] Processo n.º 1691/06-1, www.dgsi.pt.
[77] Processo n.º 2548/2008-2, www.dgsi.pt.
[78] Processo n.º 45/02.6 TAVGS-A.C1, www.dgsi.pt.
[79] Processo n.º 0827459, www.dgsi.pt.

IV – **As tendências**

Descritas sumariamente as decisões proferidas nos anos mais recentes, facilmente se verifica que, para além de ser um acervo escasso, predominam as decisões jurisprudenciais que conferem prevalência ao dever de cooperação com a justiça, em contraposição ao dever do sigilo bancário, cuja amplitude tem vindo a reduzir-se, em termos que, geralmente, são de aceitar.

Contudo, nem sempre o dever de cooperação com a justiça justifica a quebra do dever de sigilo bancário. Se o interesse no âmbito da administração da justiça for diminuto, como sucede, por exemplo, num pedido de informação bancária destinado à contagem das custas processuais, não parece justo o sacrifício do dever de sigilo bancário.

A supremacia do dever de cooperação com a justiça deve concretizar-se sempre que, desse concurso, possa resultar uma evidente utilidade para a justa decisão da causa.

É do interesse público, para mais tratando-se de uma função de soberania do Estado, o exercício de uma eficiente e adequada administração da justiça, garantindo a tutela jurisdicional efectiva, direito fundamental constitucionalmente consagrado[80].

Para mais, quando a garantia da tutela jurisdicional efectiva passou, recentemente, a justificar ainda a efectivação da responsabilidade civil do Estado, por danos decorrentes do exercício da sua função jurisdicional[81].

Também se atribuiu preferência, noutra decisão, ao dever de informação, para salvaguarda do valor da vida humana, sobre o dever de sigilo médico, ainda que, embora contraditoriamente, não se tivesse chegado ao ponto de admitir a situação do conflito de deveres.

Merece apoio, igualmente, a opção pelo dever de alimentos ao filho de tenra idade sobre o dever de alimentos ao ex-cônjuge, designadamente pelo critério da escolha do dever de cujo incumprimento pode resultar um maior dano.

No entanto, não é de excluir também a ponderação do critério do rateio, dado que as obrigações alimentares podem equivaler-se, para além de serem divisíveis.

---

[80] Artigo 20.º da Constituição da República Portuguesa.

[81] Artigos 12.º e 13.º do Regime da Responsabilidade Civil Extracontratual do Estado e Demais Entidades Públicas, aprovado pela Lei n.º 67/2007, de 31 de Dezembro, e que entrou em vigor a 30 de Janeiro de 2008.

Afirmou-se ainda, expressamente, o critério de igual sacrifício, na situação de deveres iguais e prestações divisíveis, nomeadamente no cumprimento da obrigação de pagamento de salários aos trabalhadores.

A delimitação negativa do conflito de deveres, por falta do concurso real de deveres, em várias decisões, apresenta-se também como correcta, acentuando-se, justamente, que os deveres em colisão respeitam, em exclusivo, aos deveres para com os outros.

V – As conclusões

Em face da exposição apresentada, podem extrair-se algumas conclusões mais significativas, nomeadamente as seguintes:

1 – O conflito de deveres, como causa de exclusão da ilicitude e, mais abrangentemente, da responsabilidade civil, tem de corresponder a um efectivo concurso real e não culposamente imputável ao respectivo agente.

2 – A ponderação e escolha do dever de maior valor coincidem com as do artigo 335.º, n.º 2, do Código Civil relativo à colisão de direitos.

3 – É sobretudo a consideração das circunstâncias concretas do caso que determina o juízo de prevalência do dever a cumprir.

4 – A mesma ponderação se impõe quando um dos deveres corresponda ao dever de obediência.

5 – Para além da doutrina, a jurisprudência tem admitido o conflito de deveres como causa de exclusão da ilicitude, incidindo a sua aplicação, com critérios adequados, em vários domínios, com destaque para o conflito entre o dever de colaboração jurisdicional e o dever de sigilo profissional.

Abril de 2009

O papel da desculpabilidade no sistema de responsabilidade civil

DR. PEDRO CORREIA HENRIQUES

SUMÁRIO: *1. Delimitação do objecto. 2. Culpabilidade e culpa. 3. Ilicitude* versus *culpa. 4. Causas de exclusão de culpa: a) Erro desculpável; b) Medo invencível; c) Desculpabilidade – Uma primeira abordagem. 5. Traços específicos da desculpabilidade: a) A inexigibilidade; b) Âmbito residual de aplicação; c) Aparentes dificuldades do instituto; d) Repercussão dos prejuízos na esfera do lesado. 6. Conclusões.*

1. **Delimitação do objecto**

O presente trabalho debruça-se sobre a desculpabilidade, temática que poucas páginas tem ocupado na doutrina e a jurisprudência votou ao esquecimento.

Procuraremos abordar as várias questões que se prendem com este instituto, no intuito do seu esclarecimento e sedimentação.

Iniciaremos o nosso trajecto pela pluralidade de sentidos do próprio conceito de culpa, que entendemos em sentido normativo, isto é, enquanto juízo de censura ao agente por ter adoptado determinada conduta quando a ordem jurídica lhe exigia um comportamento diverso, e a sua autonomização face ao conceito de ilicitude.

Embora intimamente ligadas, ilicitude e culpa respeitam a diferentes patamares de censura, incidindo a primeira sobre o próprio facto, e referindo-se a segunda à reprovação do agente por ter actuado de forma não condizente com os ditames da ordem jurídica, pelo que as causas de justificação e as causas de escusa influem em esferas diferentes, merecendo um tratamento diferenciado, não obstante as similitudes estruturais.

O Direito 141.° (2009), II, 429-457

430 *Pedro Correia Henriques*

Analisaremos, sinteticamente, as várias causas de exculpação, afirmando a opção pelo seu tratamento dogmático diferenciado e os benefícios daí decorrentes.

Debruçar-nos-emos, finalmente, sobre a desculpabilidade, os seus fundamentos, o campo de aplicação e as dificuldades do instituto, concluindo pela sua existência enquanto decorrência necessária de um sistema de responsabilidade civil assente na culpa, da falibilidade do ser humano, e de imperativos de Justiça que se repercutem quer na esfera individual do agente, quer na própria estrutura e funcionamento societários.

Por último, apreciaremos a questão da repercussão dos prejuízos na esfera do lesado, questionando se, em certos casos, esta solução não atentará contra o próprio imperativo de Justiça que fundamenta a desculpabilidade, e avançando uma hipótese de resposta para o problema fundada no princípio da equidade.

Não procuramos, com este estudo, redescobrir a roda, mas tão só dar o nosso contributo para clarificar as dúvidas e reservas que têm surgido em matéria de desculpabilidade, e que têm ditado a sua inaplicabilidade por parte do poder judicial.

2. **Culpabilidade e culpa**

A primeira questão que se levanta em matéria de desculpabilidade prende-se com a pluralidade de definições e significados dados às expressões culpabilidade e culpa.

Efectivamente, o próprio Código Civil, paralelamente com o sentido jurídico, chega a utilizar a palavra culpa na sua acepção corrente, exprimindo "a ideia de alguém sofrer uma consequência desagradável em resultado de acto que livremente praticou"[1], o que faz mesmo em relação a situações em que as condutas podem não representar a violação de um dever jurídico. É o caso, por exemplo, do artigo 570.º (culpa do lesado), do artigo 1269.º (perda ou deterioração da coisa) e do artigo 1552.º/2 (encrave voluntário).

Para Pessoa Jorge, o recurso à expressão culpa independentemente da conduta consubstanciar, ou não, a prática de um ilícito merece críticas, uma vez que aquela se reporta a uma vontade anti-jurídica e esta vontade "só é relevante se tiver por objecto uma conduta que represente a violação de um dever"[2].

---

[1] PESSOA JORGE, *Ensaio sobre os pressupostos da responsabilidade civil*, Almedina, 1999, Reimpressão, p. 318.
[2] *Idem*, p. 317.

Também na doutrina encontramos divergências quanto às definições de culpa ou culpabilidade, as quais dificultam a análise desta temática.

Segundo Pessoa Jorge, o acto ilícito envolve dois juízos de valor: o primeiro incide sobre o acto em si, revelando o seu carácter socialmente nocivo; o segundo sobre a conduta enquanto acto humano, exprimindo a censura ético-jurídica do comportamento do agente – momento que denomina de *aspecto subjectivo do acto ilícito*.

Para este autor, "a culpabilidade é a qualidade ou conjunto de qualidades do acto que permitem formular, a respeito dele, um juízo ético-jurídico de reprovação ou censura"[3].

Defende, assim, ser mais correcto considerar a culpabilidade não como juízo de valor, mas como característica do acto que fundamenta esse juízo de censura e que constitui o aspecto subjectivo do acto ilícito.

"O fundamento do juízo de censura em que a culpabilidade se traduz, resulta da conjugação dos dois aspectos do acto ilícito: por um lado, o próprio valor social do comportamento imposto como dever, que não chega a ser atingido; por outro, a rebelião voluntária contra a ordem jurídica"[4]. Todavia, em matéria de culpabilidade a tónica principal reside neste segundo elemento.

Este ilustre Professor acentua o carácter unitário do ilícito e a interdependência entre a culpabilidade e a omissão do comportamento legalmente devido, afirmando "que só pode falar-se de culpabilidade a respeito de actos objectivamente ilícitos, ou seja, em relação à omissão de um comportamento devido, que era possível ter cumprido e em relação ao qual não ocorreu nenhuma causa de justificação"[5].

Reconhece que a maioria dos autores civilistas recorrem à expressão *culpa* e não a *culpabilidade*. No entanto, considera profícua a utilização deste termo, reservando o primeiro para outra realidade.

Pessoa Jorge faz assentar a culpabilidade em dois pressupostos.

O primeiro reside na voluntariedade da conduta do agente, o que o autor designa de *culpa em sentido amplo*.

Trata-se do "nexo de imputação psicológica do acto ao agente: haverá culpa se o acto for fruto da vontade deste, se lhe for psicologicamente atribuível ou imputável"[6].

---

[3] *Idem*, p. 315.
[4] *Idem*, p. 316 e s..
[5] *Idem*, p. 317.
[6] *Idem*, p. 321.

432 Pedro Correia Henriques

"A culpa, exprimindo a *voluntariedade da conduta*, envolve apenas um juízo de facto, que se baseia no estado psíquico do seu autor"[7].

O segundo pressuposto encontra-se nas motivações do agente.

O poder de decisão do indivíduo é condicionado pela razão e pelas suas motivações.

Estas operam como factor de graduação da culpabilidade, permitindo emitir um juízo de censura de maior ou menor intensidade.

As motivações do agente podem mesmo afastar a reprovação ético-jurídica do comportamento, consubstanciando uma causa de escusa ou exclusão da culpabilidade.

Assim, a culpabilidade assenta na culpa em sentido amplo e na ausência de causas de escusa.

Esta concepção de culpa e culpabilidade (defendida por Pessoa Jorge) tem uma consequência prática ao nível da apreciação da matéria pelas diferentes instâncias judiciais.

A culpa, nesta acepção, "é em si um *facto*, cuja existência os tribunais de instância julgam em definitivo; mas saber se se omitiu ou não o comportamento devido, isto é, saber se o dever determinado ou o dever de diligência impunha, nas circunstâncias concretas, comportamento diferente do que se teve, isso é matéria de direito sujeita à censura do Supremo. Como facto só pode verificar-se a conduta positiva ou negativa que o agente teve; decidir se essa conduta representa ou envolve uma omissão de outra que devia ter tido, é juízo de apreciação legal"[8].

Assim, a verificação da culpa é da competência exclusiva dos tribunais de Primeira Instância e da Relação, enquanto que a constatação da ilicitude e a qualificação dos factos como causa de exclusão da culpa são matéria de direito, pelo que a culpabilidade é sindicável pelo Supremo Tribunal de Justiça.

Antunes Varela preconiza, igualmente, uma concepção psicológica do problema.

Afirma que "a culpa exprime um juízo de reprovabilidade pessoal da conduta do agente: o lesante, em face das circunstâncias específicas do caso, devia e podia ter agido de outro modo. É um juízo que assenta no nexo existente entre o facto e a vontade do autor, e pode revestir duas formas distintas: o *dolo* (a que os autores e as leis dão algumas vezes o nome de *má fé*) e a *negligência ou mera culpa* (culpa em sentido estrito)"[9].

---

[7] *Idem*.

[8] *Idem*, p. 323 e s..

[9] Antunes Varela, *Das obrigações em geral*, vol. I, 10.ª ed., Almedina, 2004, p. 566 e s..

O papel da desculpabilidade no sistema de responsabilidade civil   433

Como bem realça Menezes Leitão[10], mesmo os autores que defendem esta noção tradicional de culpa, apesar de iniciarem o seu trajecto com base no elemento psicológico, acabam por versar, em larga medida, sobre o sentido normativo, dado que a censura assenta sobre a violação do comportamento devido.

Nestes termos, propõe uma definição da culpa em sentido normativo, "definida como juízo de censura ao agente por ter adoptado a conduta que adoptou, quando de acordo com o comando legal estaria obrigado a adoptar uma conduta diferente. Deve, por isso, ser entendida em sentido normativo, como a omissão da diligência que seria exigível ao agente de acordo com o padrão de conduta que a lei impõe. Nestes termos, o juízo de culpa representa um desvalor atribuído pela ordem jurídica ao facto voluntário do agente, que é visto como axiologicamente reprovável"[11].

Esta concepção é, ainda, defendida por autores como Menezes Cordeiro e Ribeiro de Faria[12].

Na nossa opinião, o elemento normativo é preponderante no juízo de culpa. A afirmação de Menezes Leitão segundo a qual os próprios partidários de uma concepção personalista da culpa baseiam esse juízo de censura na omissão da conduta devida é confirmada pelas palavras de Pessoa Jorge e Antunes Varela atrás citadas, pelo que a relevância do dever violado é inegável.

Nestes termos, a adopção de uma concepção normativa da culpa consubstancia a melhor hipótese de resposta para esta questão, resultando o seu carácter profícuo do facto de colocar em evidência o papel fundamental do comando precludido pelo agente.

Independentemente das divergências conceptuais, um traço comum a todas estas correntes é a aceitação da imputabilidade como pressuposto ou condição do juízo de culpa.

Efectivamente, para que seja possível censurar o agente pelo seu comportamento, é imperativo que este tivesse percepção do desvalor que traduz o seu comportamento e a capacidade para se determinar face a esse desvalor.

"A imputabilidade é, à face do direito civil, uma *qualidade natural*, que decorre de o agente se encontrar no uso das suas faculdades mentais e poder, portanto, actuar livremente"[13].

---

[10] MENEZES LEITÃO, *Direito das obrigações*, vol. I, 6.ª ed, Almedina, 2007, p. 313, nota 648.

[11] *Idem*.

[12] JORGE RIBEIRO DE FARIA, *Direito das obrigações*, vol. I, Almedina, 1990, p. 451.

[13] PESSOA JORGE, ob. cit., p. 331.

"A pessoa que reúna estas duas qualidades, no momento em que actua, *torna-se susceptível de imputação delitual*, pelos danos que eventualmente pratique. Diz-se, por isso, imputável. A imputabilidade surge, assim, como a qualidade de poder actuar voluntariamente, em termos de praticar delitos"[14].

É, por isso, notório que, "sendo a imputabilidade pressuposto do juízo de culpa, naturalmente que o agente fica isento de responsabilidade se praticar o facto em estado de inimputabilidade (artigo 488.º, n.º 1)"[15].

No entanto, como afirma Menezes Cordeiro[16], esta isenção de responsabilidade releva unicamente para a responsabilidade delitual, resultando do artigo 489.º a possibilidade de imputação pelo risco[17].

No mesmo sentido, José Alberto González afirma que "uma vez que não se pode dizer, com propriedade, que um inimputável possa violar um direito alheio; e uma vez que ele não é susceptível do juízo de censura ínsito na culpa: crê-se que o fundamento da responsabilidade residual do inimputável reside na própria equidade e não no facto ilícito. Quer dizer que se trata, portanto, de um modelo de responsabilidade objectiva"[18].

Este autor invoca, ainda, o carácter subsidiário da responsabilidade do inimputável como um indício da proximidade deste instituto e da responsabilidade do comitente, prevista no artigo 500.º do Código Civil.

Diferentemente, Antunes Varela considera não se tratar "de um caso de responsabilidade *objectiva*, pois o inimputável não responde, como é próprio desta modalidade de responsabilidade, pelos danos provenientes de caso *fortuito ou de força maior*. Responde apenas nos termos em que responderia, se fosse imputável e praticasse o mesmo facto. Com uma diferença, aliás importante: **ele responde, segundo critérios de equidade**: o imputável responderia de harmonia com as regras do direito estrito"[19] (itálico e negrito nosso).

Efectivamente, a chave para este enigma encontra-se, na sua opinião, nos critérios que presidem à responsabilização do inimputável, os quais se prendem com razões de equidade.

---

[14] MENEZES CORDEIRO, *Direito das obrigações*, 3.º vol., AAFDL, 1979, p. 140 e s..

[15] MENEZES LEITÃO, ob. cit., p. 314.

[16] MENEZES CORDEIRO, *Direito das obrigações*, 3.º vol. cit., p. 144, nota 114.

[17] Posição idêntica parece ter Ribeiro de Faria ao afirmar que, embora o acto do inimputável seja ilícito, a sua conduta não pode ser censurada, pelo que "fala-se aqui de uma culpa «objectiva» ou «abstracta»" – JORGE RIBEIRO DE FARIA, *Direito das obrigações*, vol. I cit., p. 468.

[18] JOSÉ ALBERTO GONZÁLEZ, *Responsabilidade civil*, Quid Juris, 2007, p. 124 e s..

[19] ANTUNES VARELA, *Das obrigações em geral*, vol. I, 10.ª ed. cit., p. 565.

Assim, para aferir se o inimputável deve ou não responder, o juiz terá que ter em conta detalhes como a gravidade da sua conduta, a sua situação económica e a suficiência do património, bem como as diferenças relativamente às respectivas esferas do lesado e o valor do dano, entre outros, de modo a averiguar se, do ponto de vista da equidade, é, e em que medida, justificável o arbitramento de uma indemnização.

Questão diferente reside em saber qual o critério de apreciação da culpa, sendo possível encontrar duas hipóteses de resposta.

A primeira consiste na apreciação da culpa em concreto, ou seja, em exigir ao agente que respeite o direito, pautando a sua actuação pelo padrão de diligência que lhe permitem as suas capacidades e que geralmente aplica em proveito próprio.

Já o critério da culpa em abstracto obriga a que o agente empregue um *quantum* de diligência que permita aferir o respeito pelo nível padrão desta, o qual é obtido por comparação com a actuação do *bonus pater familias*.

Durante a vigência do Código Civil de 1867, a doutrina maioritária defendia a aplicação do critério abstracto à responsabilidade civil delitual, enquanto, no âmbito da responsabilidade contratual, a culpa era aferida em concreto.

Já no Código actualmente vigente, a resposta é dada pelo n.º 2 do artigo 799.º, nos termos do qual a culpa na responsabilidade contratual é apreciada nos mesmos moldes da culpa na responsabilidade delitual, ou seja, recorrendo à comparação com a diligência do bom pai de família, face às circunstâncias do caso concreto[20].

O *bonus pater familias* é, "no fundo, o tipo de homem médio ou normal que as leis têm em vista ao fixarem os direitos e deveres em sociedade"[21], o homem dotado de diligência normal nos vários campos de actuação e que é tido como referência pelo direito e pela sociedade.

No entanto, ao afirmar como critério de apreciação da culpa a diligência de um bom pai de família, o n.º 2 do artigo 487.º faz referência às "circunstâncias de cada caso".

Quer isto dizer que este homem médio será inserido no exacto contexto fáctico, dotado das mesmas capacidades e conhecimentos que o agente, havendo culpa deste quando o seu padrão de conduta divergir face ao do *bonus pater familias*.

---

[20] N.º 2 do artigo 487.º do Código Civil.
[21] ANTUNES VARELA, ob. cit., p. 566.

436 *Pedro Correia Henriques*

Nestes termos "a abstracção não é, contudo, total: o próprio homem médio reage diferentemente consoante as circunstâncias em que seja colocado, sendo possível, por essa via, atender, também, à sua cultura e grau de empenhamento na obrigação de que se trate"[22].

Na opinião de José Alberto González, o "critério surge estabelecido para apreciar o cumprimento de um dever de diligência (*duty of care* na terminologia da Common Law) e serve apenas, portanto, para averiguar acerca da presença de negligência"[23]. Afirma, ainda, que a expressão "culpa" é, no contexto do artigo 487.º, utilizada com a acepção de "mera culpa", pelo que valeria como desculpabilidade.

Não nos revemos nesta posição.

Consideramos que com a expressão "diligência", presente no n.º 2 do artigo 487.º do Código Civil, o legislador pretende referir-se ao paradigma comportamental do bom pai de família na sua globalidade. Queremos com isto dizer que a diligência do bom pai de família surge, assim, como arquétipo da diligência normativa, representando o grau de esforço que é exigível no respeito pelo Direito. Trata-se, pois, de verificar se este homem médio, dadas as circunstâncias, actuaria ou não de forma idêntica à do agente, quer com dolo, quer com mera culpa.

Como bem refere Pessoa Jorge, toma-se "como critério padrão a diligência psicológica do *bonus pater familias*; se o agente não agiu como este agiria, *omitiu o comportamento devido*, quer tenha actuado com dolo, quer com simples culpa"[24]. Afirma, ainda, que a intenção do legislador, expressa no n.º 2 do artigo 487.º, "foi excluir, como critério de definição do comportamento devido, a diligência psicológica habitual do agente"[25].

Perfilhamos esta posição, que entendemos como correcta face ao conceito de culpa em sentido normativo.

De facto, sendo a culpa um juízo de censura ao agente por ter actuado de forma diversa da que lhe era exigida, o que está em causa é saber se o bom pai de família, "em face das circunstâncias de cada caso", actuaria, ou não, contrariamente ao direito.

---

[22] Menezes Cordeiro, *Direito das obrigações*, 1.º vol., AAFDL, 1994, p. 153.

[23] José Alberto González, *Responsabilidade civil* cit., p. 130 e s..

[24] Pessoa Jorge, ob. cit., p. 337.

[25] *Idem.*

3. Ilicitude *versus* culpa

A responsabilidade civil assenta nos pressupostos dano, ilicitude e culpa, mas o tratamento autónomo das duas últimas categorias não foi adoptado pelos vários sistemas jurídicos.

O sistema jurídico francês fala, a este propósito, numa categoria genérica, a *faute*, a qual engloba a conduta humana, a ilicitude e a culpa[26].

Diferentemente, na Alemanha procede-se à destrinça entre ilicitude e culpa, sendo que alguns autores diferenciam, também, ilicitude e tipo, à semelhança da doutrina penalista.

O artigo 483.º do Código Civil Português, ao estipular que quem, "com dolo ou mera culpa, violar ilicitamente o direito de outrem ou qualquer disposição legal destinada a proteger interesses alheios fica obrigado a indemnizar o lesado pelos danos resultantes", revela uma clara opção pela solução germânica[27].

Na opinião de Ribeiro de Faria, o artigo 483.º "vai mesmo ao ponto de fazer também a distinção entre o tipo e a ilicitude, na medida em que expressamente se refere à violação «ilícita» de um direito de outrem ou de uma norma de protecção"[28].

Efectivamente, o agente que viola o direito de propriedade de outrem não deixa de praticar um facto típico se o fizer a coberto de uma situação de estado de necessidade. A violação do direito continua a existir, no entanto verifica-se uma causa de justificação, pelo que o facto preenche o tipo, mas não é ilícito.

Esta posição é confirmada pela própria evolução do conceito de ilicitude.

Sendo a ilicitude um juízo de censura atribuído pela ordem jurídica, dúvidas surgiram sobre os aspectos em que essa reprovação se centrava.

Para a teoria do desvalor do resultado, a reprovação prendia-se com o resultado da acção. Tal significa que a simples verificação de um dano seria sufi-

---

[26] Cfr. JORGE RIBEIRO DE FARIA, *Direito das obrigações*, vol. I cit., p. 465; MENEZES LEITÃO, *Direito das obrigações*, vol. I, 6.ª ed. cit., p. 292 e s..

[27] No entanto, Menezes Cordeiro considera que a presunção constante do artigo 799.º do Código Civil não se refere exclusivamente à culpa. Considera que, no âmbito deste artigo, "a culpa tem um alcance mais amplo, abrangendo elementos de ilicitude, à semelhança da *«faute»* do Direito Francês", concluindo que "a imputação obrigacional postula uma união culpa/ilicitude, prevendo a sua presunção, desde que provado o incumprimento." – MENEZES CORDEIRO, *Acidente de viação em auto-estrada; natureza da eventual responsabilidade da concessionária*, Revista da Ordem dos Advogados, ano 65, Junho de 2005, p. 170.

[28] JORGE RIBEIRO DE FARIA, *Direito das obrigações*, vol. I cit., p. 465.

438   *Pedro Correia Henriques*

ciente para o preenchimento do requisito da ilicitude, independentemente de o agente ter pautado a sua actuação pelas normas de conduta, situação que não é aceitável.

Menezes Leitão demonstra a insuficiência desta teoria através do exemplo de um maquinista que, no respeito das regras de circulação ferroviária, mata um suicida que se havia colocado sobre a linha.

Considera que, "se o agente actuou conforme as regras do tráfego parece incorrecto considerar presente a ilicitude (ainda que excluída por uma causa de justificação), só porque esse comportamento conduziu ao resultado"[29].

A procedência desta crítica levou ao abandono desta tese e à sua substituição pela teoria do desvalor do facto, nos termos da qual a ilicitude é aferida através do fim prosseguido pelo agente, se este é ou não conforme o Direito.

Assim, há ilicitude se houver "intenção de praticar a lesão no ilícito doloso, ou violação do dever objectivo de cuidado no ilícito negligente. Não há, por isso, ilicitude sempre que o comportamento do agente, apesar de representar uma lesão de bens jurídicos, não prossiga qualquer fim proibido por lei"[30].

Diferentemente, a culpa, como atrás verificámos, consiste num juízo de censura ao agente por ter adoptado uma conduta diversa daquela a que se encontrava obrigado.

A análise continua a versar sobre o comportamento, mas, neste âmbito, trata-se de verificar se o agente pode ou não ser censurado pelas suas acções.

"Os conceitos de ilicitude e de culpa reflectem aspectos distintos da conduta do agente, posto que intimamente relacionados"[31]. O primeiro incide sobre o aspecto objectivo do facto, se este visa ou não um resultado contrário à ordem jurídica. O segundo prende-se com a censura do agente.

Do exposto, facilmente verificamos que o nexo de causalidade consiste na relação existente entre o ilícito e o dano, da mesma forma que o juízo de culpa se prende com a censura ao agente por ter praticado um facto ilícito.

A relevância da distinção entre as figuras ilicitude e culpa torna-se inquestionável face à possibilidade de afastamento da responsabilidade civil por questões concernentes unicamente à culpa, mantendo-se intocável a ilicitude, bem como perante a hipótese de repartição do ónus da prova.

---

[29] MENEZES LEITÃO, *Direito das obrigações*, vol. I, 6.ª ed. cit., p. 293.
[30] *Idem*, p. 294.
[31] MÁRIO JÚLIO ALMEIDA COSTA, *Direito das obrigações*, 7.ª ed., Almedina, 1998, p. 503.

O papel da desculpabilidade no sistema de responsabilidade civil 439

Da mesma forma que ilicitude e culpa constituem diferentes categorias, as causas de justificação e as causas de exclusão de culpa conhecem, naturalmente, tratamento diferenciado[32], embora tenham em comum o facto de se tratarem de circunstâncias que vêm impedir a formulação dos juízos de censura, no primeiro caso reprovação do facto, no segundo do agente, e, desta forma, excluir a responsabilidade civil quando a ela, normalmente, haveria lugar.

Esta discriminação entre justificação da ilicitude e exculpação justifica-se plenamente pelo facto de se referirem a categorias distintas e, portanto, terem repercussões a diferentes níveis.

Desta forma, tratando-se a culpa de um juízo de censura pela prática de um facto ilícito, a verificação de uma causa de justificação, além de impedir a responsabilização do agente, inviabiliza qualquer censura ético-jurídica, dada a inexistência de qualquer ilícito.

Diversamente, com a existência de uma causa de exclusão da culpa não deixa de haver ilicitude. A responsabilidade civil apenas é afastada pela não verificação de um dos requisitos: a culpa.

4. Causas de exclusão de culpa

Embora o agente actue, por sua livre determinação, desrespeitando um comportamento que lhe era imposto por uma norma legal, tal não permite produzir automaticamente um juízo de censura ético-jurídica sobre o comportamento.

Efectivamente, como bem elucida Pessoa Jorge, podem verificar-se circunstâncias, em larga medida relacionadas com as motivações do agente, que impeçam a formulação do juízo de reprovação em que se traduz a culpa, ou culpabilidade na terminologia deste autor.

Nestes termos, um dos pressupostos deste juízo é a inexistência de causas de escusa ou exclusão de culpa, as quais é possível dividir em dois grupos.

Umas prendem-se com a afectação "da base psicológica da imputação porque, não obstante o agente ser imputável e ter actuado voluntariamente, não agiu esclarecido (*erro*) ou com plena liberdade psicológica (*medo*); outras, consistem numa motivação anormal, intensa e justa, provocada por circunstâncias exteriores (*desculpabilidade*)"[33].

---

[32] Cfr. Mário Júlio Almeida Costa, *Direito das obrigações*, 7.ª ed. cit., p. 503.
[33] Pessoa Jorge, ob. cit., p. 341 e s..

440 *Pedro Correia Henriques*

Podemos, pois, no seguimento de Pessoa Jorge, Menezes Cordeiro e Menezes Leitão, identificar três causas de exclusão da culpa: o erro desculpável, o medo invencível, e a desculpabilidade.

Já José Alberto González aponta para a existência de três causas de escusa que engloba numa figura genérica de inexigibilidade. Nas duas primeiras este autor fala em erro sobre as circunstâncias de facto e em perturbação ou medo não culposo (artigo 337.º/2 do Código Civil), que correspondem, respectivamente, ao erro desculpável e ao medo invencível.

A terceira reside nos casos de não preenchimento de todos os requisitos do estado de necessidade desculpante (artigo 339.º do mesmo Código), "designadamente sacrificando bens alheios de valor não manifestamente inferior ao dano que se pretende evitar e não estando, por isso, justificada, a conduta em causa que se destine a salvar bens jurídicos fundamentais: a vida, a integridade física, a liberdade pessoal do agente ou de terceiro que lhe seja especialmente próximo"[34], situações que reconduzimos à desculpabilidade.

Não nos revemos nesta posição de José Alberto González.

De facto, quer o estado de necessidade desculpante, quer o medo invencível, quer a desculpabilidade conduzem a uma mesma consequência prática: a exclusão do juízo de culpa e, consequentemente, o afastamento da responsabilidade. No entanto, a sua recondução a um instituto global de inexigibilidade negligencia a verdadeira dimensão e os traços específicos destas figuras, cujas diferenças se tornaram patentes ao debruçarmo-nos sobre cada uma delas.

Simultaneamente, a opção por uma categoria genérica de inexigibilidade gera a confusão terminológica, uma vez que recorre a uma expressão que, como vimos, é frequentemente utilizada como sinónimo de desculpabilidade.

Deste modo, consideramos que o tratamento diferenciado de cada uma destas três causas de escusa traz claras vantagens quer ao nível do seu tratamento dogmático, quer ao nível da sua aplicação a realidades fácticas. Esta abordagem permite uma aprofundada análise e compreensão destes institutos e dos seus requisitos, beneficiando a certeza jurídica numa matéria tão sensível como esta, e que reduzido eco encontra na jurisprudência civilista nacional.

a) *Erro desculpável*

"Ocorre erro desculpável sempre que a actuação do agente resulte de uma falsa representação da realidade, que não lhe possa, em face das circunstâncias,

---

[34] José Alberto González, *Responsabilidade civil* cit., p. 140.

O *papel da desculpabilidade no sistema de responsabilidade civil*   441

ser censurada"[35]. Trata-se, pois, de uma situação de falsa representação "dos elementos condicionantes que ditaram a sua atitude objectivamente contrária à norma, quando não existisse nenhum dever de cautela, em ordem a evitar o engano"[36].

É, portanto, um erro de facto e não um erro de direito, tendo plena aplicação o princípio plasmado no artigo 6.º do Código Civil, nos termos do qual "a ignorância ou má interpretação da lei não justifica a falta do seu cumprimento nem isenta as pessoas das sanções nela estabelecidas".

Não é todo e qualquer erro de facto que exclui o juízo de culpa, mas apenas o erro essencial e desculpável.

A essencialidade do erro consiste em o agente apenas actuar com desrespeito pelo comportamento que lhe era imposto dada a verificação desse vício; isto é, há essencialidade quando o agente não actuaria ilicitamente caso se determinasse de forma totalmente esclarecida. "O erro deve, desta forma, recair sobre factores determinantes da conduta – essencialidade"[37].

Já "a desculpabilidade do erro significa que *o agente caiu nele, não obstante ter actuado como lhe exigia o dever de diligência. (…) (O)* erro não resultou da omissão de um comportamento devido em termos de diligência"[38].

Pessoa Jorge dá como exemplo o caso de um empreiteiro que, por erro na interpretação do projecto, executa a obra deficientemente. Neste caso temos de distinguir duas hipóteses: caso a redacção do projecto permitisse que o *bonus pater familias* o interpretasse nos mesmos termos que este empreiteiro, o erro seria desculpável; na situação inversa, devendo-se o erro à falta de diligência ou imperícia do empreiteiro o erro seria censurável, não afastando o juízo de culpa.

Já o STJ, após considerar que, no contrato de fornecimento de energia eléctrica, embora o valor fixado para esse serviço seja do interesse de ambas as partes, uma vez que o consumidor tem de o considerar nos seus custos de produção, afirma que "o défice de contagem da energia eléctrica consumida pela recorrida, por parte da recorrente, por virtude de deficiência do equipamento de medida, exclusivamente gerido pela última, é insusceptível de ser qualificado de violação de algum dever acessório de conduta, incluindo o de boa fé"[39].

---

[35] Menezes Leitão, ob. cit., p. 329.
[36] Menezes Cordeiro, *Direito das obrigações*, 3.º vol. cit., , p. 146.
[37] *Idem.*
[38] Pessoa Jorge, ob. cit., p. 345.
[39] Ac. STJ de 7-Fev.-2008, disponível em http://www.dgsi.pt.

442 *Pedro Correia Henriques*

Desta forma, "como não pode ser imputada à recorrente, por virtude do seu erro sobre a regularidade do funcionamento do aludido equipamento de medida, a prática de acto ilícito culposo contratual, não deve ser responsabilizada pelo eventual prejuízo da recorrida derivado da não imputação no custo dos produtos que fabrica, para apuramento do respectivo preço, do valor da energia eléctrica não facturada oportunamente pela primeira"[40].

O Código Civil, no artigo 338.º, reconhece a relevância do erro desculpável sobre os pressupostos da legítima defesa e do estado de necessidade, excluindo a obrigação de indemnizar.

A este propósito destacamos o acórdão do Tribunal da Relação do Porto, nos termos do qual "para efeitos indemnizatórios a legítima defesa putativa é equiparada à legítima defesa real quando o erro seja desculpável (cfr. artigo 338.º do Código Civil)"[41].

Assim, se uma pessoa se vê perseguida, num bosque, por um grupo de assaltantes armados, e encontra dois caçadores que mata, por os confundir com membros desse grupo, ocorre exclusão de culpa do agente, uma vez que caiu num erro essencial e desculpável face às circunstâncias.

Concordamos, pois, com Pessoa Jorge quando afirma que a *ratio* do artigo 338.º do Código Civil não se aplica exclusivamente ao erro sobre os pressupostos da legítima defesa e da acção directa, pelo que, "por igualdade ou até por maioria de razão, deve entender-se que o mesmo regime é aplicável quando, em geral, o erro desculpável incide sobre o próprio comportamento devido"[42].

Este facto é facilmente verificável no seguinte caso: estando A prestes a afogar-se, B, seu assistente e com o intuito de o salvar, pede um barco a C, que induzira A a mergulhar naquele local perigoso na esperança de que este morresse. Recusando C o empréstimo, uma agressão de B a este, para se apoderar do barco e com ele salvar A, é justificada "sob o prisma, quer do direito de necessidade (cf. Eduardo Correia, *Direito Criminal* II, 90), quer da legítima defesa de terceiro (cf. Roxin, cit. 211)"[43] – Roxin, *Mkrim* 1961, p. 211 –, "quer – suposto que entre nós o direito «próprio» de que fala o artigo 336.º do Código Civil pode ser directamente actuado pelos auxiliares do titular: cf. Vaz Serra, BMJ 85/83 – da acção directa (cf. Maurach, At § 29 II 2)"[44].

---

[40] *Idem.*

[41] Ac. RP de 27-Set.-2006, disponível em www.dgsi.pt.

[42] PESSOA JORGE, ob. cit., p. 346.

[43] FIGUEIREDO DIAS, *O problema da consciência da ilicitude em Direito penal*, Almedina, 1969, p. 422 e s., nota 63.

[44] *Idem.*

O papel da desculpabilidade no sistema de responsabilidade civil 443

Agora, se equacionarmos a hipótese de B agredir C, em resposta à sua recusa de emprestar o barco, num momento em que A já está morto, embora tal informação não seja do seu conhecimento, B encontra-se numa situação de erro que inviabiliza a verificação dos pressupostos das várias causas de justificação.

Não encontramos qualquer justificação para aplicar o regime da parte final do artigo 338.º apenas quando o erro incida sobre os pressupostos da acção directa ou da legítima defesa, uma vez que as várias hipóteses contidas neste exemplo são valorativamente semelhantes, pelo que merecem um tratamento equivalente.

Têm, pois, plena aplicação as palavras de Figueiredo Dias, nos termos das quais, independentemente da "posição que se tome em matéria de erro sobre os pressupostos de um obstáculo à ilicitude, não poderão desconhecer-se, ou sequer minimizar-se, os *inconvenientes* graves da tentativa de diferenciar o seu efeito consoante seja o direito de necessidade ou qualquer outro obstáculo em causa. A razão está, não apenas nas reais dificuldades que se levantam, perante certas situações complexas, em determinar exactamente qual o obstáculo em causa; não apenas ainda na possibilidade de o mesmíssimo erro do agente determinar a aceitação errónea dos pressupostos de dois ou mais obstáculos à ilicitude; mas sobretudo na efectiva possibilidade (aliás de verificação frequente na prática) de na mesma situação concorrerem dois ou até mais obstáculos à ilicitude"[45].

Nestes termos, existindo uma situação de erro sobre o comportamento devido, não haverá lugar a responsabilidade caso esse erro seja essencial e desculpável.

b) *Medo invencível*

Também o medo, quer resulte de coacção psicológica[46] quer provenha de factores objectivos (factos jurídicos *stricto sensu*), pode afastar o juízo de culpa quando o comportamento do agente seja resultado desse medo.

O medo invencível "exclui a reprovação do agente, pela afectação que acarreta à sua vontade que se pretende livre e esclarecida"[47].

---

[45] Figueiredo Dias, *O problema da consciência da ilicitude em direito penal* cit., p. 422.
[46] Na coacção física não se coloca o problema de exclusão da culpa, uma vez que não se verifica uma manifestação de vontade por parte do agente, pelo que consubstancia uma verdadeira causa de impossibilidade de cumprimento.
[47] Menezes Cordeiro, *Direito das obrigações*, 3.º vol. cit., p. 147.

444 Pedro Correia Henriques

Para que este medo exclua a culpa do agente, ele terá de ser essencial e invencível ou desculpável, nos mesmos termos que estas características se têm de verificar quanto ao erro.

Uma precisão prende-se com a invencibilidade ou desculpabilidade do medo, a qual terá de ser apreciada atendendo à "*razoabilidade* da perspectiva do mal que se ameaça"[48], isto é, analisando se o medo do agente justifica a sua actuação face às circunstâncias do caso concreto, tendo em conta os parâmetros de normalidade.

Como exemplos clássicos da exclusão da culpa com base no medo invencível têm sido apontados o caso da Tábua de Carnêiades (214 a. C. – 129 a. C.) e o caso Mignotte.

No primeiro, os dois únicos sobreviventes de um naufrágio gladiam-se por uma tábua, acabando um por matar o outro e, dessa forma, salvar a própria vida.

No segundo, que tem origem em Inglaterra no ano de 1884, dois náufragos a bordo de uma jangada, na iminência de morrerem à fome, decidem assassinar um terceiro, alimentando-se do seu corpo e garantindo a sua sobrevivência.

O Código Civil, no n.º 2 do artigo 337.º, consagra um caso de justificação do acto com base no medo.

Na opinião de Pessoa Jorge, "o medo invencível exclui a ilicitude da legítima defesa excessiva (artigo 337.º, n.º 2); mas, quando a defesa sacrifica interesses do atacante manifestamente superiores aos do agredido, o medo invencível que a cause apenas afasta a culpabilidade"[49].

Já Menezes Leitão defende que, embora do n.º 2 do artigo 337.º resulte que o acto da legítima defesa excessiva "considera-se igualmente justificado", "a interpretação correcta é a de que se trata antes de uma causa de exclusão de culpa"[50].

c) *Desculpabilidade – Uma primeira abordagem*

A desculpabilidade consiste na exclusão de culpa do agente quando, não se verificando a presença de erro desculpável ou medo invencível, as circunstâncias específicas do caso inviabilizem a exigência de um comportamento dife-

---

[48] Pessoa Jorge, ob. cit., p. 347.
[49] *Idem.*
[50] Menezes Leitão, ob. cit., p. 330.

O papel da desculpabilidade no sistema de responsabilidade civil 445

rente, pelo que o sentimento geral "impede a reprovação do Direito com referência a determinada conduta"[51].

"Efectivamente, pode por algum motivo especial a actuação do agente, que seria normalmente censurável, não o ser naquele caso concreto"[52]. Tal sucederá "quando o agente omitiu o comportamento devido por um motivo tão justo, que seria desumano exigir-lhe responsabilidade pelo não cumprimento"[53].

A desculpabilidade surge, assim, como uma força de bloqueio à responsabilização do agente, que se verifica nos casos em que esse ónus consubstancia uma situação gritante de injustiça. Trata-se de uma válvula de escape que inviabiliza o preenchimento de um requisito essencial da responsabilidade civil – a culpa[54].

Esta temática tem sido abordada principalmente no campo do direito penal[55], enquanto no direito das obrigações tem recebido menos atenção por parte da doutrina.

Manuel de Andrade trata esta matéria a propósito do agravamento da prestação[56].

Afirma que "só a impossibilidade absoluta pode liberar o devedor"[57], mas admite duas excepções ao princípio.

Enquanto a primeira se prende com os casos em que a prestação apenas é possível com o recurso a meios que estão totalmente fora de relação com o resultado, não sendo tidos em consideração no comércio jurídico, a segunda consubstancia uma hipótese de desculpabilidade.

Nas palavras deste autor, "o devedor será igualmente admitido a recusar a sua prestação quando tal recusa se funde na existência de um interesse ou dever superior. Assim, pelo menos nos casos – que certos autores qualificam de impossibilidade moral – em que a prestação só pode ser executada com grave risco da vida ou da saúde do devedor ou dos seus familiares, ou com o grave

---

[51] MENEZES CORDEIRO, *Direito das obrigações*, 3.º vol. cit., p. 147.

[52] MENEZES LEITÃO, ob. cit., p. 330.

[53] PESSOA JORGE, ob. cit., p. 347.

[54] Nos termos do n.º 2 do artigo 483.º, "só existe a obrigação de indemnizar independentemente de culpa nos casos especificados na lei".

[55] A doutrina penalista não chega a um consenso sobre esta figura. Entre as vozes discordantes encontramos Eduardo Correia como um dos partidários da desculpabilidade, enquanto Cavaleiro Ferreira critica este instituto.

[56] MANUEL DE ANDRADE, *Teoria geral das obrigações*, 3.ª ed., Coimbra, 1966, p. 408.

[57] *Idem*, p. 407.

446 Pedro Correia Henriques

sacrifício dos seus sentimentos pessoais ou de deveres para com outrem – o que será atendível, principalmente, nas obrigações de facto"[58].

Também Vaz Serra aborda esta questão ao debruçar-se sobre a problemática da impossibilidade e dificuldade da prestação[59].

Na opinião deste ilustre Professor, a excessiva dificuldade da prestação pode exonerar o devedor ou modificar a sua obrigação, sendo que "a *excessiva dificuldade* pode consistir em o devedor só poder cumprir com graves riscos ou ofendendo deveres de maior importância"[60].

No fundo, Vaz Serra acaba por considerar como de excessiva dificuldade os casos que Manuel de Andrade afirma como excepcionais face ao princípio de que só a impossibilidade absoluta pode exonerar o devedor.

Curioso é, ainda, verificar que ambos os autores recorrem a exemplos de Larenz, que trata esta matéria a propósito do princípio da boa fé como delimitador do dever de prestar.

Assim, "não será exigível que um actor participe na representação teatral na noite fixada, se, em virtude de doença que lhe sobreveio, isso poria em perigo a sua vida; da mesma sorte, poderá uma cantora recusar-se a tomar parte num recital, quando assim o exija a sua presença junto de um filho gravemente doente"[61].

Larenz "fala, para estas espécies, como em geral para todas aquelas em que à prestação se oponham interesses superiores, de inexigibilidade (*Unzumutbarkeit*) da prestação"[62].

Igualmente Menezes Cordeiro realça a importância da boa fé em matéria de desculpabilidade.

Nas palavras deste autor, a desculpabilidade manifesta-se "quando, por qualquer razão ponderosa, a exigência, ao agente, do acatamento da conduta devida, ofenda gravemente o princípio da boa fé"[63].

Efectivamente, a boa fé traduz-se em regras de conduta que se impõem aos sujeitos das relações jurídicas, os quais devem actuar de forma honesta, diligente e leal, de forma a permitir o máximo proveito das suas condutas em con-

---

[58] *Idem*, p. 408 e s..

[59] ADRIANO PAES DA SILVA VAZ SERRA, *Impossibilidade superveniente não imputável ao devedor e desaparecimento do interesse do credor*, BMJ, n.º 46, Janeiro de 1955, p. 5 e s..

[60] VAZ SERRA, ob. cit., p. 35 e s. e notas 59 e 60.

[61] MANUEL DE ANDRADE, ob. cit., p. 409.

[62] MANUEL DE ANDRADE, *idem*, nota 1.

[63] MENEZES CORDEIRO, *Direito das obrigações*, 3.º vol. cit., p. 147. No mesmo sentido MENEZES CORDEIRO, *Direito das obrigações*, 1.º vol. cit., p. 151.

O papel da desculpabilidade no sistema de responsabilidade civil 447

traposição a um mínimo de sacrifício, mantendo o equilíbrio nas respectivas posições.

Em matéria de desculpabilidade são as próprias circunstâncias do caso concreto que consubstanciam um desequilíbrio anormal da posição das partes e que tornam repugnante a censura do agente pelo desrespeito pelo comportamento devido.

Assim, se alguém não cumpre uma obrigação para estar presente no funeral do pai, não deve ser responsabilizado pela sua conduta, uma vez que a exigência do cumprimento da obrigação representaria um agravamento substancial do sacrifício correspondente à sua prestação, ofendendo gravemente os ditames da boa fé, pelo que o não cumprimento é desculpável.

Da mesma forma, não deve ser responsabilizado um filho que é informado que o seu pai, internado numa cama de hospital, está prestes a falecer e, tendo conhecimento de que o vizinho deixa o carro aberto e com a chave escondida no porta-luvas, decide apropriar-se do veículo para, atempadamente, chegar ao hospital e acompanhar o pai nos seus últimos momentos.

Em ambos os casos, a exigência de uma actuação conforme ao direito, por parte destes filhos, representa um enorme sacrifício, pelo que é ofensiva da boa fé. Não podem, pois, ser responsabilizados, uma vez que a sua conduta, embora ilícita, é impulsionada por motivos tão nobres que impedem a reprovação ético-jurídica, pelo que o comportamento é desculpável.

5. Traços específicos da desculpabilidade

a) *A inexigibilidade*

A causa geral de exclusão da culpa tem por base a não exigibilidade do respeito pelo comportamento devido, tendo em conta as circunstâncias do caso concreto.

Recuperamos o exemplo da cantora que fica à cabeceira da cama do filho moribundo.

Estamos perante uma situação em que o agente actuou no exercício do seu direito de auto-determinação, consciente de que a sua conduta desrespeita um dever jurídico, constituindo uma actuação ilícita.

A cantora sabia que tinha a obrigação de actuar, mas optou por ficar com o seu filho, mesmo sabendo que a sua conduta não deixa de ser ilícita ainda que com fundamento na sua dor e preocupação.

448 *Pedro Correia Henriques*

"Todavia, não é possível emitir sobre a sua conduta o juízo de reprovação ético-jurídico necessário para o acto ilícito, e isto *por motivos que se reportam à vontade do agente*: por se reconhecer que actuou movido por uma razão tão forte, tão justa e tão humana que, dum ponto de vista jurídico, nada lhe pode ser censurado. No campo das relações privadas, o direito nunca reclama actos de heroicidade no cumprimento dos deveres"[64].

Voltamos a realçar, em matéria de desculpabilidade o comportamento do agente nunca deixa de ser ilícito, porque contrário à ordem jurídica.

No entanto, esta desconformidade é acompanhada por uma forte carga axiológica positiva, que resulta das motivações do agente e das circunstâncias do caso concreto.

Como refere Figueiredo Dias, a inexigibilidade existe nos casos em que a desconformidade da conduta do agente face ao Direito possa "atribuir-se a uma *constelação exógena* particularmente imperiosa, a momentos *exteriores* à própria pessoa, que não encontraram nesta nenhum «eco» censurável, antes «estorvaram» ou mesmo «desviaram» o cumprimento daquelas intenções"[65].

Não é toda e qualquer boa intenção do agente que justifica a exclusão da culpa, mas tão só aquela que, tendo em conta todo o cenário envolvente à actuação, torne repugnante "emitir sobre a conduta do agente qualquer censura, pois não era *humanamente exigível* a realização da prestação e, portanto, a consciência jurídica não pode reprovar a omissão dela"[66].

Consideremos o exemplo de um agulheiro que, ao constatar que um comboio de mercadorias se encontra sem travões e vai embater num comboio de passageiros, decide desviar o comboio de mercadorias para uma outra linha que se encontrava em reparações, provocando a morte dos operários que aí trabalhavam.

O facto de o agulheiro ter actuado por um motivo eticamente positivo, querer salvar a vida dos passageiros, não tem qualquer influência sobre a ilicitude do comportamento, uma vez que violou o direito à vida dos trabalhadores, sem que se verifique qualquer causa de justificação.

No entanto, essa intenção do agente impede o juízo de censura referente à culpa, uma vez que os padrões sociais de justiça não permitem responsabilizar o agente que optou por este "mal menor", preferindo condenar à morte meia dúzia de operários em ordem a salvar dezenas de passageiros.

---

[64] PESSOA JORGE, ob. cit., p. 351.
[65] JORGE DE FIGUEIREDO DIAS, *Liberdade e culpa no Direito penal*, 2.ª ed., Coimbra Editora, 1983, p. 201.
[66] PESSOA JORGE, ob. cit., p. 351.

O Direito não pode, neste caso, exigir um comportamento diferente ao agente, uma vez que este "cometeu uma acção em circunstâncias tais que levariam a generalidade das pessoas «honestas» a cometê-la também"[67].

Revemo-nos, assim, na clareza das palavras de Eduardo Correia: "perante essas situações, a ordem jurídica, penetrada pelo ingrediente da própria ética, não pode deixar de se calar, de não censurar porque não pode exigir aos homens outro comportamento quer eles intervenham ou não intervenham, e terá que os deixar entregues sós com os seus deuses, sós com a sua consciência"[68-69].

b) *Âmbito residual de aplicação*

A admissibilidade de uma causa geral de exclusão da culpa podia levar à ideia de o tribunal ficar investido num poder amplamente discricionário e, portanto, com largo campo de aplicação.

Esta crítica encontra eco nas palavras de Cavaleiro Ferreira, que considera que "tal doutrina peca por enfraquecer o sistema repressivo e contraria os textos legais. (…) (A)ceitar causas de exclusão da culpabilidade além das causas especiais que apontámos seria contrariar (…) as necessidades da repressão, favorecendo o arbítrio jurisprudencial"[70].

Contudo, tal aparência não procede por duas ordens de razão.

Em primeiro lugar, pelo facto de a inexigibilidade da conduta estar dependente, como vimos, de um apertado juízo de não censurabilidade, através de uma dialéctica entre as motivações do agente e as circunstâncias do caso, o qual é sindicável pelas instâncias superiores.

Saber se uma conduta é, ou não, exigível constitui matéria de direito, e não de facto, pelo que quer os Tribunais da Relação, quer o Supremo Tribunal de Justiça, podem pronunciar-se sobre esta matéria, exercendo o seu poder de controlo e correcção.

---

[67] Jorge de Figueiredo Dias, *Liberdade e culpa no Direito penal*, 2.ª ed. cit., p. 202.

[68] Eduardo Correia, *Direito criminal* II, Reimpressão, Almedina, 1971, p. 97.

[69] Igualmente Stratenwerth considera que nesta situações "el individuo, abandonado por el orden jurídico, se siente remitido exclusivamente a la instancia de su propria conciencia", é nestes casos que "dogmaticamente, se requiere aquí el reconocimiento de la correspondiente causa supralegal de exclusión de la culpabilidad". – Günter Stratenwerth, *Derecho Penal – Parte General*, I, *El Hecho Punible*, tradução da 2.ª ed. alemã de 1976, realizada por Gladys Romero, EDERSA, Madrid, p. 199.

[70] Cavaleiro Ferreira, *Lições de Direito penal*, 2.ª ed., Lisboa, 1945, p. 440 e s..

450   Pedro Correia Henriques

Em segundo, porque "esse poder atribuído ao tribunal tem, na realidade, alcance muito menor do que à primeira vista poderia parecer, pois os casos, em que a responsabilização do agente seria mais injusta, são já pela ordem jurídica afastados por diversos processos e a diversos níveis"[71].

Assim, na opinião de Pessoa Jorge, muitos destes casos seriam resolvidos pelo dever de diligência, não havendo que recorrer à desculpabilidade quando a responsabilidade é excluída por não ser devida outra conduta em termos de diligência.

Quando tal não ocorra, a maioria destas situações seriam solucionadas pela verificação ou de uma causa de justificação, ou de uma causa de escusa, ou ainda pela aplicação do regime do agravamento da prestação.

No entanto, estas situações não resolvem todos os problemas, como é patente nos exemplos do actor e da cantora, ou no caso de um médico que trabalha horas a fio em virtude de uma catástrofe, acabando por cometer um erro durante esse esforço sobre-humano para salvar vidas.

A obrigação preterida não tem que ser de facto, podendo ser de coisa ou mesmo pecuniária. Tanto merece desculpa a cantora que ficou ao lado do seu filho no dia do espectáculo, como o devedor de uma obrigação pecuniária que, quando se deslocava para a satisfazer, foi informado que o filho sofreu um acidente, encontrando-se internado, e, imediatamente, se dirige ao hospital.

Os exemplos aqui referidos poderiam levar à ideia errada de que a desculpabilidade constitui um instituto exclusivo da responsabilidade civil contratual.

No entanto, esta convicção fica definitivamente afastada quando recuperamos os exemplos do agulheiro que desvia o comboio de mercadorias descontrolado para uma linha em reparações, provocando a morte a "meia dúzia" de operários para salvar a vida de dezenas de passageiros que seguiam no comboio que iria ser abalroado; ou do filho que se apropria do automóvel de um vizinho de maneira a chegar ao hospital a tempo de acompanhar o pai nos últimos momentos de vida.

É neste número ínfimo e reduzido de casos que a desculpabilidade se revela, manifestando a sua importância ao permitir a reposição do equilíbrio e da justiça.

---

[71] Pessoa Jorge, ob. cit., p. 348.

c) *Aparentes dificuldades do instituto*

"A admissibilidade genérica desta causa de escusa pode suscitar dúvidas, tanto *de iure constituto*, uma vez que a lei não formula para ela qualquer regra geral, como *de iure constituendo*, pelo perigo de enfraquecer o vínculo obrigacional e pelo subjectivismo que a sua aplicação envolve"[72].

Contrariamente ao medo invencível e ao erro desculpável, a desculpabilidade não encontra qualquer reflexo no Código Civil, pelo que estamos perante uma causa de exclusão atípica.

Mas não consideramos que esta primeira preocupação seja procedente. Não é necessário que a lei contemple uma causa geral de escusa quando esta resulta do próprio sistema da responsabilidade civil por factos ilícitos globalmente considerado.

Como argumenta Pessoa Jorge, "também a lei não fala em termos genéricos de erro desculpável ou do medo invencível e, todavia, parece-nos fora de dúvida não poder negar-se-lhes a eficácia de excluir a culpabilidade; de outro modo não faria sentido dizer que a responsabilidade civil se baseia na culpa"[73].

Argumenta, ainda, o autor que "o tom geral do novo direito das obrigações é favorável à possibilidade de reconhecer aos órgãos de aplicação do direito o poder de, em certas circunstâncias, considerar isento de censura um acto objectivamente ilícito"[74].

Relativamente à hipótese de a desculpabilidade pôr em causa a segurança do vínculo obrigacional, preocupação que já encontrámos nas palavras de Cavaleiro Ferreira a propósito do sistema repressivo penal, também esta não nos parece consubstanciar um verdadeiro problema.

Efectivamente, os poderes do tribunal face ao caso concreto são e serão sempre, pela natureza das coisas, bastante amplos.

Só analisando as circunstâncias do caso é possível inteligir qual o comportamento devido, qual a medida de diligência, verificar a existência de causas de justificação, apreciar a essencialidade e a desculpabilidade do erro ou do medo, bem como ponderar a existência de incapacidade por parte do agente, nexo de causalidade, violação da boa fé ou abuso de direito.

A intervenção do julgador, submetendo a apreciação destas situações ao seu prudente arbítrio, é uma realidade inultrapassável, podendo a sua decisão influir na segurança do vínculo constituído.

---

[72] Pessoa Jorge, ob. cit., p. 352.
[73] *Idem.*
[74] *Idem.*

452   Pedro Correia Henriques

Não vislumbramos que a possibilidade de o julgador apreciar a existência de circunstâncias que justifiquem a desculpabilidade do comportamento ponha mais em causa a segurança jurídica dos vínculos do que qualquer dos casos atrás referidos, até porque, como constatámos, esta figura terá um campo de aplicação bastante reduzido.

Acompanhamos, pois, Pessoa Jorge quando afirma que a "possibilidade de a relevância da desculpabilidade afectar a própria segurança jurídica do vínculo creditício, parece-nos esse perigo mais teórico do que real"[75].

d) *Repercussão dos prejuízos na esfera do lesado*

Nos termos do n.° 1 do artigo 483.° do Código Civil, "aquele que, com dolo ou mera culpa, violar ilicitamente o direito de outrem ou qualquer disposição legal destinada a proteger interesses alheios fica obrigado a indemnizar o lesado pelos danos resultantes da violação".

É, pois, necessário que, além de ilícito, o comportamento do agente contenha a carga ético-jurídica negativa que permita formular um juízo de culpa, caso contrário este não será obrigado a indemnizar.

Verificando-se a existência de factores que permitam concluir pela desculpabilidade de um comportamento que, em circunstâncias gerais, seria culposo, não é possível tecer aquele juízo de censura, inexistindo o dever de indemnizar por parte do agente.

Este facto levanta uma dificuldade na fundamentação da figura da inexigibilidade, uma vez que acarreta problemas ao nível da justiça da solução.

Será justo que o Direito, ao visar repor a justiça na situação, por o lesante ter actuado por motivos tão axiologicamente positivos que não é possível reprovar a sua conduta, faça impender sobre o lesado os prejuízos provocados pelo comportamento ilícito do primeiro?

Pessoa Jorge responde favoravelmente a esta questão.

Considera que a estrutura do vínculo creditório implica a colaboração do devedor para satisfazer os interesses do credor, o que implica riscos para este (p. ex., a possibilidade de a prestação se impossibilitar casualmente, o perigo de o devedor não cumprir e da execução ser ineficaz perante um património insolvente).

---

[75] Pessoa Jorge, ob. cit., p. 353.

Para este ilustre catedrático, "a cooperação do devedor é-lhe imposta em termos de *dever* e é por isso que, em princípio, só o incumprimento *ilícito* gera responsabilidade para ele; o que significa que o credor, desde logo, sabe que *nem toda e qualquer inexecução lhe proporciona o crédito à indemnização, mas apenas aquela que permitir emitir sobre a omissão do comportamento devido um juízo ético-jurídico de reprovação ou censura*"[76].

Não concordamos inteiramente com esta posição. Parece-nos desajustado que, na busca de alcançar uma solução ditada por imperativos de justiça, se venha a criar outra situação igualmente injusta, uma vez que os prejuízos se deveram única e exclusivamente à actuação ilícita do lesante.

Se pensarmos no exemplo da cantora que falta a uma actuação para acompanhar o filho gravemente doente, e colocarmos como intervenientes uma conhecida banda de rock como os Rolling Stones ou os U2, que ganham cerca de 500 000 euros por concerto, e uma produtora de eventos, que suporta todos os custos com a locação de um estádio, equipamento técnico e contratação de pessoal especializado, facilmente constatamos que a desculpabilidade pode ter repercussões fatais para a sobrevivência da produtora.

Não se realizando o espectáculo, esta empresa não só continua a ter de suportar os custos de produção assumidos, como se verá obrigada a devolver o valor dos bilhetes.

Se perfilhássemos a posição de Pessoa Jorge quanto à repercussão dos prejuízos, tal significaria que a fortuna destas estrelas de rock não sofreria qualquer consequência, ao passo que a situação financeira da produtora musical conheceria, certamente, dias complicados ou mesmo o colapso.

Não podemos concordar com esta posição.

Entendemos estar perante uma situação semelhante à prevista no artigo 489.° do Código Civil, relativa à indemnização por pessoas não imputáveis.

Em ambas as hipóteses o agente actua ilicitamente, sem que seja possível emitir um juízo de censura ético-jurídico sobre a sua conduta, no primeiro caso devido às circunstâncias do caso concreto, no segundo por o agente ser inimputável.

Assim, quer no caso da desculpabilidade, quer no caso da inimputabilidade, a responsabilidade civil do lesante fica precludida dada a ausência de um juízo de culpa.

Na nossa opinião, a similitude entre os casos de desculpabilidade e inimputabilidade impõe uma solução idêntica para o problema da repercussão dos

---

[76] Pessoa Jorge, ob. cit., p. 354.

454   *Pedro Correia Henriques*

prejuízos na esfera do lesado, pelo que se justifica a aplicação de uma solução análoga à prevista no artigo 489.º aos casos de desculpabilidade.

De acordo com o n.º 1 do artigo 489.º, "se o acto causador de danos tiver sido praticado por pessoa não imputável, pode esta, por *motivos de equidade*, ser condenada a repará-los, total ou parcialmente" (itálico nosso).

Ora, da mesma forma que um inimputável pode provocar ao lesado graves prejuízos, justificando-se o arbitramento de uma indemnização caso a gravidade da acção, o valor do dano e a diferença entre as esferas patrimoniais de ambos, bem como impacto que os prejuízos representam para cada uma destas, o ditem, também esses circunstancialismos se podem verificar nos casos de desculpabilidade.

Deve, pois, o juiz arbitrar uma indemnização de forma a reparar, total ou parcialmente, os danos, quer no caso da conhecida banda de rock que falta a um concerto por uma motivo desculpável, quer na hipótese de um indivíduo inimputável, detentor de uma desafogada situação económica, que decide pegar fogo ao único campo de uma modesta família de agricultores.

Conforme refere o Supremo Tribunal de Justiça, "o apontado requisito específico – «equidade» – tem de ser avaliado perante as circunstâncias concretas, ponderando especificamente as possibilidades do inimputável e as necessidades do lesado, sendo, todavia, a indemnização calculada por forma a não privar a pessoa não inimputável dos alimentos necessários, conforme o seu estado e condição, nem dos meios legais indispensáveis para cumprir os seus deveres legais de alimentos – artigo 489.º, n.º 2 do Código Civil"[77], apreciações que, *mutatis mutandis*, têm plena aplicação aos casos de indemnização por comportamento desculpável.

Já Antunes Varela, no seguimento de Vaz Serra, faz notar que "o momento a que o julgador deve atender, quanto à situação económica do autor da lesão, é o da data da sentença. Mas quanto ao grau de discernimento do agente, à sua malícia, à espécie de lesão provocada, releva o momento da prática do facto"[78].

Retomamos, neste ponto, as considerações que já tecemos a propósito do artigo 489.º[79], que se aplicam igualmente à hipótese de analogia proposta, reafirmando não se tratar de um caso de responsabilidade objectiva, mas antes de responsabilidade fundada no princípio da equidade.

---

[77] Ac. STJ de 31-Jan.-1996, BMJ, n.º 453, p. 205 e ss..
[78] Antunes Varela, *Das obrigações em geral*, vol. I, 10.ª ed. cit., p. 565.
[79] Cf. p. 434 e s..

Tal conclusão resulta dos requisitos deste modelo de responsabilidade, que assentam na verificação de uma violação do princípio da equidade ao fazer pender sobre o lesado a totalidade dos prejuízos, bem como do facto de o agente apenas responder na medida do imposto por força deste princípio, podendo a indemnização arbitrada reparar a totalidade ou apenas parte dos danos.

Esta possibilidade de arbitrar uma indemnização, inclusivamente de valor inferior à totalidade do dano, poderia levar a falar de uma desculpabilidade parcial.

Essa opção não nos parece correcta.

Para podermos falar em desculpabilidade tem que se verificar um conjunto de circunstâncias, que em larga medida se prendem com as motivações positivas e justas do agente, que impossibilitam a formulação de um juízo de reprovação ético-jurídico à sua conduta.

Esse juízo de censura ou existe, ou não existe, a culpa do agente ou é excluída ou não é excluída, pelo que não é próprio falar de desculpabilidade parcial.

Diferente é a posição que adoptamos.

Afirmamos a desculpabilidade do comportamento. No entanto, em certos casos e por motivos de equidade, o agente pode ser condenado a reparar total ou parcialmente os danos.

6. **Conclusões**

No final do caminho que nos propusemos percorrer, concluímos que a admissibilidade da desculpabilidade, enquanto causa de exclusão da culpa supra-legal, surge como uma decorrência necessária de um sistema de responsabilidade civil baseado na culpa, concebida enquanto juízo de censura ao agente por ter adoptado uma conduta diferente da que lhe era imposta pelo Direito (culpa normativa), bem como da justificação da falibilidade humana em face às circunstâncias do caso concreto.

Efectivamente, constatamos a existência de casos em que o agente actuou de forma ilícita e em condições que levariam a formular um juízo de culpa. No entanto, as motivações do agente em face do caso concreto tornam repugnante a sua censura e responsabilização.

Trata-se de situações em que, embora fosse possível responsabilizar o agente, a generalidade das "pessoas de bem" poderia comportar-se de forma semelhante, o que se deve às motivações e intenções axiologicamente positivas

456   *Pedro Correia Henriques*

que estiveram na base do comportamento. Desta forma, a responsabilização do agente desencadearia um sentimento de injustiça e mal-estar não só no agente, mas também na sociedade, afectando o seu normal funcionamento.

É perante estes casos, em que não têm aplicação as causas de justificação ou qualquer outra causa de escusa, que a desculpabilidade justifica a sua existência "como cláusula de segurança, em situações extremas, contra o rigor das normas de que resultariam efeitos nunca queridos pelo Direito"[80].

A desculpabilidade surge, assim, como decorrência de um imperativo ético-moral de justiça, que impõe a exclusão da culpa do agente quer nos casos de responsabilidade delitual, quer nos de responsabilidade contratual, no qual encontramos duas vertentes.

A primeira consiste numa vertente individual de protecção do sujeito e que podemos, tal como Fernanda Palma[81], reconduzir aos princípios constitucionais da liberdade e dignidade da pessoa humana.

A segunda prende-se com o bem-estar social e com os efeitos negativos para o funcionamento da sociedade que a responsabilização do agente, que actuou dentro dos parâmetros ético-morais vigentes, acarretaria.

No entanto, a verificação desta causa de exclusão da culpa supra-legal não é sinónimo da repercussão dos danos exclusivamente na esfera do lesado.

Fazer com que a totalidade dos prejuízos resultantes da actuação ilícita do agente impenda sobre o lesado, muitas das vezes totalmente alheio à situação e às motivações daquele, atenta contra o próprio imperativo de justiça em que se funda a desculpabilidade.

Surge, pois, uma necessidade de "equilibrar a balança", impondo-se uma repartição equitativa dos danos quando as circunstâncias do caso concreto a isso obriguem.

O afastamento da responsabilidade por via da desculpabilidade tem contornos muito próximos da inimputabilidade do agente.

Em ambos os casos o comportamento é ilícito pelo que, existindo dano e nexo de causalidade, o agente apenas não é responsabilizado dada a ausência do juízo de censura em que se traduz a culpa.

Esta similitude justifica plenamente a aplicação analógica do artigo 489.º do Código Civil às hipóteses de desculpabilidade, permitindo a condenação do agente a reparar, total ou parcialmente, os danos que causou, mesmo não se verificando o requisito culpa, desde que os ditames da equidade o imponham,

---

[80] MENEZES CORDEIRO, *Direito das obrigações*, 3.º vol. cit., p. 148.
[81] FERNANDA PALMA, *O princípio da desculpa em Direito penal*, Almedina, 2005, p. 133.

à semelhança do que acontece com os inimputáveis quando não é possível obter o ressarcimento por conta das pessoas encarregues da sua vigilância.

Trata-se, como vimos, não de um caso de responsabilidade objectiva, mas de uma solução decorrente da equidade e sujeita aos seus critérios, pelo que tem de ser verificada perante as circunstâncias do caso concreto.

Cabe, pois, ao julgador aferir quando, e em que medida, se impõe o arbitramento de uma indemnização, face a um juízo de equidade que terá por base a gravidade do dano e da conduta do agente, a repercussão daquele nas esferas patrimoniais deste e do lesado, bem como a diferença existente entre estas no momento da decisão.

JURISPRUDÊNCIA ANOTADA

A competência judiciária para o conhecimento de litígio emergente de contrato de concessão internacional. A propósito de duas decisões do STJ

DR.ª MARIA JOÃO MATIAS FERNANDES

SUPREMO TRIBUNAL DE JUSTIÇA
Acórdão de 12 de Outubro de 2006

SUMÁRIO: *I. O Regulamento (CE) n.º 44/2001 do Conselho, de 22 de Dezembro de 2000, entrou em vigor no dia 1 de Março de 2002, aplica-se às acções judiciais intentadas depois disso, é obrigatório em todos os seus elementos e directamente aplicável em todos os Estados-Membros da União Europeia, salvo a Dinamarca, cujas normas prevalecem sobre as de origem interna relativas à competência internacional dos tribunais. II. A prestação característica do contrato de concessão comercial, celebrado no exercício da actividade económica e profissional do concedente e o do concessionário, é a do último de celebrar, na zona geográfica considerada, com clientes diversos, existentes ou a angariar, de contratos de compra e venda cujo objecto mediato são os produtos por ele adquiridos ao primeiro. III. De harmonia com o direito substantivo aplicável, devem ser cumpridas em Portugal, não só a obrigação mencionada sob 2, como também a de indemnização por equivalente pecuniário do concessionário sedeado em Portugal, com base na cessação ilegal do contrato, por iniciativa do concedente, sedeado em Itália. IV. Sob aplicação do disposto na alínea a) do n.º 1 do artigo 5.º do Regulamento mencionado sob 1, são os tribunais portugueses internacionalmente competentes para conhecer da acção em que o concessionário, com base em responsabilidade civil contratual decorrente da denúncia ilegal do contrato de concessão comercial pelo concedente, pede a condenação deste a indemnizá-lo pelos prejuízos decorrentes do desrespeito do prazo de pré-aviso, da recusa de retoma de produtos e da perda do benefício da clientela.*

O Direito 141.º (2009), II, 461-497

462 *Acórdão do Supremo Tribunal de Justiça de 12 de Outubro de 2006*

Acordam no Supremo Tribunal de Justiça

I

S ... – Produtos Eléctricos SA, com sede em Portugal, intentou, no dia 13 de Abril de 2004, contra ... Systems SRL e ... Arna SRL, ambas com sede em Itália, acção declarativa de condenação, com processo ordinário, pedido a sua condenação solidária a pagar-lhe, a título de indemnização, 219 072,23 e juros vincendos à taxa legal.

Fundou a sua pretensão nos prejuízos derivados de as rés haverem denunciado, sem respeito pelo prazo legal de pré-aviso, o contrato com elas celebrado de concessão/distribuição comercial de produtos eléctricos e de máquinas para a indústria têxtil, invocando também a angariação de clientela e a recusa de retoma pelas rés de produtos e peças.

As rés, na contestação, excepcionaram a incompetência internacional dos tribunais portugueses, sob o fundamento de serem competentes julgar a causa os tribunais italianos.

Por despacho proferido no dia 23 de Fevereiro de 2005, o tribunal da 1.ª instância julgou a excepção improcedente, sob o fundamento de estarem em causa as consequências da denúncia de um contrato de concessão comercial e não a compra e venda de bens.

Agravaram as rés, e a Relação, por acórdão proferido no dia 15 de Maio de 2006, julgou os tribunais italianos competentes para conhecer da causa e absolveu os réus da instância, sob o fundamento de os elementos indicados pela autora não permitirem a derrogação a regra geral de competência definido no artigo 2.º do Regulamento (CE) n.º 44/2001, e de as regras especiais deverem ser interpretadas restritivamente, em termos de não irem além das hipóteses nelas explicitamente consideradas.

Interpôs a autora recurso de agravo para este Tribunal, formulando, em síntese, as seguintes conclusões de alegação:

– não é aplicável ao caso a alínea b) do n.º 1 do artigo 5.º do Regulamento (CE) n.º 44/200 porque se não trata de contrato de compra e venda ou de prestação de serviços;

– sem o dever básico da promoção da venda dos bens não existe contrato de concessão comercial;

– o núcleo primordial ou a obrigação principal ou característica do referido contrato é a própria revenda dos produtos das recorridas pela recorrente em Portugal, e não a compra e venda nem a compra para revenda;

O Direito 141.º (2009), II, 461-497

– são os tribunais portugueses os competentes para conhecer da acção, nos termos da alínea a) do artigo 5.º do aludido Regulamento porque a revenda, a cumprir em Portugal, é o elemento característico do contrato.

Responderam as recorridas, em síntese de conclusão:

– no contrato destacam-se a obrigação da recorrente de adquirir às recorridas bens para revenda e de promover a sua comercialização em conformidade com as instruções das últimas e a obrigação de venda àquela por estas;
– prevalece o núcleo integrado pela obrigação da recorrente de aquisição às recorridas de bens para revenda às recorridas e pela obrigação de venda por estas àquela;
– a demanda do réu em tribunal de Estado diverso daquele em que tem o domicílio só pode ocorrer nos termos da alínea a) e da primeira parte da alínea b) do n.º 1 do artigo 5.º do Regulamento com base no núcleo obrigacional característico do contrato de concessão comercial e não por via do disposto na segunda parte da mencionada alínea b);
– caso não seja identificável uma prestação característica do contrato em causa, devido à sua natureza complexa, deverá prevalecer o princípio geral do artigo 2.º, com a consequência de os tribunais italianos serem competentes para conhecer da acção;
– isso conforma-se com a excepcionalidade dos casos do artigo 5.º do Regulamento e a composição do contrato por dois núcleos obrigacionais essenciais e equivalentes, cumpridos em lugares diferentes, por isso não se enquadrando na previsão das alíneas do n.º 1 daquele artigo, assentes no critério do lugar do cumprimento da obrigação;
– não é aplicável o n.º 5 do artigo 5.º do Regulamento por falta de semelhança com o estabelecimento de agência ou em Portugal e por a sua excepcionalidade não comportar aplicação analógica.

II

É o seguinte o quadro essencial de fundamentação constante na petição inicial, que releva no caso espécie:

1. As rés são sociedades italianas que se dedicam ao fabrico e exportação, através de distribuidores autónomos, de material para indústria têxtil, nomeadamente carros de corte, estendedores e Cad/Cam.

2. A autora importa, distribui e comercializa, por indicação das rés, os seus produtos em Portugal, desde há mais de 20 anos, em regime de exclusivo.

3. As rés pretenderam com esta relação de exclusividade, através da nomeação da autora, colocar produtos, angariar clientela e conquistar mercado em Portugal.

4. Os produtos das rés eram, antes do início da referida relação comercial, desconhecidos em Portugal, e, fruto da acção da autora ao longo dos anos, foram penetrando e impondo-se no território nacional.

5. Em finais de 2002, os produtos das rés estavam introduzidos em Portugal por via de cerca de 90 clientes, todos eles angariados pela autora, e que até então os desconheciam.

6. Ao longo de todos estes anos, o volume de negócios/venda de produtos das rés foi aumentando gradualmente em Portugal, tendo-lhos comprado durante o ano de 1988 no montante de € 16 841, 88, em 2000 no montante de € 312 810,88, e em 2001 no montante de € 620 685,09.

7. No dia 22 de Outubro de 2001, as rés enviaram à autora um *fax* a informar que a partir 1 de Novembro 2001 a última passaria de distribuidora exclusiva a não exclusiva dos seus produtos em Portugal, e que se as vendas aumentassem reveriam a sua posição, voltando a autora à posição de distribuidora exclusiva.

8. No ano de 2002, já como distribuidora não exclusiva, a autora vendeu produtos da ré no montante de € 64 758,29, e sobre estes montantes e os referidos sob 7 aplicava a sua margem de lucro de 25%.

9. A brusca mudança de atitude face ao acordado ficou a dever-se a alegada diminuição do volume das vendas pela autora em Portugal dos produtos fabricados pelas rés.

10. No dia 13 de Dezembro de 2002, as rés comunicaram à autora o fim da relação comercial que mantinham, com efeitos desde 1 de Janeiro de 2003, e nomearam C... Ld.ª distribuidora exclusiva dos seus produtos em Portugal, que está a comercializá-los aos 90 clientes angariados pela autora.

11. As rés não aceitam a retoma de produtos e peças que a autora tem em *stock*, no valor global de € 13 396, que a última não conseguiu vender, e esta comunicou àquelas, no dia 15 de Abril de 2003, a sua pretensão de ser indemnizada.

III

A questão essencial decidenda é a de saber se os tribunais italianos são ou

Contrato de concessão internacional: competência judiciária   465

não internacionalmente competentes para conhecer da acção declarativa de condenação em causa.

Tendo em conta o conteúdo do acórdão recorrido e das conclusões de alegação formuladas pela recorrente e pelas recorridas, a resposta à referida questão pressupõe a análise da seguinte problemática:

– estrutura do objecto do litígio;
– estrutura e efeitos da excepção dilatória de incompetência internacional;
– regras de competência internacional dos tribunais portugueses decorrentes do direito interno de origem externa, designadamente do Regulamento CE n.° 44/2001, do Conselho, de 22 de Dezembro de 2000;
– lei substantiva aplicável ao módulo contratual invocado pela recorrente;
– natureza e efeitos do referido contrato;
– solução para o caso espécie decorrente da dinâmica processual envolvente e da lei:

Vejamos, de *per se*, cada uma das referidas sub-questões.

1. Comecemos pela análise da estrutura do objecto do litígio no quadro da interpretação das afirmações constantes da petição inicial e dos documentos que a suportam.

Face às referidas afirmações, a recorrente é uma sociedade portuguesa, com sede em Portugal, que importava, distribuía e comercializava, primeiramente em regime de exclusivo, material da indústria têxtil produzido pelas recorridas, sociedades italianas, com sede em Itália, no âmbito de um contrato entre elas todas celebrado.

Visaram as recorridas colocar aqueles produtos em Portugal, a fim de aqui serem vendidos pela recorrente, por conta própria, a clientes que angariasse, o que se concretizou até 1 de Janeiro de 2003, embora desde 1 de Novembro de 2001, por iniciativa exclusiva das primeiras, já sem exclusividade.

No dia 13 de Dezembro de 2002, as recorridas comunicaram à recorrente o fim da relação comercial em causa com efeitos desde 1 de Janeiro de 2003, e as primeiras não aceitam a retoma dos produtos que a última tem em *stock*.

Com base nesse alegado quadro de facto, o que a recorrente exige das recorridas com a acção é a indemnização correspondente aos prejuízos derivados da denúncia do contrato sem observância do pelo prazo legal de pré-aviso, da recusa da retoma de produtos e a compensação pela angariação de clientela.

Assim, resulta da referida petição inicial que a pretensão de indemnização que a recorrente formula no confronto das recorridas decorre do acto de denúncia, ou seja, dos efeitos extintivos dele derivados.

O Direito 141.° (2009), II, 461-497

466 *Acórdão do Supremo Tribunal de Justiça de 12 de Outubro de 2006*

Não estão, por isso, em causa as obrigações da recorrente e das recorridas derivadas da correcta ou incorrecta execução do contrato entre uma e outras celebrado, ou seja, o litígio não assenta no incumprimento de qualquer obrigação específica envolvente do sinalagma contratual.

2. Analisemos agora a estrutura e dos efeitos da excepção dilatória de incompetência internacional dos tribunais portugueses.

As normas de competência internacional, em jeito de normas de conflito, delimitam o exercício da função jurisdicional pelo conjunto dos tribunais portugueses no quadro de relações jurídicas conexas com mais de uma ordem jurídica estrangeira.

As regras de incompetência internacional, salvo a mera violação de algum pacto privativo de jurisdição, integram a chamada incompetência absoluta, de conhecimento oficioso em qualquer estado do processo, até ao trânsito em julgado da sentença sobre o mérito da causa.

A consequência da infracção das referidas regras, ou seja, da procedência da mencionada excepção dilatória, é, segundo a lei, a da absolvição do réu da instância (artigos 101.º, 102.º e 105.º, n.º 1, do Código de Processo Civil).

A referida excepção dilatória deve aferir-se, essencialmente, à luz do pedido e da causa de pedir formulados pelo autor na petição inicial, isto é, independentemente do que o réu articulou ou referiu no instrumento de contestação a título de defesa.

3. Vejamos agora as regras de competência internacional dos tribunais portugueses decorrentes do direito interno de origem externa, designadamente do Regulamento CE n.º 44/2001, do Conselho, de 22 de Dezembro de 2000.

De harmonia com a chamada primazia do direito comunitário em relação ao direito os Estados-Membros da União Europeia, as normas concernentes à competência judiciária integrantes do referido Regulamento prevalecem sobre as de idêntica natureza constantes do artigo 65.º do Código de Processo Civil (artigos 3.º, n.º 2, do Regulamento e 8.º, n.º 3, da Constituição).

O referido Regulamento, relativo, além do mais, à competência judiciária, entrou em vigor no 1 de Março de 2002, substituindo entre os Estados-Membros da União Europeia, com excepção da Dinamarca, a Convenção de Bruxelas de 1968.

Aplica-se às acções judiciais intentadas posteriormente à sua entrada em vigor, é obrigatório em todos os seus elementos e é directamente aplicável em todos os Estados-Membros, salvo a Dinamarca, em conformidade com o Tratado que institui a Comunidade Europeia (artigos 1.º, 68.º e 76.º).

O Direito 141.º (2009), II, 461-497

Visou unificar, no âmbito da sua aplicação, além do mais, as normas de conflito de jurisdição em matéria civil e comercial, independentemente da natureza da jurisdição (artigo 1.°, n.° 1).

Estabelece, por um lado, a regra do domicílio como factor de conexão essencialmente relevante para determinação da competência internacional do tribunal, no sentido de que as pessoas domiciliadas no território de um Estado--Membro devem ser demandadas, independentemente da sua nacionalidade, perante os tribunais desse Estado (artigo 2.°, n.° 1).

E, por outro, a título de especialidade, estabelece que as pessoas domicilia-das no território de um Estado-Membro só podem ser demandadas perante os tribunais de um outro Estado Membro por força das regras enunciadas nas sec-ções 2 a 7 do respectivo capítulo (artigo 3.°, n.° 1).

Assim, a referida regra do domicílio ou sede, como factor de determina-ção da competência judiciária não é absoluta, certo que há casos em que é pos-sível instaurar a acção nos tribunais de Estado-Membro diverso daquele onde o sujeito passivo esteja domiciliado ou sedeado.

Para efeitos do disposto no Regulamento em análise, as sociedades comer-ciais, tal como é o caso da recorrente e das recorridas, tem domicílio no lugar em que tiverem a sua sede social, a sua administração principal ou o seu esta-belecimento principal (artigo 60.°, n.° 1).

No que concerne aos referidos critérios especiais de determinação da competência jurisdicional, releva essencialmente, por um lado, o artigo 5.°, n.° 1, alínea a), do Regulamento, segundo o qual, em matéria contratual, uma pessoa com domicílio no território de um Estado-Membro pode ser deman-dada noutro Estado-Membro perante o tribunal do lugar onde foi ou deva ser cumprida a obrigação em questão.

E, por outro, a alínea b) do n.° 1 do mesmo artigo, segundo a qual, para efeito da presente disposição, salvo convenção em contrário, o lugar de cum-primento da obrigação em questão será, no caso de venda de bens, o lugar num Estado-Membro onde, nos termos do contrato, os bens foram ou devam ser entregues.

É um normativo inspirado, por um lado, pela ideia divulgada pela doutrina nacional e estrangeira de que a prestação característica do contrato de compra e venda é a do vendedor, por assumir natureza não monetária.

E, por outro, pela ideia de que o foro do domicílio do sujeito passivo deve ser completado pelo estabelecimento de foros alternativos em razão do vínculo entre a jurisdição e o litígio, com vista a facilitar o melhor nível de adminis-tração da justiça.

Visou-se o estabelecimento de um conceito autónomo de lugar de cum-

468 *Acórdão do Supremo Tribunal de Justiça de 12 de Outubro de 2006*

primento da obrigação nos mais frequentes contratos, que são o de compra e venda e o de prestação de serviços, por via de um critério factual, com vista a atenuar os inconvenientes do recurso às regras de direito internacional privado do Estado do foro.

4. Atentemos agora, em tanto quanto releva no caso vertente, a lei substantiva aplicável ao módulo contratual invocado pela recorrente.

Considerando a origem da relação jurídica que terminou, segundo a afirmação da recorrente na petição inicial, estamos perante um conflito de leis aplicáveis a obrigações contratuais, outrora regido pelos artigos 41.º e 42.º do Código Civil, e actualmente pela Convenção de Roma de 19 de Junho de 1980.

A estrutura do regime jurídico substantivo aplicável pelo tribunal no quadro das normas de conflito nacionais ou internacionais dos artigos 42.º do Código Civil ou 4.º, n.º 2, da Convenção de Roma de 19 de Junho de 1980 não releva na atribuição da competência internacional aos tribunais portugueses ou italianos para conhecer da acção

Mas a determinação da lei substantiva aplicável ao contrato celebrado entre a recorrente e as recorridas é susceptível de relevar na decisão sobre a competência internacional dos tribunais portugueses ou italianos para conhecer do litígio dele emergente.

Portugal e a Itália são Estados-Membros da União Europeia que estão vinculados à referida Convenção, sendo o nosso País desde 1 de Setembro de 1994.

A regra é no sentido de que o contrato, incluindo as suas vicissitudes, se rege pela lei escolhida expressamente pelas partes ou em termos de resultar de modo inequívoco das disposições do contrato ou das circunstâncias da causa (artigo 3.º, n.º 1).

Com efeito, a lei aplicável ao contrato regula, por um lado, a sua interpretação, o cumprimento das obrigações dele decorrentes, as causas da extinção destas, incluindo a prescrição e a caducidade fundadas no decurso de um prazo, nos limites dos poderes atribuídos ao tribunal do foro pela respectiva lei do processo.

E, por outro, as consequências do incumprimento total ou parcial dessas obrigações, incluindo a avaliação do dano, na medida em que esta seja regulada pela lei (artigo 10.º, alíneas a) a d)).

Não tendo as partes escolhido a lei aplicável ao contrato, este é regulado pela lei do país com o qual ele apresente uma conexão mais estreita (artigo 4.º, n.º 1).

O Direito 141.º (2009), II, 461-497

Presume-se que o contrato apresenta uma conexão mais estreita com o país onde a parte obrigada a fornecer a prestação mais característica tiver, ao tempo da sua outorga, a sua residência habitual ou, no caso de se tratar de sociedade, a respectiva administração central.

Todavia, se o contrato for celebrado no exercício da actividade económica ou profissional dessa parte, o país a considerar é aquele em que se situe o seu estabelecimento principal (artigo 4.º, n.º 2).

Por aplicação da lei de um país determinado pela presente Convenção é entendida a das normas de direito em vigor nesse país, com exclusão das de direito internacional privado, pelo que se exclui a aplicação de normas que se reportem ao reenvio (artigo 15.º).

Não resulta do processo que as partes tenham escolhido expressa ou tacitamente, a lei aplicável ao contrato em causa, nem se sabe onde é que ele foi celebrado, isto é, se o foi na Itália, em Portugal ou em qualquer noutro país.

A sua função económica é essencialmente o estabelecimento das regras da organização da venda em Portugal pela recorrente – concessionária – dos produtos por ela adquiridos às recorridas – as concedentes – ou seja, a organização, com carácter duradouro, da distribuição daqueles produtos no nosso País.

Assim, a prestação característica que decorre do mencionado contrato, celebrado no exercício da actividade económica e profissional das recorridas e da recorrente, decorre da obrigação desta, além do mais, de celebrar em Portugal, com clientes diversos, existentes ou a angariar, aqui sedeados, contratos de compra e venda com objecto mediato consubstanciado nos produtos adquiridos pela última às primeiras.

Daí que a presunção de maior conexão do contrato celebrado entre a recorrente e as recorridas se estabeleça por via da localização do estabelecimento da titularidade da primeira.

Dada a sua estrutura e características, a obrigação da recorrente tinha, naturalmente de ser cumprida na zona geográfica prevista no contrato, ou seja, em Portugal.

Em consequência, o regime substantivo aplicável ao mencionado contrato, no que concerne às suas várias vertentes, é o que decorre do ordenamento jurídico português.

5. Vejamos agora a natureza e os efeitos do contrato dito celebrado entre a recorrente e as recorridas.

As partes estão de acordo no sentido de que o contrato invocado pela recorrente na petição inicial é legalmente qualificado de concessão comercial.

470 *Acórdão do Supremo Tribunal de Justiça de 12 de Outubro de 2006*

Este contrato não está especificamente regulado no direito português, seja de origem interna, seja de origem internacional, mas as partes podem, nos limites da lei, celebrar contratos diferentes dos nela especialmente previstos, independentemente de determinada forma (artigos 219.º e 405.º, n.º 1, do Código Civil).

Tem sido caracterizado em termos de relação contratual duradoura entre o concedente e o concessionário, derivante para ambos de uma relação jurídica complexa, em que o último actua em nome e por conta próprios.

O concessionário obriga-se a promover a revenda dos produtos que constituam o objecto mediato do referido contrato em determinada zona, e o concedente obriga-se a celebrar com o primeiro sucessivos contratos de compra e venda concernentes àqueles produtos.

Dir-se-á, por um lado, que o concedente e o concessionário se obrigam essencialmente a celebrar entre si sucessivos contratos de compra e venda de coisas, o primeiro na posição de vendedor e o último na posição de comprador.

E, por outro, que o concessionário se obriga perante o concedente a celebrar com terceiros, segundo determinadas regras, sucessivos contratos de compra e venda das mesmas coisas.

Assim, aplicando estes princípios ao caso vertente, as recorridas assumiram a obrigação duradoura de fornecer à recorrente, mediante sucessivos contratos de compra e venda, os produtos e peças convencionados, e a recorrente a obrigação de pagar àquelas o respectivo preço e de promover a sua venda em Portugal com clientes diversos.

Como contrato atípico que é, rege-se pelo convencionado pelas partes contratantes e, na sua falta, pelas normas gerais dos contratos e, se necessário, pelas normas relativas aos contratos que com ele apresentem maior analogia.

O contrato cuja estrutura apresenta maior analogia com o contrato de concessão comercial é o de agência, regulado pelo Decreto-Lei n.º 178/86, de 3 de Julho, alterado pelo Decreto-Lei n.º 118/93, de 13 de Abril.

É um contrato oneroso, tendencialmente estável, não necessariamente em regime de exclusividade, em que o agente, por conta do principal, em certa zona geográfica, angaria clientes, promove produtos e, sob acordo especial, celebra contratos (artigo 1.º do Decreto-Lei n.º 178/86, de 3 de Julho).

A similitude da estrutura do contrato de concessão comercial e do de agência justifica, em razão da analogia, que ao primeiro sejam aplicáveis algumas normas do segundo (artigo 10.º, n.ºs 1 e 2, do Código Civil).

O regime jurídico relativo à alteração do Decreto-Lei n.º 178/86, de 3 de Julho, pelo Decreto-Lei n.º 118/93, de 13 de Abril, é aplicável a partir de 1 de

Janeiro de 1994 aos contratos celebrados antes da entrada em vigor deste último diploma (artigo 2.° do Decreto-Lei n.° 118/93, de 13 de Abril).

Em consequência, como o contrato de concessão comercial em causa, celebrado antes de 18 de Abril de 1993, data da entrada em vigor do referido diploma, vigorou durante mais de três anos depois daquela data, é-lhe aplicável o novo regime relativo ao contrato de agência, embora fiquem ressalvados, por força do disposto no artigo 12.°, n.° 1, do Código Civil, os efeitos já produzidos pelos factos que a lei nova visou regular.

O contrato de concessão celebrado por tempo indeterminado, como ocorre no caso vertente, é susceptível de cessar, além do mais, por denúncia (artigo 24.° do Decreto-Lei n.° 178/86, de 3 de Julho).

A denúncia consubstancia-se essencialmente na forma autónoma de extinção dos contratos, através da declaração de uma das partes à outra, a comunicar-lhe não pretender a continuação da relação contratual em causa, independentemente de justa causa, e cuja eficácia opera *ex nunc*.

Tendo em conta o que a recorrente afirmou na petição inicial, as recorridas extinguiram o contrato de concessão em causa por via de declaração de denúncia.

A denúncia do contrato de concessão comercial celebrado por tempo indeterminado e que tenha durado mais de dois anos depende de comunicação escrita ao outro contraente com a antecedência mínima de três meses (artigo 28.°, n.° 1, alínea c), do Decreto-Lei n.° 178/86, de 3 de Julho).

O denunciante do referido contrato que não respeite o aludido prazo fica vinculado a indemnizar o outro contraente pelos danos causados pela falta de pré-aviso nos termos da lei (artigo 29.°, n.° 1, do Decreto-Lei n.° 178/86, de 3 de Julho).

Além disso, tem o concessionário direito, após a cessação do contrato, a exigir do concedente a chamada indemnização de clientela, verificados que sejam os pressupostos a que se reporta o artigo 33.°, n.° 1, do Decreto-Lei n.° 178/86, de 3 de Julho.

6. Atentemos, finalmente, na solução para o caso espécie decorrente da dinâmica processual envolvente e da lei.

Conforme acima se referiu, à relação jurídica decorrente do contrato de concessão comercial em causa, incluindo as consequências das sua cessação, é aplicável a lei substantiva portuguesa.

Como o contrato de concessão comercial, considerando a sua estrutura, não pode ser assimilado, para os efeitos em causa, a um contrato de compra e venda ou a um contrato de prestação de serviços, não se poderia aplicar, se

472 *Acórdão do Supremo Tribunal de Justiça de 12 de Outubro de 2006*

fosse caso disso, o disposto na alínea b) do n.º 1 do artigo 5.º do Regulamento.

Conforme acima se referiu, ao invés do que alegaram as recorridas, a prestação característica do mencionado contrato é a que incumbia à recorrente, naturalmente a cumprir em Portugal.

Em consequência, face ao relevo da referida obrigação em relação às demais que emergem do mencionado contrato e à circunstância de dever ser cumprida em Portugal, tendo em conta o que se prescreve na alínea a) do n.º 1 do artigo 5.º do Regulamento (CE n.º 44/2001, de 22 de Dezembro de 2000, a competência internacional para o julgamento da causa inscrever-se-ia nos tribunais portugueses.

Importa, todavia, considerar, tendo em conta o conteúdo da petição inicial apresentada pela recorrente, que não está em causa o incumprimento de qualquer das obrigações específicas do contrato de concessão comercial.

Com efeito, a pretensão da recorrente, baseada na cessação da relação jurídica contratual contrato por exclusiva iniciativa das recorridas, assenta em prejuízos decorrentes dessa cessação, ou seja, numa causa de responsabilidade civil contratual.

Está, por isso, em causa a existência ou não de uma obrigação de indemnização envolvente, como é natural, de medidas destinada a reparar o prejuízo dito sofrido pela recorrente.

Uma das formas possíveis de reparação do dano, incluindo o derivado da dinâmica da execução ou do termo dos contratos, é por via da indemnização pecuniária equivalente àquele prejuízo (artigo 566.º, n.º 1, do Código Civil.

Tendo em conta que as obrigações pecuniárias são as que têm por objecto determinada prestação em dinheiro, a conclusão é no sentido de que, em regra, a obrigação de indemnização em geral não pode ser juridicamente qualificadas como tal.

Todavia, nas situações em que a obrigação de indemnização é convertida em prestação pecuniária, isto é, em termos de equivalência ao prejuízo, nada obsta à consideração de que para o efeito em causa se trata de obrigação pecuniária.

Ora, como o pedido de indemnização que a recorrente formula no confronto das recorridas se reconduz à exigência de pagamento de uma quantia dinheiro, o lugar do seu cumprimento é o da sede da primeira, isto é, em Portugal (artigo 774.º do Código Civil).

Ora, em matéria contratual, como ocorre no caso vertente, conforme acima se referiu, uma pessoa com domicílio ou sede no território de um Estado-Membro pode ser demandada noutro Estado-Membro perante o tribunal do lugar onde foi ou deva ser cumprida a obrigação em questão (artigo 5.º, n.º 1, alínea a), do referido Regulamento).

Assim, como a referida obrigação de indemnização por equivalente pecuniário deve ser cumprida em Portugal, são os tribunais portugueses internacionalmente competentes para conhecer da acção em causa, pelo que inexiste fundamento legal para a absolvição das recorridas da instância.

Procede, por isso, o recurso, com a consequência de revogação do acórdão recorrido e de definitividade do despacho proferido no tribunal da 1.ª instância.

Vencidas, são as recorrentes responsáveis pelo pagamento das custas respectivas, incluindo as do recurso de agravo interposto para a Relação (artigo 446.º, n.ºs 1 e 2, do Código de Processo Civil).

IV

Pelo exposto, revoga-se o acórdão recorrido, com a consequência de prevalecer o despacho proferido no tribunal da 1.ª instância, e condenam-se as recorridas no pagamento das custas respectivas.

Supremo Tribunal de Justiça, 12 de Outubro de 2006. – *Salvador da Costa* (relator) – *Ferreira de Sousa – Armindo Luís.*

★ ★ ★

SUPREMO TRIBUNAL DE JUSTIÇA
Acórdão de 9 de Outubro de 2008

SUMÁRIO: *I – O Regulamento (CE) n.º 44/2001 do Conselho, de 00-12-22, cuja vigência teve início a 02-03-01, aplica-se às acções judiciais posteriormente intentadas, tendo substituído, entre os Estados-membros da União Europeia, afora a Dinamarca, a Convenção de Bruxelas. II – As normas atinentes à competência judiciária, integrantes do aludido Regulamento, prevalecem sobre as de idêntica natureza plasmadas no artigo 65.º do CPC, sopesada a primazia do direito comunitário em relação ao dos preditos Estados. III – Prestação característica do contrato de concessão comercial, outorgado no exercício da actividade económica e profissional da concedente e da concessionária, é a de a segunda celebrar, na esti-*

474 *Acórdão do Supremo Tribunal de Justiça de 12 de Outubro de 2006*

pulada zona geográfica, com díspares clientes, existentes ou a angariar, contratos de compra e venda cujo objecto mediato são bens, por ela, à concedente, adquiridos. IV – Em consonância com o direito material aplicável, em Portugal deve ser cumprida, outrossim, a obrigação de indemnização, por equivalente pecuniário, da concessionária sedeada em Portugal, repousante em ilegal cessação de contrato, por iniciativa de concedente sedeada em Itália. V – Face ao vazado no artigo 5.°, n.° 1, a) do supracitado Regulamento, internacionalmente competentes para conhecer de acção em que tal concessionária, fundada na responsabilidade civil da concedente, inovando a denúncia ilegal do contrato de concessão comercial, impetra a condenação desta a indemnizá-la pelos prejuízos decorrentes da perda do benefício da clientela, recusa de retoma de produtos e da inobservância de prazo de pré-aviso, são os tribunais portugueses.

Acordam no Supremo Tribunal de Justiça:

I. a) A 06-07-28 (cfr. carimbo aposto a fls. 2 e artigo 267.° n.° 1, do CPC), com distribuição ao 3.ª Juízo Cível do Tribunal Judicial de Matosinhos, onde pende registada sob o n.° 6750/06, "M ... – Importação e Exportação, S.A.", com sede em Matosinhos, intentou acção declarativa de condenação, com processo comum, ordinário, contra "S ... Sport, S.R.L.", sedeada em Itália, impetrando a condenação desta a:

1. Pagar-lhe 82.830,00 euros, a título de indemnização de clientela.

2. Retomar o stock da autora relativo aos produtos adquiridos à ré, pelo preço de custo dos mesmos, o qual, neste momento, se cifra de 75.000,00 euros.

3. Proceder à compensação do débito à ré, no montante de 48.155,95 euros, através do crédito da autora sobre aquela.

4. Pagar-lhe juros, à taxa legal de 4% ao ano, sobre 109.674,05 euros, desde a data da citação até ao efectivo e integral pagamento, custas e condigna procuradoria.

Fez repousar a justeza da procedência da acção, em súmula, como fls. 2 a 10 mostram, nos prejuízos para si advenientes da denúncia, por banda da demandada, sem respeito pelo prazo legal de pré-aviso, do contrato de concessão comercial entre elas celebrado, invocando, outrossim, a angariação de clientela e a recusa de retoma, pela ré, de produtos a si adquiridos, pela autora, em stock, sem possibilidade de venda e no ser a ora recorrida devedora à concedente de 48.155,95 euros, por via do plasmado nos artigos 46.° a 48.° do articulado primeiro.

b) Citada, não contestou "S ... Sport, S.R.L.".

Contrato de concessão internacional: competência judiciária   475

c) Foi prolatado despacho considerando, com arrimo no artigo 484.°, n.° 1, do CPC, confessados os factos articulados pela autora.

d) Ordenado o cumprimento do disposto no artigo 484.°, n.° 2, do CPC, alegou a ré, defendendo a incompetência absoluta do tribunal, por infracção das regras de competência internacional, para conhecer da acção, e, consequentemente, a bondade da sua absolvição da instância.

e) No despacho saneador, para além de decidido ter sido serem "os tribunais portugueses internacionalmente competentes para conhecer da acção em causa", assim inexistindo fundamento legal para absolver a ré da instância, foi, na procedência da acção, diga-se, "S ... Sport, S.R.L." condenada a pagar à autora "o montante da indemnização de clientela em dívida que for liquidado em incidente próprio, deduzido do valor de 48.155,95 euros, relativo ao crédito que a R. possui sobre a A." e a retomar o "stock" de produtos detidos pela autora, contra o pagamento de 75.000 euros.

f) Com o sentenciado se não tendo conformado, apelaram autora e ré. Por falta de alegações, foi julgada deserta a apelação instalada por "M ... – Importação e Exportação, S.A.".
O TRP, por acórdão de 08-04-15, como ressalta de fls. 202 a 230, julgou improcedente a apelação da ré, confirmando a sentença recorrida.

g) Ainda irresignada, é do predito acórdão que traz revista "S ... Sport, S.R.L.", nas alegações oferecidas tendo formulado as seguintes conclusões:

"1.°

Salvo sempre o devido respeito, ao não reconhecer a incompetência, na ordem internacional, do Tribunal Judicial de Matosinhos, para decidir a presente acção, o douto acórdão recorrido violou o disposto pelos artigos 4.°, n.ᵒˢ 1 e 2, da Convenção de Roma de 1980, 5.°, n.° 1, "a" e "b", do Regulamento (CE) 44/2001, de 22-12-2000, 1559.° a 1570.°, todos do Código Civil Italiano ("Regio Decreto" n.° 262, de 16/3/1942) e 101.°, 102.°, 105.°, 288.°, n.° 1, "a", todos do CPC.

2.°

O douto acórdão recorrido equivocou-se ao percorrer o caminho inverso na apreciação da matéria, tendo primeiro qualificado o contrato celebrado entre as partes como um contrato de "concessão comercial", para ao depois, já sob esta qualificação jurídica, interpretar e aplicar as antes referidas normas sobre competência internacional, contidas no Regulamento (CE) 44/2001, de 22-12-2000, bem como as contidas na Convenção de Roma de 1980, sobre a lei material aplicável ao referido contrato.

476 *Acórdão do Supremo Tribunal de Justiça de 9 de Outubro de 2008*

3.º

Salvo sempre o devido respeito, devia o douto acórdão recorrido, ao aplicar o artigo 4.º, n.ᵒˢ 1 e 2, da Convenção de Roma de 1980, ter considerado como prestação característica a não pecuniária, ou seja, a da entrega dos bens, pela R. à A., ainda em território italiano.

4.º

Razão porque devia ter concluído que a lei aplicável ao contrato celebrado pelas partes era a lei italiana, especialmente os artigos 1559.º a 1570.º, todos do Código Civil Italiano ("Regio Decreto" n.º 262, de 16/3/1942), que disciplina o "contrato de fornecimento" ("contratto di somministrazione").

5.º

Qualificação jurídica inclusivamente compatível com a factualidade provada, referenciada no douto acórdão recorrido, uma vez que o factor distintivo e característico do "contrato de concessão comercial", qual seja, a "interferência", por via de "um certo controlo e fiscalização", da actuação da A. recorrida, por parte da R. recorrente, nunca se verificou.

6.º

E por ser a lei italiana a materialmente aplicável, resta afastada a possibilidade de aplicação analógica do Decreto Lei n.º 178/86, de 3/7, razão porque não tem lugar, igualmente, a menção ao artigo 7.º, n.º 2, da Convenção de Roma de 1980, salvo sempre o devido respeito.

7.º

Em conformidade com a lei material italiana aplicável, forçoso reconhecer a violação do quanto disposto pelo artigo 5.º, n.º 1, "a" e "b", do Regulamento (CE) 44/2001, de 22-12-2000, perpetrada pelo douto acórdão recorrido, que devia ter tido em conta, que na realidade é o local da entrega dos bens (Itália), por força do "contrato de fornecimento", que determina a competência dos tribunais italianos e, por via contrária, a incompetência absoluta do Tribunal Cível de Matosinhos, salvo sempre o devido respeito.

8.º

Salvo sempre o devido respeito, ainda mais equivocada revela-se a circunstância referenciada, de que o pedido de indemnização, formulado pela A., teria que ser objecto de cumprimento em Portugal, nos termos do artigo 774.º, do Código Civil Português, como se tal pedido fosse completamente alheio à relação contratual e, como se ao mesmo tempo pudesse ser sustentado, que afinal é o pedido formulado e não a relação contratual entre as partes, que determina a competência internacional dos tribunais.

9.º

O que não é compatível com o disposto pelo artigo 5.º, do referenciado Regulamento (CE) 44/2001, igualmente porque inaplicável o artigo 774.º, do Código Civil Português, uma vez que a relação entre as partes vem regida pelo Código Civil Italiano, não estando em causa qualquer pleito respeitante à reparação, pela prática de um acto ilícito autónomo e completamente alheio, a uma relação contratual.

10.º

Desta forma, salvo sempre o devido respeito, devia o douto acórdão ter reconhecido a suscitada incompetência, na ordem internacional, do Tribunal Judicial de Matosinhos, decretando a absolvição da instância.

11.º

Mas caso assim não se entenda, o que se admite por argumento, salvo sempre o devido respeito, sempre se dirá que devia ter sido julgada improcedente, por não provada, a presente acção, afastando-se a violação dos artigos 4.º, n.os 1 e 2, da Convenção de Roma de 1980 e 1559.º a 1570.º, todos do Código Civil Italiano ("Regio Decreto" n.º 262, de 16/3/1942), que não admitem a procedência dos pedidos deduzidos pela A. recorrida, salvo sempre o devido respeito.

12.º

E, ainda que assim não se entenda uma vez mais, salvo sempre o devido respeito, pelas mesmas razões decorrentes da violação do disposto pelo artigo 4.º, n.os 1 e 2, da Convenção de Roma de 1980 e artigos 1559.º a 1570.º, todos do Código Civil Italiano ("Regio Decreto" n.º 262, de 16/3/1942), devia ter sido julgando improcedente o pedido de condenação da R. recorrente, na retoma de estoque com a imposição do valor de € 75.000,00.

Nestes termos, requer a recorrente seja dado provimento ao presente recurso de revista, afastando-se a violação do quanto disposto pelos 4.º, n.os 1 e 2, da Convenção de Roma de 1980, 5.º, n.º 1, "a" e "b", do Regulamento (CE) 44/2001, de 22-12-2000, 1559.º a 1570.º, todos do Código Civil Italiano ("Regio Decreto" no 262, de 16/3/1942) e 101.º, 102.º, 105.º, 288.º, n.º 1, "a", todos do CPC, para que seja reconhecida a suscitada incompetência absoluta do Tribunal Judicial de Matosinhos, com a consequente absolvição da instância.

Caso assim não se entenda, requer seja dado provimento ao presente recurso de revista, afastando-se a violação do quanto disposto pelo artigo 4.º, n.os 1 e 2, da

478 *Acórdão do Supremo Tribunal de Justiça de 9 de Outubro de 2008*

Convenção de Roma de 1980 e artigos 1559.º a 1570.º, todos do Código Civil Italiano ("Regio Decreto" n.º 262, de 16/3/1942), julgando-se a acção improcedente, por não provada."

h) Contra-alegou "Milfa-Importação e Exportação, S.A.", pugnando pela confirmação do julgado.

i) Colhidos que foram os vistos legais, cumpre apreciar e decidir.

II. Não se impondo o fazer jogar os artigos. 722.º, n.º 2 e 729.º, n.º 3, do CPC, nem tendo ocorrido impugnação da matéria de facto, com amparo no artigo 713.º, n.º 6, "ex vi" do exarado no artigo 726.º, os dois do aludido compêndio normativo, remete-se, no que à mesma é atinente, para o acórdão sob recurso, como "decisão", doravante, tão só, designado.

III. O Direito

1. Questão decidenda, fulcral, visto o que baliza o âmbito do recurso (artigos 684.º, n.º 3 e 690.º, n.º 1, do CPC, diploma legal a que pertencem os normativos que, sem indicação de origem outra, se vierem a nomear), é a de saber se os tribunais italianos são, ou não, os internacionalmente competentes para conhecer da acção com a arquitectura relatada, seguro sendo, importa, liminarmente, dizê-lo, que a pretensão indemnizatória formulada se não filia, senão, no acto de denúncia ["figura virada apenas para o futuro, privativa dos contratos de prestações duradouras, que se renovam por vontade (real ou presuntiva) das partes ou por determinação da lei ou que foram celebrados por tempo indefinido", sendo "precisamente a declaração feita por um dos contraentes, em regra com certa antecedência sobre o termo do período negocial em curso .... de que não quer a renovação ou a continuação, assim se extinguindo "a relação obrigacional complexa derivada do contrato cuja renovação ou continuação ela impede" – cfr. Antunes Varela, in *Das Obrigações em Geral*, 2.ª ed., vol. II, pág. 242] de contrato entre demandante e demandada celebrado, não se radicando, assim, no inadimplemento desta ou daquela obrigação envolvente do sinalagma contratual.

Atentemos:

"A competência internacional designa a fracção do poder jurisdicional atribuída aos tribunais portugueses no seu conjunto, em face dos tribunais estrangeiros, para julgar as acções que tenham algum elemento de conexão

Contrato de concessão internacional: competência judiciária 479

com ordena jurídicas estrangeiras" (Antunes Varela, J. Miguel Bezerra e Sampaio e Nora, in *Manual de Processo Civil*, 2.ª ed., revista e actualizada, pág. 198), importando não obliterar o prescrito nos artigos 101.°, 102.°, 105.°, n.° 1, 288.°, n.° 1, *a*), 493.°, n.ᵒˢ 1 e 2, 494.°, *a*) e 495.°, bem como, em linha com o explanado em acórdão, com relato nosso, datado de 08-09-10, proferido no Tribunal dos Conflitos (conflito n.° 11/08), que, como proclamado, sem tergiversação, na jurisprudência e na doutrina, "a competência do tribunal, nas sábias palavras de Manual de Andrade, "não depende … da legitimidade das partes nem da procedência da acção", sendo "… ponto a resolver de acordo com a identidade das partes e com os termos da pretensão do Autor (compreendidos aí os respectivos fundamentos), não importando averiguar quais deveriam ser as partes e os termos da acção" (in *Noções Elementares de Processo Civil*, 1976, pág. 91), o nexo de competência, o, na expressão de Castro Mendes, nexo jurídico entre a causa e o tribunal" (in *Direito Processual Civil*, Edição da AAFLL, 1969, vol. I, pág. 379), em suma, devendo aferir-se face à relação jurídica que se discute na acção, tal como configurada, desenhada, pelo autor, o arquitecto daquela."

Pois bem:

2. A competência internacional dos tribunais portugueses no confronto dos tribunais italianos para conhecer de acções sobre matéria contratual, intentadas após 1 de Março de 2002, é determinada ao abrigo do Regulamento CE n.° 44/2001 do Conselho, de 22 de Dezembro de 2000, o qual visou, como recorda Sofia Henriques, in *Os Pactos de Jurisdição no Regulamento (CE) n.° 44/2001*, pág. 25, "a concretização do disposto na alínea c) do artigo 65.° do Tratado que institui a Comunidade Europeia", tendo substituído, excepção feita à Dinamarca, entre os Estados-membros, a Convenção de Bruxelas, dúvida, de igual sorte, não sofrendo que as normas atinentes à competência judiciária integrantes do aludido Regulamento prevalecem sobre as de idêntica natureza plasmadas no artigo 65.° não olvidada a primazia do direito comunitário em relação ao direito dos Estados-membros da União Europeia (artigo 8.°, n.° 3, da CRP e artigo 3.°, n.° 2, do Regulamento) – cfr., neste sentido, v.g.: acórdãos do STJ, de 03-03-05 (Proc. 04A42-83 – doc. n.° SJ200503030042831, disponível in www.dgsi.pt/jstj, tal como os demais que se vierem a invocar), 03-03-05 (Proc. 05B316. doc. n.° SJ200503030003167), 29-06-05 (proc. 05B316, doc. n.° SJ2005062290022197) e 12-10-06 (Proc. 06B3288. doc. n.° SJ200610120032887), e Paulo de Pitta e Cunha e Nuno Ruiz, "O Ordenamento Comunitário e o Direito Interno Português", in ROA, Ano 55.°, Julho de 1995, págs. 341 e segs.

480 *Acórdão do Supremo Tribunal de Justiça de 9 de Outubro de 2008*

O invocado "Regulamento", como com toda a pertinência, expresso no citado aresto de 12-10-06:

"Visou unificar, no âmbito da sua aplicação, além do mais, as normas de conflito de jurisdição em matéria civil e comercial, independentemente da natureza da jurisdição (artigo 1.º, n.º 1).

Estabelece, por um lado, a regra do domicílio como factor de conexão essencialmente relevante para a determinação da competência internacional do tribunal, no sentido de que as pessoas domiciliadas no território de um Estado-Membro devem ser demandadas, independentemente da sua nacionalidade, perante os tribunais desse Estado (artigo 2.º, n.º 1).

E, por outro lado, a título de especialidade, estabelece que as pessoas domiciliadas no território de um Estado-Membro só podem ser demandadas perante os tribunais de um outro Estado Membro por força das regras enunciadas nas secções 2 a 7 do respectivo capítulo (artigo 3.º, n.º 1).

Assim, a referida regra do domicílio ou sede, como factor de determinação da competência judiciária não é absoluta, certo que há casos em que é possível instaurar a acção nos tribunais de Estado-Membro diverso daquele onde o sujeito passivo esteja domiciliado ou sedeado.

Para efeitos do disposto no Regulamento em análise, as sociedades comerciais ... têm domicílio no lugar em que tiverem a sua sede social, a sua administração principal ou o seu estabelecimento principal (artigo 60.º, n.º 1).

No que concerne aos referidos critérios especiais de determinação da competência jurisdicional, releva essencialmente, por um lado, o artigo 5.º, n.º 1, alínea a) do Regulamento, segundo o qual, em matéria contratual, uma pessoa com domicílio no território de um Estado-Membro pode ser demandada noutro Estado-Membro perante o tribunal do lugar onde foi ou deva ser cumprida a obrigação em questão.

E, por outro lado, a alínea b) do n.º 1 do mesmo artigo, segundo a qual, para efeito da presente disposição, salvo convenção em contrário, o lugar do cumprimento da obrigação em questão será, no caso de venda de bens, o lugar num Estado-Membro onde, nos termos do contrato, os bens foram os devem ser entregues.

É um normativo inspirado, por um lado, pela ideia divulgada pela doutrina nacional e estrangeira de que a prestação característica do contrato de compra e venda é a do vendedor, por assumir natureza não monetária.

E, por outro lado, pela ideia de que o foro do domicílio do sujeito passivo deve ser completado pelo estabelecimento de foros alternativos em razão do vínculo entre a jurisdição e o litígio, com vista a facilitar o melhor nível de administração da justiça. Visou-se o estabelecimento de um conceito autónomo de lugar de cumprimento da obrigação nos mais frequentes contratos, que são o de compra e venda e o de prestação de serviços, por via de um critério factual, com vista a atenuar os inconvenientes do recurso às regras de direito internacional privado do Estado do foro."

3. A prestação característica do contrato de concessão comercial, celebrado no exercício da actividade económica e profissional no concedente e do concessionário, como afirmado nas instâncias e proclamado no aludido acórdão de 12-10-06, "...é a do último celebrar, na zona geográfica considerada, com clientes diversos, existentes ou a angariar, contratos de compra e venda cujo objecto mediato são os produtos por ele adquiridos ao primeiro", outra, em substância, não sendo a tese perfilhada por Carlos Lacerda Barata (*Sobre o Contrato de Agência*, pp. 111 e 112).

Destarte:

4. Estando Portugal e Itália vinculados à Convenção de Roma, de 19-06-80, não resultando do processo que as partes tenham escolhido, expressa ou tacitamente, a lei aplicável ao contrato em causa (artigo 3.º, n.º 1, da citada "Convenção"), nem se sabendo onde é que o acordo foi firmado, temos, visto o vazado nos artigos, 4.º, n.os 1 e 2, 10.º, n.º 1, a) a d), e 15.º da "Convenção", que concluir, como, com acerto, fizeram as instâncias, que o regime substantivo aplicável ao contrato invocado pela autora, no que concerne às suas plúrimas vertentes, designadamente às consequências do incumprimento, total ou parcial, das obrigações dele decorrentes, é o derivado do ordenamento jurídico português, ao arrepio do que aduz a recorrente.

Ainda:

5. Censura não merece a qualificação, como de concessão comercial, do contrato celebrado entre autora e ré, atenta a factualidade provada e os ensinamentos da doutrina (cfr., para além do autor citado em 3, que antecede, António Pinto Monteiro, in *Contrato de Agência*, 5.ª ed. actualizada, págs. 56 e segs.), efectuada na sentença apelada e na "decisão", com fundamentação que, "in totum", se acolhe, para ela se remetendo, como consentindo pelo artigo 713.º, n.º 5 (redacção a considerar), aplicável por mor do artigo 726.º.

6. Não podendo o contrato de concessão comercial ser assimilado, para o que ora releva, ao contrato de compra e venda ou de prestação de serviços,

482 Acórdão do Supremo Tribunal de Justiça de 9 de Outubro de 2008

vedada estava a aplicação da alínea b) do n.º 1 do artigo 5.º do Regulamento CE n.º 44/2001 do Conselho, de 22 de Dezembro de 2000.

Logo, não olvidado o consignado em 3. que antecede e que, de harmonia com o direito substantivo aplicável, devem, como também destacado no referido acórdão de 12-10-06, díspar entendimento se não mostrando, bem pelo contrário, perfilhado na "decisão", para cuja fundamentação, também neste conspecto, remetemos, "… ser cumpridas em Portugal, não só a obrigação" características da concessionária sedeada em Portugal, com base na cessação ilegal do contrato, por iniciativa da concedente, sedeada em Itália" – artigos 566.º, n.º 1 e 774.º do CC –, presente tendo o disposto no artigo 5.º, n.º 1, a), do referido Regulamento, há que concluir que os tribunais portugueses são os internacionalmente competentes para conhecer da acção em causa, fragorosamente falecendo a pretensão recursória, também no levado às conclusões da alegação da revista, em prol da sustentação do acerto de decreto de naufrágio da acção, uma vez que, volta a sublinhar-se, o direito substantivo aplicável à relação jurídica decorrente do contrato de concessão comercial "sub judice", consequências da sua cessação, inclusive, é o português.

IV. Conclusão

Pelo dilucidado, sem necessidade de considerandos outros, nega-se a revista, confirmando-se a "decisão".

Custas pela recorrente (artigo 446.º n.ºs 1 e 2).

Lisboa, 9 de Outubro de 2008. – *Pereira da Silva* (Relator) – *Rodrigues dos Santos – João Bernardo*.

ANOTAÇÃO

SUMÁRIO: *§ 1. Introdução. § 2. O contrato de concessão e a alínea b) do número 1 do artigo 5.º do Regulamento (CE) n.º 44/2001. § 3. O contrato de concessão e a alínea a) do número 1 do artigo 5.º do Regulamento (CE) n.º 44/2001.*

§ 1. Introdução

1. Por algumas vezes já foi o Supremo Tribunal de Justiça, desde que entrou em vigor o Regulamento «Bruxelas I», chamado a pronunciar-se sobre o problema da competência judiciária para o conhecimento de litígio emergente de contrato de concessão internacional. Proferiu, em cada uma das ocasiões, sentença sobre que se justifica descer o olhar. As linhas subsequentes dão corpo ao exercício. Tomam por objecto duas dessas decisões, uma de 2006, e outra, mais recente, proferida em 2008.

§ 2. O contrato de concessão e a alínea b) do número 1 do artigo 5.º do Regulamento (CE) n.º 44/2001

2. Começa-se pelo inevitável, a apresentação expedita das situações que pretextaram cada uma das decisões. A tarefa resulta facilitada pela proximidade flagrante, sequer circunscrita aos aspectos essenciais, entre as duas. Assim, uma sociedade com sede em Portugal e uma outra sedeada em país estrangeiro celebram um contrato por meio do qual aquela importa, distribui e comercializa os produtos fabricados por esta. Vindo a concedente a pôr fim à relação comercial, reage a concessionária fazendo valer o carácter ilegal da denúncia e, em consequência, demandando a condenação da *contraparte* no pagamento de indemnização pelos prejuízos decorrentes da inobservância do prazo de pré-aviso, da perda do benefício da clientela e da recusa da retoma de produtos[1].

3. Forçado pelo carácter transfronteiriço da situação a tomar posição sobre o problema da competência internacional dos tribunais portugueses – e, de resto, a isso instado, em qualquer uma das ocasiões, pela sociedade recorrente –, o Supremo é lesto na identificação da sede legal pertinente, o Regulamento (CE) n.º 44/2001 do Conselho, de 22 de Dezembro de 2000, relativo à competência judiciária, ao reconhecimento e à execução de decisões em matéria civil e comercial.[2] Bem assim, feliz na síntese que faz das soluções acolhidas por

---

[1] Abstrai-se, por impertinente, de que, no caso decidido pelo acórdão de 12 de Outubro de 2006, eram *duas* as sociedades concedentes.

[2] Cf. JO L 12, de 16 de Janeiro de 2000. Consoante sabido – e feito notar pelo Supremo Tribunal –, o referido Regulamento, entrado em vigor em 1 de Março de 2002, substituiu entre os Estados-Membros da União Europeia, com excepção da Dinamarca, a Convenção Relativa à Competência Judiciária e à Execução de Decisões em Matéria Civil e Comercial, assinada em

484 *Anotação pela Dra. Maria João Matias Fernandes*

esse texto de direito comunitário. Recordando, de entrada, que o Regulamento consagra o domicílio do réu como nexo de competência geral (cf. o artigo 2.°). Precisando, em seguida, que, para os efeitos da aplicação desse instrumento, uma pessoa colectiva se tem por domiciliada no lugar em que tiver a sua sede social, a sua administração central ou o seu estabelecimento principal (cf. o número 1 do artigo 60.°). Assinalando, enfim, o carácter não-exclusivo do critério do domicílio do réu, atenta a respectiva concorrência com os critérios (especiais) retidos pela Secção 2 do Capítulo II[3].

4. Pontificam entre tais critérios os que, postos pelo número 1 do artigo 5.°, regem em matéria contratual.

Consagra-se, por intermédio dessa disposição, solução parcialmente inovadora em relação à homóloga constante da Convenção de Bruxelas. Assim é que, não se ficando pela atribuição de competência ao tribunal do lugar onde a obrigação que serve de fundamento ao pedido foi ou deve ser cumprida, no que se queda aquele tratado multilateral[4], o Regulamento, apoiado em esquema normativo mais complexo, alarga-se à individualização da prestação relevante pelo que a dois tipos contratuais concerne. Como segue: determinando, por intermédio do primeiro travessão da alínea b), que, no caso da venda de bens, o lugar onde a obrigação que serve de base à acção judicial deve ser cumprida coincide com o local onde, nos termos do contrato, os bens foram ou devem ser entregues; prescrevendo, por meio do segundo travessão da mesma alínea, que, no caso da prestação de serviços, aquele lugar é sobreponível ao local onde, nos termos do contrato, os serviços foram ou devem ser prestados.

Tem-se assim, em conformidade com o sistema do Regulamento, que no quadro de um contrato de compra e venda de bens releva – e apenas releva – (o lugar do cumprimento d)a obrigação de entrega. Assim como que, no quadro de uma prestação de serviços, releva – e exclusivamente releva – (o lugar do cumprimento d)a obrigação do prestador de serviços. Mesmo se a obriga-

---

Bruxelas em 27 de Setembro de 1968. Rege sobre a aplicação no tempo daquele instrumento de Direito Comunitário o respectivo artigo 66.°. Nos termos do seu número 1, "[a]s disposições do presente regulamento (...) são aplicáveis às acções intentadas (...) posteriormente à entrada em vigor do presente regulamento".

[3] Ademais de se constituir em solução que equilibra os interesses processuais contrapostos do autor e do réu, a previsão de foros alternativos é pelo legislador comunitário justificada "(...) em razão do vínculo estreito entre a jurisdição e o litígio ou com vista a facilitar a boa administração da justiça." (cf. o Considerando 12 que antecede o articulado do Regulamento 44/2001).

[4] Cf. a primeira frase do número 1 do artigo 5.° correspondente.

ção que serve de base à acção judicial é a do pagamento do preço dos bens ou dos serviços. Ainda que o pedido se funde numa pluralidade de obrigações[5].

5. Resulta do brevemente exposto que, apoiado em esquema normativo complexo, o número 1 do artigo 5.º do Regulamento 44/2001 obriga a tarefa de caracterização preliminar. Força a exercício de qualificação inaugural: respeite o litígio a uma venda de bens e internacionalmente competente será, nos termos do primeiro travessão da alínea b), o tribunal do lugar onde os bens foram ou devem ser entregues; esteja em causa pretensão emergente de uma prestação de serviços e competente será, *ex vi* do segundo travessão, o tribunal do Estado onde os serviços foram ou devem ser prestados; enfim, trate-se de contrato não reconduzível a qualquer um daqueles tipos e internacionalmente competente será, então, o tribunal individualizado nos termos da alínea a)[6].

Reconhecidamente, reside nessa necessidade de qualificação – compra e venda de bens? prestação de serviços? outro tipo contratual? – uma das maiores dificuldades inerentes ao manejo do número 1 do artigo 5.º do Regulamento[7]. Basta figurar alguns exemplos. Assim, como caracterizar, para os efeitos dessa disposição, um acordo cujo conteúdo seja integrado por uma obrigação de não concorrência? Vale o mesmo, na economia dessa norma, como uma prestação de serviços? E que dizer de um contrato de aluguer? *Quid*

---

[5] Cf., neste sentido, a Exposição de Motivos que acompanha a Proposta pela Comissão apresentada em 14 de Julho de 1999 [COM (1999) 348 final], pp. 14-15.

[6] Que o binómio «venda de bens/prestação de serviços» não é, na intenção do legislador comunitário, omnicompreensivo e, portanto, excludente de outras categorias resulta atestado pela alínea c). Corrobora-o, não menos significativamente, a Exposição de Motivos referida na nota anterior, em cujo texto pode ler-se que o segundo parágrafo designa de forma autónoma o local de execução da obrigação que serve de fundamento ao pedido *em duas hipóteses precisas* (p. 7). Deve notar-se que, por isso que a alínea b) pressupõe que o lugar do cumprimento da obrigação de entrega dos bens ou da prestação de serviços ocorra no território de um Estado-Membro, o recurso à alínea a) terá lugar, mesmo tratando-se de uma venda de bens ou de uma prestação de serviços, uma vez que tal cumprimento tenha tido ou deva ter lugar fora dos limites daquele espaço geográfico (neste sentido, cf. a referida Exposição de Motivos, p. 15).

[7] Abstrai-se, por menos contendente com o objecto desta anotação, de outra tarefa de qualificação, de resto, e em rigor, logicamente anterior à referida em texto. Alude-se à certificação de que o problema releva do âmbito contratual. De harmonia com a jurisprudência constante do Tribunal de Justiça das Comunidades, o conceito de «matéria contratual» há-de interpretar-se autonomamente, isto é, por referência ao sistema que o utiliza. É seminal, a este respeito, o acórdão *Arcado*, proferido, em 8 de Março de 1988, com referência ao artigo 5.º da Convenção de Bruxelas e, curiosamente, com respeito a um contrato de agência (cf. Colectânea de Jurisprudência, 1988, p. 01539).

486 *Anotação pela Dra. Maria João Matias Fernandes*

iuris, por seu turno, com relação a contratos cujo conteúdo integre tanto a produção ou manufactura de bens como o seu transporte e entrega? Trata-se de vendas de bens ou já de prestações de serviços? E um contrato de licença[8]?

Pois bem. Justamente na tomada de posição que, com respeito à aludida empresa de caracterização, foi a adoptada pelo Supremo Tribunal de Justiça, reside um dos principais pontos de interesse das decisões anotandas. Merecedor de registo como de reflexão crítica.

O entendimento professado foi, em ambas as ocasiões, o mesmo – e de resto, acrescente-se, em linha com o vazado em decisões de tribunais estrangeiros[9]. No aviso do tribunal superior, "(...) o contrato de concessão comer-

---

[8] Não surpreende, a esta luz, a actual pendência, junto do Tribunal de Justiça, de dois pedidos de decisão prejudicial que, submetidos por dois tribunais nacionais ao abrigo do artigo 234.º do Tratado da Comunidade Europeia, levam por objecto a interpretação do artigo 5.º do Regulamento e, em particular, dos conceitos, nele utilizados, de «venda de bens» e de «prestação de serviços». Faz-se referência a um pedido apresentado pelo *Oberster Gerichtshof* austríaco, em 29 de Novembro de 2007, no quadro do caso *Falco Privatstiftung und Thomas Rabitsch v. Gisela Weller-Lindhorst,* pendente junto do tribunal comunitário sob o número C 533/07 (cf. JO C 39, de 9 de Fevereiro de 2008), e a um outro que, submetido pelo *Bundesgerichtshof* alemão, em 9 de Julho de 2008, no âmbito do caso *Car Trim GmbH v. Key Safety Systems SRL,* leva o número de processo C 381/08 (cf. JO C 301, de 22 de Novembro de 2008). Inquirindo o tribunal austríaco se um contrato através do qual o titular de um direito de propriedade intelectual permite ao seu co-contratante a exploração desse direito se analisa em contrato de prestação de serviços para os efeitos do artigo 5.º, número 1, alínea b), do Regulamento, constitui objecto da demanda do germânico a questão de saber se contratos respeitantes à entrega de bens que têm de ser produzidos ou manufacturados devem ser qualificados como vendas de bens – e não como prestações de serviços –, mesmo quando a parte que encomenda faz certas especificações relativas à aquisição, processamento e entrega dos bens. Duas notas mais. A primeira, para dar conta de que, nas *Conclusões* apresentadas em 27 de Janeiro último, a Advogada-Geral V. Trstenjak respondeu negativamente à demanda submetida por aquele tribunal austríaco por isso que "[b]ien qu'une licence soit concédée contre rémunération, le donneur de licence n'accomplit, en effet, aucun acte actif en concédant la licence. Il autorise le preneur de licence à exploiter le droit de propriété intelectuelle, objet de la licence; l'acte qui est exigé de la part du donneur de licence est de signer le contrat de licence et de laisser effectivement l'objet de la licence en exploitation, ce que nous ne pouvons, selon moi, qualifier de «service».". A segunda, para registar que sobre problema muito semelhante ao que constitui objecto do pedido de decisão prejudicial formulado pelo *Bundesgerichtshof* alemão já tomaram posição – e no sentido favorável à qualificação como «contrato de venda de bens» –, três decisões do Supremo Tribunal de Justiça. Alude-se a acórdãos de 3 de Março de 2005 (processo 05B316), de 11 de Maio de 2006 (processo 06B756) e de 10 de Maio de 2007 (processo 07B072), todos consultáveis em www.dgsi.pt.

[9] Têm-se presentes três decisões da *Cour de cassation* francesa. Assim, o aresto proferido, em 23 de Janeiro de 2007, no caso *Sté Waeco International GmbH c. Cardon et a* e a decisão proferida, em 5 de Março de 2008, no caso *Sté Docteur Wolman GmbH c. SA Cecil.* A seu respeito, cf., por último

cial, considerando a sua estrutura, não pode ser assimilado, para os efeitos em causa, a um contrato de compra e venda ou a um contrato de prestação de serviços (...)"[10].

Sem ser abundante nem adrede produzida a propósito do artigo 5.º, a fundamentação pode talvez colher-se nas considerações expendidas com respeito à individualização da prestação característica do contrato de concessão. Em palavras do tribunal, "[a] (...) função económica [do contrato de concessão] é essencialmente o estabelecimento das regras da organização da venda (...) pela (...) concessionária (...) dos produtos por ela adquiridos às (...) concedentes (...) ou seja, a organização, com carácter duradouro, da distribuição daqueles produtos (...)"[11]. E ainda: "[p]restação característica do contrato de concessão comercial, outorgado no exercício da actividade económica e profissional da concedente e da concessionária, é a de a segunda celebrar, na estipulada zona geográfica, com díspares clientes, existentes ou a angariar, contratos de compra e venda cujo objecto mediato são bens, por ela, à concedente, adquiridos"[12].

Transparece, veiculada de forma mais ou menos clara, a ideia de que, no aviso do tribunal, o contrato de concessão se perfila como um contrato-quadro não assimilável aos plúrimos contratos de compra, para revenda, celebrados para dar execução ao propósito de prover à distribuição dos bens e da marca do concedente.

Em contrapartida, é considerável a dificuldade em descortinar nas motivações do tribunal a razão ou razões por que, em seu entender, deve descartar-se a caracterização do contrato de concessão como um contrato de prestação de serviços. Outra clareza seria desejável. Tanto mais quanto não é excessivamente difícil arrolar argumentos susceptíveis de, com legitimidade, fazer nascer a dúvida sobre se não será afinal adequada a recondução dos contratos de concessão àquela categoria.

Pense-se, desde logo, em como preocupação de interpretação autónoma do conceito de «prestação de serviços» – outra via, designadamente a da qualificação *lege fori* ou da qualificação *lege causae* contrariaria, ademais da natureza sis-

---

e aplaudindo o sentido dessas decisões, a anotação de J.-M. JACQUET publicada em *Journal du Droit International*, vol. 135, 2, p. 521 ss.

[10] O texto foi colhido do Acórdão de 12 de Outubro de 2006. No de 9 de Outubro de 2008, de que apenas se possui o sumário, o mesmo entendimento vai pressuposto na referência à alínea a) do número 1 do artigo 5.º, convocada para fundamentar a competência internacional dos tribunais portugueses.

[11] Trata-se de passagem colhida no texto do Acórdão de 12 de Outubro de 2006.

[12] Cf. o ponto III do sumário do Acórdão de 9 de Outubro de 2008.

488 *Anotação pela Dra. Maria João Matias Fernandes*

temática da actividade hermenêutica, o objectivo de unificação subjacente ao Regulamento e constituiria forte impulso ao *forum shopping* –, pense-se, dizia--se, em como preocupação de interpretação autónoma do conceito de «prestação de serviços», sufragada pelos autores como pelos tribunais[13], tem conduzido ao entendimento de que à categoria da «prestação de serviços» é reconduzível toda *a realização, em benefício da contraparte, de uma actividade não subordinada de qualquer natureza e, em princípio, contra o pagamento de uma remuneração*[14]. Ora, cumpre perguntar: não é possível, valendo-nos dos frutos do trabalho de investigação por outros já desenvolvido – são, entre outros, elementos em que se apoia uma tal investigação, o número 3 do primeiro parágrafo do artigo 13.° da Convenção de Bruxelas de 1968[15]; o artigo 50.° do Tratado que Institui a Comunidade Europeia[16]; a Directiva 2006/123/CE do Parlamento Europeu e do Conselho, de 12 de Dezembro de 2006, relativa aos serviços no mercado interno[17]; a Directiva 2006/112/CE do Conselho, de 28 de Novembro de 2006, relativa ao sistema comum do imposto sobre o valor acrescentado[18]; uma proposta de directiva do Conselho, nunca adoptada, relativa à

---

[13] Cf. as fontes indicadas por P. BERLIOZ, "La notion de fourniture de services au sens de l'article 5-1 b) du règlement «Bruxelles I», *Journal Droit International*, 2008 (Jul-Ag-Sept), p. 675 ss., pp. 678 e 679. Ademais delas, tenha-se presente a doutrina firmada pelo Tribunal de Justiça em relação à interpretação dos conceitos utilizados pela Convenção de Bruxelas e que, em razão de um *princípio de continuidade*, também deverá valer para os efeitos da fixação do sentido e alcance dos sedeados no Regulamento 44/2001. Assim, e exemplificativamente, cf. os arestos proferidos no âmbito dos casos *Bertrand* (processo 150/77, pontos 14 a 16), *Shearson Lehman Hutton* (processo 89/91, ponto 13), *Benincasa* (processo 269/95, ponto 12), *Gabriel* (processo 96/00, ponto 37), *Engler* (processo 27/02, ponto 33).

[14] Cf. L. LIMA PINHEIRO, *Direito Internacional Privado*, volume III, *Competência Internacional e Reconhecimento de Decisões Estrangeiras*, Almedina, Coimbra, 2002, p. 85, o qual remete para J. KROPHOLLER. Cf. ainda, e por último, P. BERLIOZ, "La notion de fourniture de services au sens de l'article 5-1 b) du règlement «Bruxelles I», cit., *maxime* p. 717: "La définition de fourniture de service pourrait alors être celle-ci: toute opération ayant pour finalité l'accomplissement par une personne, au profit d'autre, d'un acte, positif ou non, à titre onéreux ou non.". Nas *Conclusões* por si apresentadas (cf., *supra*, nota 8), a Advogada-Geral V. Trstenjak retém, como elementos especificadores da categoria "prestação de serviços": 1) o desenvolvimento de uma actividade ou acção por parte do prestador de serviços; 2) o carácter remunerado dessa actividade ou acção (ponto 57).

[15] Respeitante à competência em matéria de contratos celebrados por consumidores.

[16] Crítica – bem – quanto à assimilação pura e simples do conceito de «prestação de serviços» utilizado pelo artigo 5.° do Regulamento 44/2001 ao homólogo do TCE, cf., por último, V. Trstenjak e os pontos 60 a 64 das *Conclusões* já referidas.

[17] Cf. JO L 376, de 27 de Dezembro de 2006, p. 36 ss.

[18] Cf. JO L 347, de 11 de Dezembro de 2006, p. 1 ss. Para um elenco das razões por que, segundo

Contrato de concessão internacional: competência judiciária 489

responsabilidade do prestador de serviços[19] –, não é possível, dizia-se, reconhecer no exercício da actividade que consiste em assegurar a distribuição dos produtos do concedente o cumprimento de uma prestação de serviços em benefício do mesmo?

Aventa-se a probabilidade da afirmativa.

Não, diga-se, porque se seja particularmente sensível ao argumento de harmonia com o qual uma definição generosa de "prestação de serviços" para efeitos do artigo 5.°, número 1, alínea b), do Regulamento permite reduzir os problemas derivados da intervenção subsidiária – via alínea c) – do artigo 5.°, número 1, alínea a), e da técnica – a do recurso à *lex causae* – que, segundo o Tribunal de Justiça das Comunidades, nessa disposição vai implicada tendo em vista a determinação do lugar do cumprimento de cada uma das obrigações litigadas[20]. É que, mesmo aceitando-se – e aceita-se – que, logrando uma definição autónoma do lugar do cumprimento[21], os dois travessões da alínea b)

---

a Advogada-Geral V. Trstenjak, não é curial o estabelecimento de uma analogia com a noção de "serviços" empregue pelos textos comunitários dispondo regras em matéria de imposto sobre o valor acrescentado, cf. as *Conclusões* referidas, pontos 70 a 73.

[19] Cf. COM (1990) 482, JO C 12, de 18 de Janeiro de 1991, p. 8 ss.

[20] É seminal o acórdão proferido em 6 de Outubro de 1976 no quadro do caso *Industrie Tessili Italiana Como v. Dunlop AG* (processo 12/76) e, bem assim, um outro que, proferido vinte e três anos mais tarde, em 28 de Setembro de 1999, no âmbito do caso *GIE Concorde e o. contra Capitaine commandant le navire Suhadiwarma Panjar e o.* (processo 440/97), reafirma a doutrina *Tessili*.

[21] Não é desse ponto de vista L. LIMA PINHEIRO, *Direito Internacional Privado*, volume III, *Competência Internacional e Reconhecimento de Decisões Estrangeiras*, op.cit., p. 84, para quem "[b]em vistas as coisas, não se trata de uma verdadeira definição autónoma de lugar de cumprimento, mas de estabelecer que só releva, na venda de bens, o lugar de cumprimento da obrigação de entrega e, na prestação de serviços, o lugar de cumprimento da obrigação do prestador de serviços". Ousa-se discordar. O ponto não é apenas, evidentemente, o de que é a própria Exposição de Motivos por mais de uma vez referida a, ela própria, certificar ter lugar tal definição autónoma (assim, cf. p. 7 e pp. 14-15). Segundo se avalia, assiste cabimento à referência a uma definição *autónoma* do lugar do cumprimento porquanto a alínea b) elege e enuncia o critério – *os termos do contrato* – por cuja bitola há-de aquele lugar ser determinado. Certo, trata-se de critério cuja aplicação envolve a consideração de realidade – o contrato – exterior à norma legal. E, certo ainda, trata-se de critério que pode não conduzir a um resultado, designadamente quando a determinação do lugar do cumprimento não se tenha constituído em objecto de uma vontade expressa ou tácita das partes. Ocorre dizer: quanto à primeira observação, que também critério como o que supõe a consulta ao Direito de Conflitos do foro envolve a consideração de realidade exterior à norma legal; quanto à segunda, que a possibilidade nela contemplada – não conduzir, o critério, a um qualquer resultado – nada retira a que, quando *eficaz*, tal critério logra uma definição autónoma – entenda-se: para os efeitos da alínea b) – do lugar do cumprimento. Acrescenta-se que, anuindo a que "[n]a falta de designação expressa poderá ser possível inferir do con-

490 Anotação pela Dra. Maria João Matias Fernandes

reagem com eficácia aos inconvenientes divulgadamente associados à intermediação dos sistemas conflituais nacionais como via tendente à individualização
do lugar do cumprimento[22], não se afigura menos que considerações relevando
do plano do pragmatismo não devem sobrepor-se às exigências inerentes à
tarefa de construção jurídica; que considerações de índole funcional não devem
condicionar ou modelar o exercício de actividade que, orientada à delimitação
do sentido e alcance de um conceito, à explicitação do seu âmbito de compreensão, está a jusante da tarefa de legiferação, à qual não deve substituir-se
(tanto, claro é, sem menosprezo da autonomia específica da ciência jurídica)[23].

Isso posto, já se afigura pertinente – muito pertinente – a tomada em consideração do dado representado pelo Regulamento (CE) do Parlamento Europeu e do Conselho, de 17 de Junho de 2008, sobre a lei aplicável às obrigações
contratuais («Roma I»)[24]. Com efeito, mau grado o correspondente artigo 4.°

---

junto das circunstâncias uma estipulação tácita.", até L. LIMA PINHEIRO reconhecerá que bem
poucos serão os casos em que terá de ter lugar a consulta subsidiária ao Direito de Conflitos do
foro (passagem extraída de *Direito Internacional Privado*, volume III, *Competência Internacional e
Reconhecimento de Decisões Estrangeiras*, cit., p. 84).

[22] As críticas ao recurso aos Direitos de Conflitos do foro – como via, entenda-se, tendente à
determinação do lugar do cumprimento – são sobejamente conhecidas para que nelas seja preciso determo-nos. Fica apenas uma sua enumeração. É referido, à cabeça, que a complexidade do
procedimento faz impender sobre os operadores dificuldades que por outras vias seriam evitá-
veis. Aduz-se, mais, que a diversidade entre os vários Direitos (se não ao nível conflitual, ao menos
no plano material) propicia resultados não uniformes. Enfim, argumenta-se tratar-se de solução
que tende a favorecer a atribuição de competência seja aos tribunais do Estado onde o demandante tem domicílio, seja aos tribunais do Estado onde o demandado se encontra domiciliado.
[23] Mas é tal argumento, deve reconhecer-se, divulgadamente utilizado. Ilustrativamente, cf. J.
KROPHOLLER, *Europäisches Zivilprozessrecht. Kommentar zum EuGVÜ und Lugano-]Ubereinkom-
men"*, 7.ª ed., Recht und Wirtschaft, Heildelberg, 2002, p. 134 e p. 138: K. FACH GÓMEZ, "El
Reglamento 44/2001 y los Contratos de Agencia Comercial Internacional: Aspectos Juridiccionales", *Revista de Derecho Comunitario Europeo*, ano 7, n.° 14, Jan.-Abr 2003, p. 181 ss, p. 207, nota
90; S. LEIBLE, *ad* artigo 5.° *in* T. RAUSCHER (hrsg.), *Europäisches Zivilprozessrecht Kommentar*, 2.ª ed.,
2006, Sellier, München, p. 179, Rn. 49; P. FRANZINA, *La giurisdizione in materia contrattuale. L'art.
5 n. 1 del regolamento n. 44/2001/CE nella prospettiva della armonia delle decisioni*, p. 322; P. BER-
LIOZ, "La notion de fourniture de services au sens de l'article 5-1 b) du règlement «Bruxelles I»,
cit., p. 680. Não são motivações distintas as que conduziram a Advogada-Geral V. Trstenjak, no
ponto 99 das *Conclusões* já referidas, à afirmação de que "(...) la modification de l'interprétation
du point a) de cet article serait peut-être vraiment souhaitable mais, ce faisant, on contournerait
ou on irait directment à l'encontre de la volonté non équivoque du législateur. Ce faisant, la
Cour se verrait, en fin de compte, attribuer un rôle de législateur et outrepasserait les limites de
sa compétence.".
[24] Cf. JO L 177, de 4 de Julho de 2008, p. 6 ss.

devotar provisões distintas – as contidas nas alíneas b) e f) do número 1 – aos contratos de prestação de serviços e aos contratos de distribuição – o que, a uma primeira vista, não abona a tese sustentanda –, verdade é que o Considerando 17 integrante do texto que antecede o articulado daquele instrumento comunitário é expresso na certificação de que "[e]mbora o contrato de franquia e o contrato de distribuição sejam contratos de serviços (*sic*), são objecto de regras específicas". Retém-se a primeira parte da oração: o contrato de franquia e o contrato de distribuição são contratos de prestação de serviços. Talvez de forma preferível: o contrato de franquia e o contrato de distribuição são, no espírito do legislador comunitário, contratos de prestação de serviços. Não é tudo. Com efeito, tão ou mais significativo é ter o mesmo legislador, naquela mesma oportunidade, declarado que o conceito de «prestação de serviços» utilizado pelo Regulamento «Roma I» deve ser interpretado tal como quando se aplica o artigo 5.° do Regulamento (CE) n.° 44/2001[25].

Pois bem. Se não até cada uma de per si, afigura-se que as considerações expostas constituem, no seu conjunto, fundamento bastante para a recondução do negócio de concessão à categoria dos contratos de prestação de serviços[26-27].

---

[25] Cf, ainda, o Considerando 7 do mesmo Regulamento «Roma I».

[26] A fazer nascer, diga-se, subsequentes problemas carecidos de esclarecimento, dos quais aqui não trataremos. Assim, *quid iuris* se, conquanto desenvolvida dentro das fronteiras de um mesmo Estado, a prestação do concedente é actuada em área que integra a jurisdição de vários tribunais? E *quid iuris* se a prestação daquela parte extravasa, mesmo, as fronteiras de um só Estado? Dir-se--á apenas, pelo que àquela interrogação respeita, não parecer ser de excluir a solução pelo Tribunal de Justiça oferecida, em 23 de Junho de 2007, no quadro do caso *Color Drack GmbH v. Lexx International Vertriebs GmbH* (C – 386/05), para uma «venda de bens». Decidiu o tribunal: "O artigo 5.°, n.° 1, al. b), primeiro travessão, do Regulamento (CE) n.° 44/2001 do Conselho, de 22 de Dezembro de 2000, relativo à competência judiciária, ao reconhecimento e à execução de decisões em matéria civil e comercial, deve ser interpretado no sentido de que esta disposição é aplicável em caso de pluralidade de lugares de entrega num mesmo Estado Membro. Neste caso, o tribunal competente para conhecer de todos os pedidos baseados no contrato de compra e venda de bens é o tribunal em cuja jurisdição territorial se situa o lugar da entrega principal, que deve ser determinado em função de critérios económicos. Na falta de factores determinantes para definir o lugar da entrega principal, o autor pode demandar o réu no tribunal do lugar de entrega da sua escolha." (cf. JO C 140, pp. 4 e 5).

[27] Sustentam ponto de vista de sentido idêntico ao sufragado em texto, H. GAUDEMET-TALLON, anotação ao aresto *Leathertex in Revue critique de droit international*, 89 (1) 2000, p. 76 ss, p. 88; K. FACH GÓMEZ, "El Reglamento 44/2001 y Los Contratos de Agencia Comercial Internacional: Aspectos Jurisdiccionales", cit., p. 206; P. FRANZINA, *La giurisdizione in materia contrattuale. L'art. 5 n. 1 del regolamento n. 44/2001/CE nella prospettiva della armonia delle decisioni*, Cedam, Padova, op.cit., p. 331, nota 89; P. BERLIOZ, "La notion de fourniture de services au sens de l'article 5-1 b) du règlement «Bruxelles I», *maxime* p. 712, nota 145; M-E-ANCEL, "Les contrats de distribu-

492 *Anotação pela Dra. Maria João Matias Fernandes*

§ 3. **O contrato de concessão e a alínea a) do número 1 do artigo 5.º do Regulamento (CE) n.º 44/2001**

6. Entendeu diferentemente – do ponto já se deu conta – o Supremo Tribunal de Justiça. Que, em conformidade e seguindo a determinação posta pela alínea c) do número 1 do artigo 5.º do Regulamento, avaliou do problema da competência internacional à luz da alínea a) do mesmo número 1. O modo como o fez leva à formulação de algumas observações.

Sabe-se como, determinando que em matéria contratual uma pessoa pode ser demandada perante o tribunal do lugar onde foi ou deva ser cumprida a obrigação, a alínea a) do número 1 do artigo 5.º do Regulamento n.º 44/2001 acolhe solução que, rigorosamente inibidora da identificação de um foro contratual, vai cingida à individualização de um *forum obligationis* – na definição inauguralmente providenciada pelo celebérrimo acórdão *De Bloos*, o da obrigação que serve de fundamento ao pedido, analítica ou desarticuladoramemte tomada[28]. E adivinham-se as dificuldades. Assim, quando de um mesmo contrato decorra uma pluralidade de obrigações face a cujo inadimplemento ou adimplemento defeituoso se pretende reagir em juízo; em particular, quando essas obrigações foram ou devam ser cumpridas em Estados distintos. É que, é fácil de antecipar, solução atomizante como a acolhida pela alínea a) do número 1 do Regulamento – autor anglo-saxónico alude, impressivamente, a uma *dissecting knife*[29] – conduz, em linha recta, à possibilidade de dispersão ou fraccionamento da competência jurisidicional com respeito ao mesmo contrato. Foi aliás por reacção a este inconveniente, outrossim potenciado pelas soluções paralelas dos sistemas das convenções de Bruxelas e de Lugano, que pelas vozes de alguns surgiram, na doutrina, propostas de "vias reagrupadoras"[30].

---

tion et la nouvelle donne du règlement Rome I", *Revue critique de droit international privé*, 2008, 97, t. 3, p. 561 ss, *maxime* pp. 576 ss. Bem entendido, o que fica posto não belisca a circunstância de que contratos de concessão há em relação aos quais permanece pertinente a alínea a) do número 1 do artigo 5.º. Sucede tanto, conforme já referido – cf., *supra*, nota 5 – quando o cumprimento da prestação de serviços ocorre em espaço exterior aos limites do território dos Estados-Membros.

[28] Cf. o Acórdão de 6 de Outubro de 1976 proferido pelo Tribunal de Justiça das Comunidades Europeias no caso *A. De Bloos, SPRL v Société en commandite par actions Bouyer* (processo 14/76).

[29] Faz-se referência a H.D. TEBBENS, citado por K. FACH GÓMEZ, "El Reglamento 44/2001 y Los Contratos de Agencia Comercial Internacional: Aspectos Juridiccionales", cit., p. 192.

[30] Cf. os autores referidos por K. FÁCH GÓMEZ, "El Reglamento 44/2001 y Los Contratos de Agencia Comercial Internacional: Aspectos Juridiccionales", cit., p. 192 ss.

O Direito 141.º (2009), II, 461-497

Contrato de concessão internacional: competência judiciária   493

E, bem assim, que a experiência do Tribunal de Justiça das Comunidades Europeias desembocou em decisões na prática negadoras do rigor analítico vertido no texto das soluções legais[31]. Será suficiente recordar o acórdão *Ivenel* (pelo qual o tribunal decidiu ater-se à «obrigação característica»)[32]. Ou o proferido no caso *Shenavai* (em cujos quadros o tribunal referiu, em *obiter*, dever o aplicador orientar-se pelo princípio segundo o qual o acessório segue o principal)[33].

Pois bem. Retomando o fio da análise e regressando ao trilho percorrido pelo Supremo Tribunal de Justiça, a verificação é a de que também se afastaram dos espartilhos do acórdão *De Bloos* as duas decisões anotandas. Não, note-se, que nelas tenha ocorrido apelo a doutrinas como as acima referidas da «obrigação característica» ou da «obrigação principal». O ponto é outro. E, de alguma maneira, anterior.

Havendo precisado que a obrigação relevante para o estabelecimento da competência é *a correspondente ao direito que serve de base à acção judicial*, o acórdão *De Bloos* explicitou, mais, que, em tratando-se de uma pretensão indemnizatória por incumprimento, relevante (para o estabelecimento da competência jurisdicional) é a obrigação *primária* gerada pelo contrato, não a secundária que nasça do seu incumprimento ou cumprimento defeituoso. E concretizou a distinção por referência, nem mais nem menos, a um contrato de concessão. Afirmando que, " [n]o quadro de disputas relativas às consequências da violação, pelo concedente, de um contrato de concessão exclusiva, (...), a obrigação relevante para efeitos da aplicação do artigo 5.° (1) da Convenção é a que o contrato impõe ao concedente e o não cumprimento da qual determina o direito a indemnização (...) em proveito do concessionário"[34].

---

[31] E precipuamente acolhido pelo acórdão proferido no caso *De Bloos*.

[32] Faz-se referência à decisão proferida, em 26 de Maio de 1982, no caso *Roger Ivenel c. Helmut Schwab* (processo 133/81). Por meio dela, o tribunal veiculou o entendimento de que, estando em causa várias pretensões fundadas em outras tantas obrigações derivadas de um contrato de trabalho, a obrigação a reter para efeitos da aplicação do artigo 5.° da Convenção de Bruxelas é a obrigação «característica» ou «principal».

[33] Caso 266/85 (*H. Shenavai c. K. Kreischer*), decidido por acórdão de 15 de Janeiro de 1987. Alguns anos mais tarde, em decisão proferida no quadro do caso *Concorde* (C-440/97), o tribunal viria a manifestar a sua preferência pelo recurso à *lex causae* tendo em vista a determinação da obrigação principal (cf., em particular, o ponto 26 da decisão).

[34] Tradução livre, da minha responsabilidade, a partir da seguinte passagem: "[i]n disputes concerning the consequences of the infringement by the grantor of a contract conferring an exclusive concession, such as the payment of damages or the dissolution of the contract, the obligation to which reference must be made for the purposes of applying article 5 (1) of the convention is that which the contract imposes on the grantor and the non-performance of

494 *Anotação pela Dra. Maria João Matias Fernandes*

Ora, como se desincumbiu o Supremo Tribunal de Justiça da tarefa de identificação da obrigação relevante para efeitos da aplicação da alínea a) do número 1 do artigo 5.º do Regulamento «Bruxelas I»? Estando em causa, nas duas espécies, pretensões da mesma índole – assim, recorda-se, pretensões indemnizatórias fundadas, ou alegadamente fundadas, na insuficiência do prazo de pré-aviso, na perda do benefício da clientela e na recusa, pela concedente, da retoma de produtos –, a mais alta instância cível portuguesa certificou não se tratar de "(...) obrigações (...) derivadas da correcta ou incorrecta inexecução do contrato (...)"; asseverou não assentar, o litígio, "(...) no incumprimento de qualquer obrigação específica envolvente (*sic*) do sinalagma contratual."; não respeitar, o mesmo, ao "(...) incumprimento de qualquer das específicas obrigações do contrato de concessão comercial (...)". Mais atestou, correlatamente, estar em causa "(...) uma obrigação de indemnização que será satisfeita por prestação pecuniária"[35]. Para, assim concluindo, se lançar à determinação do lugar do cumprimento de uma tal obrigação de indemnização a satisfazer por prestação pecuniária.

Que fazer – e que fazer atenta, designadamente, a doutrina firmada pelo acórdão *De Bloos*[36] – da leitura desenvolvida pelo Supremo Tribunal?

Concita reservas – e reservas, insiste-se, à luz da doutrina *De Bloos*[37] – a afirmação segundo a qual *nenhuma* das aludidas pretensões indemnizatórias tem fonte no incumprimento de obrigação gerada pelo contrato. Tome-se a pretensão de indemnização fundada na insuficiência do prazo de pré-aviso. Não resulta ela da quebra de dever – o do respeito pelo prazo de pré-aviso – gerado pelo contrato? Por certo, a observância do prazo de pré-aviso pode considerar-se um requisito geral do adequado exercício da denúncia enquanto modalidade de extinção de uma relação obrigacional duradoura; como tal, não privativo ou específico do adequado exercício da denúncia enquanto forma de extinção dos contratos de concessão; tão pouco, e por maioria de razão, dos individuais e concretos contratos de concessão a partir dos quais se ocasiona-

---

which is relied upon by the grantee in support of the application for damages or for the dissolution of the contract.".

[35] São, todas, passagens extraídas do acórdão de 2006.

[36] Muito enfática no sentido de que a interpretação da alínea a) do número 1 do artigo 5.º do Regulamento deve ser marcada por um *princípio de continuidade* relativamente à fixação do sentido e alcance do homólogo número 1, primeira frase, da Convenção de Bruxelas, cf. V. Trstenjak, pontos 80 a 103 das *Conclusões* atrás identificadas. Concorda-se, de pleno, com a argumentação aí expendida.

[37] Cf. a nota anterior.

ram os litígios que pretextaram as duas decisões anotandas. Mas, e daí? Pois não é verdade que, não derivando directa ou imediatamente da lei, a obrigação de respeito do prazo de pré-aviso enquanto requisito do adequado exercício do direito de denúncia arranca e tem fonte na celebração de um contrato – aquele de que brota a relação a cujo termo, justamente, a denúncia visa pôr fim? A veemência da afirmativa não resulta enfraquecida pelo facto de o prazo de pré-aviso poder ter, como nos dois casos tinha, fonte legal. Permanece o essencial: *Primeiro*: que a obrigação de respeito do prazo de pré-aviso corresponde a dever emergente do contrato; *Segundo*, e determinante: que a pretensão indemnizatória fundada no desrespeito do prazo de pré-aviso monta a pretensão alicerçada na inobservância de obrigação gerada pelo contrato. De conformidade com a doutrina *De Bloos*, e consoante visto, a esta obrigação primária – *hoc sensu* – de pré-avisar pertenceria a relevância em ordem ao estabelecimento da competência jurisdicional.

Posto este reparo, acrescenta-se já parecer conforme ao acórdão comunitário a solução que, subscrita pelo Supremo Tribunal de Justiça, passa por considerar que a obrigação relevante para efeitos da fixação da competência para o conhecimento da pretensão de indemnização fundada na perda do benefício da clientela é ... a obrigação de indemnização fundada na perda do benefício da clientela. É que, diferentemente da pretensão indemnizatória alicerçada na falta ou na insuficiência do prazo de pré-aviso, a chamada pretensão de indemnização de clientela não tem origem, raiz ou fundamento no incumprimento – pelo concedente – de obrigação emergente do contrato. Trata-se, o que é distinto, de pretensão associada à objectiva extinção da relação contratual. E de pretensão que leva por base a noção de que é adequado compensar o concessionário pelos proveitos que, resultantes da actividade por si desenvolvida, permanecerão a ser auferidos pelo concedente. No dizer de A. Pinto Monteiro, que escreve, nos quadros do Direito português, a propósito do contrato de agência, a indemnização de clientela "(...) constitui uma compensação a favor do agente, após a cessação do contrato, pelos benefícios que o principal continue a auferir com a clientela angariada ou desenvolvida pelo agente. Ela é devida seja qual a forma por que se põe termo ao contrato ou o tempo por que este foi celebrado (...)"[38]. E, o que agora importa destacar, tenha ou não ocorrido a violação, pelo concedente, de um específico dever contratual; independentemente da violação de um tal dever. De tudo flui que, diferente de

---

[38] Cf. "Denúncia de um Contrato de Concessão Comercial", *Revista de Legislação e de Jurisprudência*, 130-31 ss

496   *Anotação pela Dra. Maria João Matias Fernandes*

divergirem da doutrina *De Bloos*, as duas decisões anotandas vão, neste particular, ao seu encontro.

Nesse particular. Sobram – é a síntese do que anteriormente ficou posto – duas outras verificações. Por uma parte, a de que, afastando-se da via analítica abraçada pela alínea a) do número 1 do artigo 5.º do Regulamento, as decisões anotandas procedem ao agrupamento das obrigações litigadas pela via da correspondente recondução a um mesmo tipo: o da obrigação de indemnização a satisfazer por prestação pecuniária. Por outra, a de que, assim procedendo, o Supremo Tribunal de Justiça se afasta da doutrina que, posta pelo acórdão *De Bloos*, é enfática no sublinhado de que, em tratando-se de uma pretensão indemnizatória por incumprimento, a obrigação relevante para efeitos de fixação da competência internacional é, no quadro da primeira parte do número 1 da Convenção de Bruxelas como no quadro da alínea a) do número 1 do Regulamento «Bruxelas I», a obrigação primária gerada pelo contrato.

7. Baixar-se-á a atenção, enfim, sobre o modo como, para os efeitos da aplicação da alínea a) do número 1 do artigo 5.º do Regulamento n.º 44/2001, o Supremo Tribunal de Justiça procedeu à determinação do lugar do cumprimento da obrigação de indemnização por equivalente pecuniário. Com abstracção, portanto, das reservas exibidas quanto às razões que conduziram o Supremo à consideração de que *essa* era, nos casos apreciandos, *a* obrigação relevante para os efeitos de tal alínea (da mesmíssima forma, de resto, como, para os efeitos da análise desenvolvida sob o número anterior, se havia abstraído de que, convindo ao contrato de concessão a qualificação como contrato de prestação de serviços, o tribunal teria andado melhor uma vez que houvesse procedido ao exame do problema da competência internacional no quadro do segundo travessão da alínea b) do número 1 do Regulamento «Bruxelas I»).

Pois bem. Descontado o reparo, que a verdade impõe deixar, de alguma desordem metodológica, a mesma verdade impõe registar que o Tribunal andou, no essencial, bem.

Alude-se antes do mais a que, seguindo a lição dos comentadores e a jurisprudência dos tribunais firmadas na peúgada do acordão *Tessili*[39], o Supremo Tribunal de Justiça procedeu à determinação do lugar do cumprimento por aplicação da lei a que chegou por intermediação do Direito de Conflitos do foro. Resistindo, dessa feita, à aplicação aproblemática da lei do foro *qua* lei do foro (certo que em ambos os casos foi conduzido à aplicação das soluções do

[39] Cf., *supra*, nota 17.

direito material português, ponto é que o foi em razão dos critérios conflituais a que estava adstrito).

Mas não apenas. Também a que, movendo a análise – bem – no quadro do artigo 4.° da Convenção de Roma sobre a Lei Aplicável às Obrigações Contratuais[40], o tribunal chegou à certificação de que a prestação a cargo do concessionário é a que caracteriza o contrato de concessão. Assim concluindo, antecipou a solução que viria a receber consagração no já referido Regulamento (CE) do Parlamento Europeu e do Conselho, de 17 de Junho de 2008, sobre a lei aplicável às obrigações contratuais («Roma I») [cf. o artigo 4.°, número 1, alínea f), deste instrumento de direito comunitário][41].

Sobra uma única nota menos abonatória. Reportando-se, na economia do artigo 4.° da Convenção de Roma, à lei reguladora da substância do contrato na falta de uma escolha actuada pelas partes, o Tribunal refere-se à lei do Estado onde a prestação característica do negócio há-de ser cumprida[42]. Teria querido aludir à lei do Estado onde o obrigado ao fornecimento da prestação característica tem, no momento da celebração do contrato, residência habitual, sede ou estabelecimento (cf. o número 2 dessa disposição; refere-se à lei do país onde é cumprida a obrigação, esse sim, o número 2 do artigo 10.° da mesma Convenção).

Maria João Matias Fernandes

---

[40] E assim havendo descartado – bem – a aplicação da Convenção da Haia de 14 de Março de 1978 sobre a lei aplicável aos contratos de intermediação e à representação, de cujo artigo 1.° resulta ela ocupar-se da determinação da lei aplicável aos casos de actuação de «intermediários comerciais» como o mediador e o agente comercial, mas não já aos do concessionário, que age por conta própria. Para uma aplicação errónea da referida Convenção a um contrato de concessão, cf. o acórdão do Supremo Tribunal de Justiça de 15 de Fevereiro de 2005 (processo 04A4419), consultável em www.dgsi.pt . Acerca do âmbito material de aplicação do mesmo instrumento, cf., com desenvolvimento, M.H. Brito, *A Representação nos Contratos Internacionais. Um contributo para o estudo do princípio da coerência em direito internacional privado*, Almedina, Coimbra, 1999, p. 392 ss.

[41] Informando que a outro resultado – entenda-se, à certificação de que a prestação característica no quadro de um contrato de distribuição é a que incumbe ao produtor – tem chegado a jurisprudência francesa, cf. M-E. Ancel, "Les contrats de distribution et la nouvelle donne du règlement Rome I", cit., p. 564 ss.

[42] Reportamo-nos à decisão de 12 de Outubro de 2006. Exame do sumário da outra decisão anotanda, a proferida em 9 de Outubro de 2008, não permite concluir acerca do posicionamento do tribunal, nessa sede, com respeito ao ponto sob apreciação.